GINA BUCHER

Der Fehler, der mein Leben veränderte

GINA BUCHER

DER FEHLER, DER MEIN LEBEN VERÄNDERTE

*Von Bauchlandungen, Rückschlägen
und zweiten Chancen*

PIPER

Mehr über unsere Autoren und Bücher:
www.piper.de

Von Gina Bucher liegen im Piper Verlag vor:
Ich trug ein grünes Kleid, der Rest war Schicksal
Der Fehler, der mein Leben veränderte

Textnachweis:
S. 7 Henri Michaux, *Eckpfosten*,
aus dem Französischen von Werner Dürrson
© Carl Hanser Verlag München 1982

ISBN 978-3-492-05599-4
© Piper Verlag GmbH, München, 2018
Satz: Uhl + Massopust, Aalen
Gesetzt aus der Minion Pro
Litho: Lorenz & Zeller, Inning am Ammersee
Druck und Bindung: GGP Media GmbH, Pößneck
Printed in Germany

Für U.

*» Wenn du ein zum Scheitern Berufener bist,
so scheitere vor allem nicht* irgendwie.«

Henri Michaux, *Eckpfosten*

Inhalt

Prolog mit Fragen 11

Balanciert und ausgerutscht
Über die Krux von Berufsrisiken 17

Wie eine Ärztin über ihre Arbeit denkt, nachdem sie einen Behandlungsfehler entschuldigte 19

Die Krankenschwester, die nicht mehr schweigen will 32

Der Jungunternehmer, der Scheitern aus Gründersicht erklärt 41

Wie man nach einer falsch ausgefüllten Steuererklärung über Pech und Glück denkt 50

Der Bankräuber, der keiner sein wollte 54

Der Pyrotechniker, der fahrlässig einen Brand verursachte 64

Der Mann, der sich in seiner Arbeit verlor 76

Gewütet und bereut
Über die Kraft der Wut und des Rauschs 85

Der Mann, der seine Familie verlor 87

Der Kleinkriminelle, der zu Gott fand 93

Der Mann, der achtzehn Jahre im Gefängnis war 108

Der Heroinabhängige, der mit vierzehn Drogen
ausprobierte und nie mehr davon loskam 114

Der Jugendliche, der seinen Opfern vor Gericht
begegnete 131

Der Mann, der lebenslänglich im Gefängnis war 142

Verliebt, vertraut, verdrängt
*Über die Neugier auf der Suche nach Liebe
und Lebenssinn* 163

Der Zeuge Jehovas, der plötzlich Fragen stellte und sich
mit den Antworten nicht mehr zufriedengab 165

Der Mann, der sich mit HIV ansteckte 179

Die Millionärin, die einem Hochstapler vertraute 192

Der Mann, der sich immer wieder verschuldete 200

Der Vater, der möchte, dass sich seine beiden Söhne
einmal kennenlernen 209

Was man denkt, wenn man ein zweites Mal Heroin nimmt,
obwohl man genau weiß, dass das ein Fehler ist 221

Der Mann, der seiner Familie nach dreißig Jahren von
seinem Doppelleben erzählte 226

Epilog mit Antworten 237

Bibliografie 247

Dank 249

Prolog mit Fragen

Auf einer FuckUp Night in Berlin-Mitte 2017: Eine lange Schlange vor dem Lokal, dicht gedrängtes Publikum drinnen – alle wollen jene hören, die sich auf die Bühne stellen, um von ihren gescheiterten Geschäftsideen zu erzählen. Meistens ernten sie viel Applaus: weil sie mutig über ihr Scheitern sprechen, weil sie davon erzählen, was sie aus ihren Fehlern gelernt haben. Fehler zuzugeben hat hier nicht den Anstrich einer angestrengt optimistischen Selbsthilfegruppe, sondern ist Treibstoff für neue Ideen. Solche FuckUp Nights finden als Eventformat in immer mehr Städten statt, organisiert werden sie meist von Leuten der Gründerszene.

An diesem Abend erzählen zwei Männer im lässigen Start-up-Sprech von ihren beruflichen Niederlagen. Ein Dritter aber erzählt von seinem – wie er es selbst formuliert – »persönlichen« Scheitern: Erfolgsverwöhnt hätte er sich nie Gedanken zu einer Karriere gemacht, er war immer der Beste, wurde stets befördert. Bis ihm diese zwar beschwingte, aber letztlich ziellose Karriere zu langweilig wurde und er ein Studium begann. Womit er jedoch kläglich gescheitert sei (zu anspruchsvoll der Stoff, zu alt er selbst), was ihm eine Depression einbrachte, die schließlich sechs Jahre andauerte. Jetzt erst baue er langsam sein Selbstbewusstsein wieder auf. Auch deswegen stehe er heute auf der Bühne einer solchen FuckUp Night. Wie es weitergehen soll? Unklar, Hauptsache langsam. Eine berührende Geschichte mit viel Lampenfieber und noch mehr Charme erzählt. Doch interessant ist die Reaktion des Publikums. Das applaudiert zwar auch bei seiner Geschichte, und auffallend viele (Frauen!) stellen ihm im Anschluss Fragen. Doch aus dem Gemurmel der Zuhörer und draußen bei den Rauchern ist bald zu hören: Diese Geschichte gilt nicht als FuckUp, »das kann doch jedem passieren«, sagt einer zu seinem Kumpel und nimmt einen Schluck Bier.

Auch wenn das Scheitern in den letzten Jahren zu einem feuilletonistischen Modethema geworden ist – als Small Talk eignet es sich noch lange nicht. Richard Sennett bezeichnete es Ende der Neunzigerjahre als »das große moderne Tabu«. Groß verändert hat sich daran nichts, im Gegenteil: In unserer Kultur wird nach wie vor ungern über Fehler, Fehlentscheidungen, Naivität oder zu große Risiken gesprochen – besonders, wenn sie das eigene Privatleben nachhaltig erschüttern. Es sei denn, es sind kleinere Fehler, mit denen sich gut kokettieren lässt (die hohe Buße für viel zu schnelles Autofahren etwa). Oder Fehler, die konstruktiv genutzt oder kapitalisiert werden können, weil sie zu einer Erfindung, einer positiven Überraschung oder einem anderen glücklichen Zufall führen.

Es gibt Bereiche – weniger Lebensbereiche als vielmehr Berufsgebiete –, die essenziell vom Fehler leben: etwa die Wissenschaft, die durch Irrtümer Unwissen verkleinert und Wissen festigt; das Design, das durch Fehler patentierbare Zufälle entdeckt; überhaupt die Kunst, die vom Fehlermachen und Scheitern zehrt, um sich an der Wirklichkeit zu reiben. Bis zu einem gewissen Grad die Wirtschaft, die Fehler als Motor für Innovation erkannt hat und durch Risiken Niederschläge bewusst in Kauf nimmt, um Märkte effizienter zu erschließen. Ein Stück weit vielleicht auch der Sport, wenn Niederlagen zum Sieg anspornen – Stanislas Wawrinkas linker Unterarm mit dem tätowierten Beckett-Zitat erzählt bei jedem Tennismatch davon: »Ever tried. Ever failed. No matter. Try again. Fail again. Fail better.« (Immer versucht. Immer gescheitert. Egal. Versuche es wieder. Scheitere wieder. Scheitere besser.)

Was aber ist mit den Fehlern und gescheiterten Lebensträumen, die einfach nur wehtun? Die zuerst einmal keinen – und womöglich auch später nicht – direkten Nutzen mit sich gebracht haben, außer dass man »fürs Leben« gelernt hat? Die ganz grundsätzlich hinterfragen, wer man denn eigentlich ist und warum? Wie geht es Menschen, die eine ganz persönliche Niederlage erlitten haben? Deren Leben seither einen Riss bekommen hat, weil das Leben seine Leichtigkeit verloren hat?

Die Suche nach Fehlergeschichten: Es ist nicht ganz einfach, Menschen zu finden, die über Risiken und ihre Nebenwirkungen sprechen. Fehler, Schuld, Sühne, Scham sind schließlich Begriffe, die in unserer europäischen Kultur moralisch stark aufgeladen sind. Auch deswegen hatte ich bei jedem Gespräch selbst das Gefühl zu scheitern: weil ich als Gegenüber immer Gefahr lief, moralisch angehauchte Fragen zu stellen. Durch mein Fragen repräsentiere ich bis zu einem gewissen Grad immer auch die Gesellschaft, die hören möchte, ob und wie jemand bereut, ob und wie sich jemand bestraft fühlt, ja, wie es überhaupt so weit hat kommen können? Oft verbunden mit dem Anspruch, ob man denn wenigstens etwas gelernt hätte?

Gut möglich aber, dass man aus Fehlern gar nicht so sehr lernt, wie der Volksmund behauptet. Und nur weil die Wirtschaft ein flottes Narrativ gefunden hat, über Fehler öffentlich zu reden, und eine möglichst offene Kultur des Scheiterns pflegen will, heißt das noch lange nicht, dass die Gesellschaft bereit ist, entspannt übers Fehlermachen zu sprechen. Aus Fehlern lernt man nicht unbedingt, aber Irren ist menschlich. Wie würden wir über Fehler sprechen, wenn nicht ständig nach deren Sinn und Zweck gefragt würde?

Dieses Buch versammelt in drei Kapiteln Begegnungen, die vom Fehlermachen als Alltagserfahrung erzählen. Sie beschreiben exemplarisch, wie das Leben spielen kann, wie man auf die Schattenseite des Lebens geraten – und durchaus auch wieder in die Sonne zurückfinden kann. Dabei ging es nie darum, wer genau wie Schuld am Fehler trägt. Vielmehr stand am Anfang jedes Gesprächs die Frage: Was ist passiert? Gefolgt von der in meinen Augen weitaus wichtigeren Frage: Wie kommt man da wieder raus? Denn Fehlermachen bedeutet immer auch, Verantwortung zu übernehmen.

Wer wie über Fehler spricht, entscheidet oft der Kontext.

Mit Fehlern umgehen kann man immer nur so offen und spontan, wie es die Rahmenbedingungen erlauben (»Balanciert und ausgerutscht: Über die Krux von Berufsrisiken«). Selbst wenn Ärzte ihren Chefärztinnen oder dem Krankenhaus gegenüber Fehler melden können, ist es noch einmal eine ganz andere Sache, wie sie den Patienten und ihren Angehörigen gegenübertreten – und damit auch sich selbst in die Augen sehen können. Da ist zum Beispiel die Ärztin, der ein Behandlungsfehler passiert ist. Sie wurde verurteilt und bestraft. Wie aber lebt sie viele Jahre später mit den Schuldgefühlen?

Gerade Fehler im zwischenmenschlichen Bereich können oftmals erst im Nachhinein verstanden werden, weil sich die Protagonisten in ihrem Kampf zwischen Vernunft und Emotion verloren haben (»Gewütet und bereut: Über die Kraft der Wut und des Rauschs«): Wie hat das alles passieren können? Da ist der junge Mann, der sich von seiner Gefängnisstrafe nicht beeindrucken ließ, aber plötzlich im Angesicht der Opfer realisierte, welches Leid er ihnen bei seinen Raubüberfällen zugefügt hatte.

Auch wer Freiheit auskostet, riskiert Fehler (»Verliebt, vertraut, verdrängt: Über die Neugier auf der Suche nach Liebe und Lebenssinn«): Manche/r handelt, als ob er oder sie komplett in seinem/ihrem Handeln frei wäre. Doch natürlich ist man nie ganz frei, sondern riskiert immer auch einiges mit seiner Freiheit. Da ist der Vater mit den zwei Söhnen, die aber nichts voneinander wissen, weil der eine als Kuckuckskind in einer anderen Familie bei einem anderen Vater aufwächst. Und da ist der Mann, der zwanzig Jahre lang einer Sekte angehörte und plötzlich erkennt, dass er mit den Grundsätzen dieser Ideologie eigentlich gar nichts anfangen kann.

Natürlich sind die Geschichten jener, die bereit sind zu reden, am Ende meistens positive, weil sie sich mit den Konsequenzen ihres Tuns auseinandergesetzt und sich selbst stark hinterfragt haben. Viele von ihnen erzählen hier ihre Geschichte nicht unter ihrem richtigen Namen und mit verfremdeten Details. Besonders wenn ihr Tun Angehörige oder andere Menschen in Mitleidenschaft gezogen hat.

Die Abgrenzung zu »tragischen« Schicksalen oder Pech ist zuweilen schwer auszumachen. Überhaupt, was sind Fehler, und was ist Scheitern? Ich habe nach Menschen gesucht, die übers Fehlermachen sprechen. Gefunden habe ich oftmals Menschen, die auch vom Scheitern sprachen. Und jede Geschichte hätte auch anders erzählt werden können: Wer in einer Hauptsache scheitert, muss nicht automatisch auch in Nebengeschichten verlieren und umgekehrt.

Balanciert und ausgerutscht

Über die Krux von Berufsrisiken

*» Was passiert ist,
hat alles verändert. «*

Wie eine Ärztin über ihre Arbeit denkt, nachdem sie einen Behandlungsfehler entschuldigte

Knapp an der Stadtgrenze einer größeren deutschen Stadt, hier wohnt Ava Keller in einem Doppelhäuschen, das zu einem einzigen umfunktioniert wurde. Der Mann außer Haus, der Sohn mit einer Spielzeugpistole zu den diesjährigen Karnevalhits im hellen Wohnzimmer herumfuchtelnd. Draußen im Garten stochern fünf Hühner mit ihren Schnäbeln in der winterharten Wiese – Ava Keller lacht und sagt, dass sie gerne auch Schafe halten würde, ein kleiner Bauernhof in der Stadt, warum nicht? Sie brüht Tee auf, Pfefferminztee, und legt Limettenschnitze daneben. An der Wand hinter ihr hängen Fotos mit vielen lachenden Gesichtern.

Auch wenn das Leben von Ava Keller wieder in Ordnung ist, hadert sie immer noch mit ihrem Fehler an einer Patientin, der ihr vor sechzehn Jahren passierte. Sie erzählt sachlich, wie das geschah, und dennoch hat sie mehrfach Tränen in den Augen, die sie sich heimlich wegwischt. Unmittelbar nach dem Studium arbeitete sie als Ärztin im Praktikum in einer Uniklinik einer größeren Stadt in Norddeutschland, auf einer Station, auf der ausschließlich Chemotherapien an Krebspatienten verabreicht wurden. Schon nach drei Monaten führte sie Therapien selbst aus, weil sie alleine – lediglich mit einer noch unerfahreneren Kollegin – auf der Station war. Beide noch nicht als Ärztinnen anerkannt, aber die Arbeit war eben trotzdem zu tun – wie das im Berufsalltag halt so ist. Nicht zum ersten Mal also verabreichte Ava Keller während jenes Freitagsdiensts vor sechzehn Jahren eine Chemotherapie an eine ältere Patientin.

Diese Chemotherapien werden üblicherweise über die Venen gegeben, aber es gibt auch Therapien, die in das Gehirnwasser hineingegeben werden. Dafür wird ein Stich hinten zwischen den Wirbeln gemacht, um eine Spritze ins Rückenmark zu setzen. Das habe ich getan, und das hat auch alles gut funktioniert. Die Spritzen, die wir verabreichten, wurden jeweils in einem anderen Raum für alle Patienten zurechtgelegt. Bei der zweiten Spritze an jenem Freitag merkte ich plötzlich, dass etwas nicht stimmte: dass die erste Spritze, die ich bereits gegeben hatte, für die Vene bestimmt war und nicht fürs Gehirnwasser.

Zuerst konnte ich überhaupt nicht einschätzen, wie schlimm das ist: Welche Konsequenzen hatte dieser Fehler für die Patientin? Ich suchte sofort meinen Kollegen vom Nachtdienst, der zum Glück noch da war. Er war deutlich erfahrener und alarmierte alle: den Neurologen, den Chef der Klinik, den Oberarzt. Sie verlegten die Patientin sofort auf die neurochirurgische Intensivstation, wo sie ihr das Gehirnwasser spülten. Niemand wusste, ob das klappen würde. Die Frau war ungefähr 73 Jahre alt und nicht sterbenskrank. Sie wäre normal wieder gesund geworden. Das weiß man natürlich bei solchen Tumoren nie, aber ihre Chancen standen vor diesem Ereignis sicher nicht schlecht.

Danach habe ich sie dort ein paarmal besucht. Auch noch, als sie wieder auf eine normale Station verlegt wurde. Ich hatte mich entschuldigt, hatte ihr gesagt: Ich habe etwas falsch gemacht. Wir sehen zu, dass wir das wieder hinkriegen. Ich hatte ihr erklärt, dass ich die Chemotherapie verwechselt hatte, dass ich die Spritze für die Vene ins Gehirn gespritzt hatte. Niemand wusste, was passieren wird. Zu Beginn ging es ihr noch gut, dann aber begannen nach und nach die Lähmungen, die dieses Medikament verursachte. Das war das Bittere: In der ersten Woche, als nichts passierte, hoffte ich noch. Doch als die

Fingerspitzen, dann die Hände taub wurden, die Zehenspitzen und dann die Füße, wusste ich, dass das nichts Gutes verhieß. Die Nerven sind außen am sensibelsten, sodass also Lähmungen peripher passieren, von außen zum Zentrum des Körpers, auch wenn der Schaden am Rücken passierte. Woche für Woche wurden die Lähmungen mehr.

Meine Besuche bei ihr wurden immer schrecklicher. Weil sie natürlich durchaus merkte, wie bitter ich meinen Fehler bereute. Was sie überforderte, da ich ja – nicht direkt, aber insgeheim – eine Art Absolution von ihr einforderte. Das war nicht gut für uns. Weder für sie noch für mich. Deswegen hörte ich mit den Besuchen irgendwann auf. Weil ich es nicht aushalten konnte, da reinzugehen und zu sehen, wie es ihr von Tag zu Tag schlechter ging, wofür ich verantwortlich war. Und weil ich umgekehrt gemerkt habe, dass ihr meine Besuche auch nichts bringen. Im Gegenteil, ich konnte ihr damit lediglich zeigen, wie sehr ich mich quälte. Sie konnte mir aber keine Absolution erteilen, weil das, was da mit ihr passierte, so viel schlimmer wog, dass das in keiner Relation zu meinem Befinden stand.

Auch mit ihrer Tochter hatte ich danach direkt gesprochen. Sie war insofern vorgeschädigt, als dass sie nun zwei querschnittsgelähmte Elternteile zu Hause hatte, zwei Pflegefälle, beide durch medizinische Fehler. Ihre Mutter war zuletzt bis zum Hals gelähmt. Sie konnte die Arme nicht mehr bewegen und wurde zum Schwerstpflegefall. Sie hatte eine sehr geringe Lebensqualität.

Der Chef der Klinik rief mich direkt danach an: »Frau Keller, das tut mir sehr leid, dass Ihnen das schon so früh passieren muss.« Darüber war ich zuerst sehr irritiert. Aber im Prinzip hatte er nicht unrecht: Jedem passieren Fehler, das ist so. Und natürlich haben auch wir Ärzte eine Fehlerrate. Nur wird sie uns nicht zugestanden. Die Erwartungshaltung an die Ärzte ist nach wie vor riesig: Einerseits sind wir nicht mehr die Götter in Weiß – zum Glück! –, trotzdem erwarten die Patienten, dass man arbeitet wie ein Gott. Nämlich fehlerfrei. Obwohl jeder weiß, dass kein Mensch hundertprozentig richtig arbeitet.

Das funktioniert nicht. Denn Fehler werden stets unterschiedlich bewertet. Wenn ich davon erzähle, versteht das jeder: Spritzen verwechselt, beide lagen nebeneinander, beide sahen gleich aus. Das bleibt ein Fehler, keine Frage. Aber da denkt jeder, gerade die Kollegen: Zum Glück ist mir das nicht passiert. Und auch: Das kann einfach jedem passieren. Doch wenn es einen selbst oder einen Angehörigen trifft, dann sieht man das plötzlich ganz anders. Das verstehe ich auch. Wenn mir als Patientin jemand etwas Falsches geben würde, dann hätte ich dafür auch kein Verständnis. Patienten brauchen ein Grundvertrauen zu ihrem Arzt oder ihrer Ärztin. Diesen Widerspruch finde ich sehr schwierig auszuhalten.

Das wusste offenbar auch mein damaliger Chef. Worüber er seufzte, war der Zeitpunkt: So jung, wie ich war, hatte ich noch keinen Ausgleich, den ich dagegensetzen konnte. Würde mir jetzt wieder ein solcher Fehler unterlaufen, wäre das immer noch sehr furchtbar. Ich könnte aber immerhin eine Liste machen mit Menschen, die ich gerettet habe. Doch wenn man jung ist, hat man noch keine Plus-Seite: Ich konnte meinen Fehler mit nichts aufwiegen. Hatte ich doch mit der Motivation studiert und angefangen zu arbeiten, Menschen zu helfen. Wenn man dann genau das Gegenteil tut und sich dafür sogar vor anderen Menschen und vor Gericht verantworten muss, ist das harter Tobak. Das war genau das Gegenteil von dem, was ich wollte.

Dieser Fehler passierte kurz vor dem Wochenende: Alles ging sowieso drunter und drüber auf der Station, alle wollten nach Hause. Zum Glück vermittelte mir meine Kollegin, die an jenem Tag mit mir arbeitete, eine Psycho-Akut-Intervention. Sie kannte jemanden auf der Abteilung für Psychosomatik und sprach mit ihrem ehemaligen Chef, sodass ich gleich am nächsten Tag eine Stunde bei ihm bekommen habe. Die ersten zwei Wochen war ich arbeitsunfähig, zwei Jahre lang besuchte ich einen Psychotherapeuten und diskutierte mit ihm die Schuldfrage: Wie komme ich mit der Schuld zurecht, wie kann ich damit leben?

Ich schämte mich vor mir selbst so wahnsinnig. Da hat mir

die Psychotherapie sehr geholfen. Denn da ist keiner, vor dem man sich irgendwie schämen muss. Deswegen ist es mir ja auch so schwergefallen, meinen Freunden und vor allem meiner Familie davon zu berichten. Während ich bei der Psychotherapie jemandem Professionellen gegenübersitze, der dafür Geld kriegt. Wie der mich beurteilt, ist mir eigentlich völlig wurscht, weil ich ihn so ja nicht kenne. Ich erwarte von ihm keine Gegenliebe in irgendeiner Form. Das hat mir gutgetan.

Die Scham ist immer noch da. Deswegen möchte ich auch öffentlich keine Namen nennen. Weil ich mich immer noch dafür schäme, dass ich jemanden derart stark geschädigt habe. Obwohl sich diese Scham- und Schuldgefühle relativiert haben. Ich weiß, dass ich zwar einen Fehler gemacht habe, aber dass auch andere Fehler machen. Dass es leider zum Leben dazugehört, Fehler zu machen. Und dass das in meinem Fall maximale Konsequenzen hatte. Die Frage ist auch: Wer will das hören? Und das andere ist immer auch die Angst. Wenn man versucht, die eigene Seite darzustellen, wie man das selber erlebt hat, stellt man sich selber ja auch ein Stück weit als Opfer dar.

Mein Leid steht in keiner Relation zu dem Schaden, den ich angerichtet habe. Anders gesagt: Wenn ich die Patientin wäre, der das geschehen ist, würde ich zu mir selbst sagen: »Du blöde Kuh! Stellst dich hin und sagst: Ha, ha, war die falsche Spritze.« Natürlich habe ich als Täterin auch ein Bedürfnis zu sagen, dass das für mich eine schwierige Situation ist und dass ich extrem darunter gelitten habe oder noch immer leide – dass sich mein ganzes Leben dadurch verändert hat. Und dass ich eigentlich glaube, dass das ein durchaus verzeihbarer Fehler war, der aber leider schreckliche Konsequenzen hatte. Doch würde ich das als Patientin auch so sehen? Die Patientin bleibt immer das Opfer.

Zuerst lief ein zivilrechtliches Verfahren wegen Schadenersatz, den die Klägerin auch ziemlich zügig bekommen hat. Als Krankenhaus ist man für solche Fälle über die Haftpflicht versichert. Etwa ein Jahr später begann der Strafprozess. Dagegen kann man sich nicht versichern. Dieser Prozess dauerte über sechs Jahre und versuchte herauszufinden, wo die Schuld lag und wie groß sie ist. Was hätte man vermeiden können? War meine Handlungsweise grob fahrlässig oder nur fahrlässig? Nach über sechs Jahren wurde ich wegen fahrlässiger Körperverletzung verurteilt, wurde aber nicht vorbestraft. Ab 90 Tagessätzen ist man vorbestraft, ich kriegte ein paar Tage weniger, sodass meine Strafe nicht als Vorstrafe galt. Ich musste eine Geldbuße bezahlen und Sozialstunden ableisten.

Das Strafmaß war sehr überschaubar, das war nicht das Drama. Belastend war eher, wie langwierig ein solches Verfahren ist. Alle drei, vier Monate kam ich nach Hause und fand einen braunen Umschlag im Briefkasten. Wieder ein Gutachten, wofür irgendjemand meinen Fall aufgerollt hatte, der vorher nicht damit betraut war. Einer, der erneut alles prüfte, in zwei Tagen alles noch einmal ganz genau durchlas, mit der Beurteilung von jemandem, der gar nicht dabei war – manchmal waren auch Vorwürfe enthalten. An solchen Tagen fühlte ich mich meistens erst einmal mitgenommen. Ich schrieb meinem Anwalt meine Sicht der Dinge, der dazu ein Schreiben aufsetzte und dieses weitergab. Dann war wieder Ruhe, ein halbes Jahr, vielleicht auch nur drei Monate. Bis wieder irgendwann so ein Umschlag im Briefkasten lag. So ging das ganze sechs Jahre.

Seither habe ich ein gestörtes Verhältnis zu Post. Das ist Psychoterror, da kommt man nicht zur Ruhe. Auch wenn man immer wieder zwischendurch ruhige Phasen hat. Es ist ja nicht so, dass man sechs Jahre lang ständig daran denkt. So ist es nicht. Aber die Angst bleibt. Weil man sich ständig überlegt: Was kommt dabei heraus?

Trotzdem hat mich unser Rechtssystem positiv überrascht. Bis dahin hatte ich immer gedacht, dass Gerichtsverfahren und Staatsanwälte einem immer nur an den Kragen wollen. Doch alle, die an diesem Verfahren beteiligt waren, waren extrem differenziert im Umgang mit den Fakten. Vor Gericht wurde mir nie das Gefühl gegeben, ich sei böse und müsse bestraft werden. Obwohl die Anwälte und Richter keine Mediziner waren, hatte ich den Eindruck, dass sie sich wirklich bemühten, diesen Fall von allen Seiten zu beleuchten. Und sie haben sich auch sehr menschlich gezeigt. Ich glaube sogar, die Richter hätten komplett auf eine Strafe verzichtet, wenn sie nicht Sorge gehabt hätten, dass die Medien das wiederum aufgreifen und sagen: Mediziner dürfen alles, und denen passiert nichts.

Als mich damals der ehemalige Chef der Klinik informierte, dass nun ein Verfahren gegen mich eröffnet wurde, wusste ich zuerst nicht, was zu tun ist. Als Mediziner hat man ja mit Gerichtsverfahren überhaupt keine Erfahrung. Ich schaute in die *Gelben Seiten* und erfuhr bald, dass eine Beratungsstunde 150 Euro kostet. Ich hatte ein Gehalt von 1000 Euro pro Monat. Glücklicherweise kannte ich vom Studium her einen Freund, dessen Freund in einer Kanzlei mit Spezialgebiet medizinische Strafverfahren arbeitete. Sein Chef war Universitätsprofessor für Medizinrecht, eine Koryphäe auf seinem Gebiet. Er bekam das damals mit und versprach, sich meinen Fall anzusehen. Und dieser ältere Herr, dem tat das leid. Er half mir zu einem günstigeren Tarif. Das hat natürlich immer noch sehr viel Geld gekostet, aber er war absolut seriös, und das war sehr angenehm. Die Gegenseite packte alles aus, was sie irgendwann über mich zu hören bekommen hatte, warum ich an jenem Tag schlecht drauf gewesen wäre und psychisch neben mir gestanden hätte und ich weiß nicht was alles. Mein Rechtsanwalt dagegen war sehr sachlich. Er hat auch zugesehen, dass ich kein offenes Gerichtsverfahren bekam und dass man einen Vergleich suchte. Er war für mich ein wichtiger Anker. Ich weiß nicht, was ich ohne ihn gemacht hätte.

Das Gericht war der Meinung, dass eine solch junge Ärztin, die noch nicht einmal richtig zugelassen war, nicht hundertprozentig alleine die Schuld tragen könne. Und in dem Gerichtsverfahren ging es am Ende hauptsächlich darum, dass der Oberarzt seine Haut retten wollte. Er behauptete, dass das, was ich da zu tun hatte, völlig adäquat für meinen damaligen Ausbildungsstand gewesen wäre. Ich sei bestens vorbereitet, aber offenbar in einer labilen psychischen Situation gewesen. Und das sei mein Pech gewesen. Während ich der Meinung war, dass alles, was man hätte tun können, um diesen Fehler zu vermeiden, nicht getan worden sei. Zwar hatte ich diesen Fehler gemacht, aber es war mir auch wirklich leicht gemacht worden. Ich habe nie verfolgt, welche Konsequenzen das Verfahren für den Oberarzt hatte, da es für mich keine Auswirkungen gehabt hätte.

Gut ging es mir in dieser Zeit natürlich nicht. Anfangs katastrophal, da war ich kurz davor, mir das Leben zu nehmen. Das war schon heftig. Es hat sicher geholfen, unmittelbar mit jemandem über Schuld reden zu können. Wie geht man damit um: mit Schuld, mit schlechtem Gewissen? Warum zum Beispiel fiel mir das offenbar schwer? Es gab Kollegen, die das sicherlich besser weggesteckt hätten. Es gibt ganz unterschiedliche Wege, um mit Schuld zurechtzukommen. Das lernt man ja bereits in Familiensituationen. Da gibt es bestimmt auch Menschen, die das besser lernen, da bin ich sicher. Wenn man aber nicht so ein Mensch ist und so etwas passiert – und man ist jung –, dann kann das wirklich sehr, sehr schwierig sein.

Nach den ersten zwei Wochen Krankschreibung arbeitete ich wieder in der Uniklinik. Der Oberarzt meinte sinngemäß: »Schön, dass Sie wieder da sind. Wenn mir etwas passiert, hilft mir die Arbeit am besten, damit zurechtzukommen.« Das empfand ich als sehr zynisch.

Ich hatte mir lange überlegt, ob ich überhaupt wieder dort arbeiten kann. Doch ich war mir sicher: Wenn ich nicht gleich wieder arbeiten gehe, dann nie wieder. Ich wollte weitermachen und einen Umgang damit finden, mit dem ich gut leben konnte. Diese Geschichte ging damals durch die Klinik, jeder wusste davon. Auch wenn ich heute mit Kollegen von damals telefoniere, weil sie unterdessen im niedergelassenen Bereich arbeiten oder Chef in einer anderen Klinik sind, begrüßen sie mich mit: »Ja, ja, ich weiß, wer Sie sind.« Das ist das, was bleibt.

Wenn man sich auf eine neue Stelle bewirbt, wird man auf dem Standardfragebogen gefragt, ob gegen einen ein Verfahren läuft. Sechs Jahre lang habe ich dort »Ja« angekreuzt. Das heißt, immer, wenn ich mich woanders vorgestellt habe, durfte ich im Vorfeld meine Geschichte erzählen, denn spätestens beim Einstellungsgespräch oder bei der Personalabteilung kam das auf den Tisch. Die Reaktionen waren immer sehr verständnisvoll: Die Ärzte kennen das alle. Will heißen: Wenn jemand einem was Böses will, kann er das gegen einen ausnutzen – aber verstehen tun sie es alle. Überhaupt sind mir seither so viele Geschichten zugetragen worden ... Die meisten haben Glück gehabt: Entweder ist es nicht rausgekommen oder die Konsequenzen wogen weniger schwer als bei mir. Aber Fehler passieren, natürlich.

Deswegen bin ich damals auch zurückgegangen: Ich wollte die Möglichkeit haben, mich nochmals unter Beweis zu stellen – ohne diesen Stempel zu tragen. Unterdessen, sechzehn Jahre später, weiß ich, dass das für mich richtig war, sofort wieder zur Arbeit zu gehen. Anfangs habe ich keinem davon erzählt. Weil ich mich so geschämt habe. Weil ich dachte, das kann ich keinem erzählen. Nur ein paar Kollegen haben das mitbekommen. Nach und nach haben es Freunde erfahren, auch meiner Familie habe ich es gesagt. Es hat mir keiner Vorwürfe gemacht, überhaupt nicht, zu keinem Zeitpunkt. Ich musste vor allen Dingen selbst damit klarkommen und für mich lernen, einen Fehler gemacht zu haben. Das zu lernen ist schwierig.

Ich weiß zwar inzwischen, dass ich auch viel Gutes getan habe. Trotzdem würde es mir nie – ich glaube zu keinem Zeitpunkt – leichtfallen zu sagen, ich habe diese Frau zu etlichen Lähmungen, vielleicht zum Tode geführt, und das lässt mich kalt. Das wird nie passieren. Das geht einfach nicht. Wie wenn man versehentlich jemanden anfährt: Sie fahren mit dem Auto, Sie biegen rechts ab. Sie machen vielleicht sogar einen Schulterblick, aber Sie reagieren nicht schnell genug und überfahren ein Kind. Damit klarzukommen, egal wie sehr das jeder versteht – man muss selbst damit klarkommen, dass man jemanden auf dem Gewissen hat.

In den letzten Jahren ist mir aufgefallen, dass vor allem erstaunlich viele Männer deutlich besser mit Fehlern zurechtkommen. Viele sagen etwa, das sei nun mal Berufsrisiko. Sie sagen, wenn ich den Job mache, dann stirbt halt auch mal einer. Das sehe ich – und auch viele Kollegen und Kolleginnen – nicht so. Ich kenne etliche Kollegen, die deswegen den Beruf gewechselt haben, weil sie sagen: Ich habe einen Fehler gemacht und komme damit überhaupt nicht klar. Ich will diese Verantwortung nicht mehr. Ich will am liebsten in einem Geschäft an der Kasse sitzen. Ich kann das nicht mehr: jeden Tag zu wissen, wenn ich nicht hundertprozentig da bin oder einfach mal nicht aufpasse, irgendetwas übersehe, überlese, nicht die richtige Assoziation habe usw., dass da jemand sterben oder Schaden nehmen kann. Denn wenn das Berufsrisiko darin besteht, dass man Menschen, die mitten im Leben stehen und eine Familie haben, schädigt, dann bleibt es trotzdem dabei, dass man jemanden geschädigt hat. Egal, ob einem das im Beruf oder außerhalb des Berufs passiert. Wenn ich jemanden verletze, dann verletze ich ihn. Und wenn das durch meine Unachtsamkeit geschieht, egal, ob ich beim Autofahren nicht aufpasse oder im Job, bleibt das für mich als Gefühl dasselbe.

Die Schuldgefühle sind heute immer noch da. Anfangs waren sie viel, viel größer, viel präsenter. Jetzt sind sie weniger präsent, weil ich sie bis zu einem gewissen Grad rationalisieren konnte. Mit dem Wissen darum, dass das jedem passieren kann und dass man auch viel Gutes getan hat, relativiert sich das. Denn diese Liste, die ich erwähnt habe, mindert die Schuld schon: dass man über die Jahre merkt, ich habe auch viel Gutes geleistet. Auch wenn das damals ein Fehler war, dafür habe ich aber ... dieses Wiedergutmachschema, das funktioniert durchaus. Die Schuld ist zwar immer noch da, aber ich kann damit leben. Aber: Seitdem das passiert ist, habe ich diese Leichtigkeit verloren, die ich immer hatte. Die Grundeinstellung »Ach, alles wird gut werden!« oder »Wird schon nicht schiefgehen!«. Ein solcher Spruch kommt mir nicht mehr über die Lippen! Denn was passiert ist, hat alles verändert. Auch wenn man irgendwann aufhört, tagtäglich darüber nachzudenken, und es diese Präsenz vom Anfang verliert.

Auch die Prioritäten haben sich seither verändert. Arbeit, Beruf, Karriere waren mir anfangs sehr wichtig. Durch diese Erfahrung aber habe ich realisiert, dass ich nicht nur darauf bauen kann, dass Familie und Freundschaft mindestens so wichtig sind. Wenn ich nicht so wahnsinnig viel Unterstützung von meiner Familie und von meinen Freunden bekommen hätte, wenn die nicht gewesen wären, weiß ich nicht, ob ich heute noch da wäre. Das war enorm. In jeglicher Beziehung.

Anfangs habe ich bei der Arbeit alles überprüfen lassen, was ich getan habe. Ich war sehr, sehr nervös. Ich hole mir seither bei Eingriffen stets jemanden dazu, mache nichts ohne Absprache. Deswegen sehe ich durchaus auch etwas Positives in dieser Erfahrung: Über all die Jahre habe ich viele Kontrollmechanismen in mein Handeln eingebaut. Dieser Fehler, der mir passiert ist, ist schon häufiger passiert. Interessanterweise gab es in derselben Uniklinik in einer anderen Abteilung genaue Verfahrensanweisungen dafür, wie man mit diesem Medikament umgehen soll, damit so etwas *nicht* passiert. Andere Spritzen, die nicht auf die Anschlüsse passen, verschiedene Tage, an denen man sie verabreicht – ganz einfache Vorkehrungen. Als ich danach fragte, warum wir diese nicht übernehmen, war die Antwort: »Wenn wir das jetzt ändern, wäre das ein Eingeständnis, dass das vorher falsch gelaufen ist.«

Nach solchen und anderen Erfahrungen habe ich immer versucht, Arbeitsplätze zu finden, die besser funktionieren. Zumindest in Deutschland wechseln Mediziner relativ selten den Arbeitsplatz. Ich selbst habe die Kliniken oft gewechselt. Denn immer wieder wurden extrem viele Überstunden verlangt, was ich nach jener Erfahrung einfach nicht verantworten konnte. Fehlermanagement hat auch viel mit den Umständen zu tun. Unterdessen bin ich seit Jahren in einer gut strukturierten Praxis. Hier habe ich nicht die zusätzliche Belastung durch Notfälle, muss nicht akut schnell handeln. Ich habe viel Ruhe und Zeit, um zu überlegen. Und ich arbeite mit Kollegen, die mir sehr nahe sind. Vor denen ich auch keine Angst hätte, Fehler einzugestehen. Im Vergleich zu vielen anderen Ärzten ist meine Verantwortung überschaubar. Das habe ich mir ganz bewusst so ausgewählt.

Nach wie vor glaube ich, dass es richtig war, der Patientin und ihrer Tochter sofort gesagt zu haben, dass mir ein Fehler passiert ist. Obwohl mir das später von der Klinik vorgeworfen wurde, weil das natürlich für das Verfahren mit der Haftpflicht negative Auswirkungen hatte. Es ging nicht mehr darum, ob es überhaupt Schuld gibt, sondern nur noch darum, wer wie viel Schuld trägt. Trotzdem bin ich heilfroh, dass ich mich sofort entschuldigt hatte. Heilfroh. Anders könnte ich heute nicht mehr in den Spiegel schauen.

Es war nicht einfach, jemanden wie Ava Keller zu finden, die über Behandlungsfehler spricht. Sie sagt: »Stellt man sich hin und erzählt davon, macht man sich selbst immer ein Stück weit zum Opfer, weil man seine Tat rechtfertigt.« Sie sei aber keineswegs Opfer, sondern in diesem Fall die Täterin. Das wolle sie auf keinen Fall relativieren, stellt sie bereits im telefonischen Vorgespräch klar. Sie hat nicht etwa Angst um ihren jetzigen Arbeitsplatz – ihre Kollegen und Kolleginnen wissen Bescheid –, sondern vor Patienten, die das Eingeständnis von Fehlern seitens ihrer Ärzte nichtsdestotrotz als Vertrauensbruch sehen. Wir einigen uns schließlich darauf, dass sie ihre Geschichte anonym erzählt und der Name der Klinik nicht genannt wird.

Konstruktive Fehlerkultur, sagt sie, hätte sie in den Kliniken nie erlebt. Dagegen beobachte sie, dass die jetzigen Oberärzte doppelt belastet seien. Sie, die damals als Ärzte in Ausbildung allein gelassen wurden, würden jetzt von der jüngeren Generation gefordert, weil sie selbstbewusster Hilfe holten. Das habe auch mit veränderten Arbeitsbedingungen zu tun: Im Gegensatz zu ihrer Generation arbeiten die jüngeren Kollegen und Kolleginnen nicht mehr nur mit Monats- und Halbtagesverträgen, sondern auf der Basis von Jahresverträgen. Damit machten sie leidige Aufgaben nicht mehr einfach »mal eben schnell, schnell«, wie das noch bei ihr gang und gäbe gewesen sei, weil man sonst die Arbeit verloren hätte.

Ein anderes Problem ist die Hierarchie: »Durch die nach wie vor herrschenden hierarchischen Strukturen werden Fehler zwar auf derselben Ebene kommuniziert, nicht aber vertikal. Das Wichtigste, um das zu vermeiden, ist, dass die Älteren und Erfahreneren mit ins Boot geholt werden.« Außerdem gäbe es unterdessen im Studiengang Fächer wie Ethik und Moral oder

Fehlermanagement. Immer noch viel zu wenig zwar, aber doch so, dass mehr Hilfe von oben eingefordert würde. »So werden die Leute in Verantwortung gebracht, die auch die Verantwortung tragen müssen. Und die sich in meiner Zeit noch viel mehr als heute geduckt haben, weil's halt so üblich war.«

Länger sprechen wir darüber, ob Männer und Frauen unterschiedlich mit Fehlern umgehen. Sie bestätigt meinen Eindruck, warum ich womöglich Schwierigkeiten habe, Frauen für dieses Buch zu finden: »Pauschalisierungen sind immer schwierig, aber ich habe schon auch den Eindruck, dass Männer besser mit Fehlern klarkommen, dass Frauen ihre Fehler schlechter akzeptieren. Das beginnt bereits bei Kritik: Frauen nehmen Kritik viel eher an, saugen diese regelrecht auf. Männer sind da professioneller: hören sich kritische Einwände an und kommentieren diese – je nachdem, wie gut sie ausgebildet sind – besser oder schlechter.«

» Wie kann man nach einem solchen Fehler Verantwortung übernehmen?«

Die Krankenschwester, die nicht mehr schweigen will

Nur wenige Meter gegenüber der alten Feuerwache würde ich sie finden, schreibt Annemarie Rüter. Später im Gespräch markiert diese Beschreibung den Radius, auf den sich ihre Spaziergänge jahrelang beschränkten: Die ehemalige Krankenschwester ist von starkem Rheuma geplagt, besonders in jenen Jahren, in denen sie sich mit niemandem über die mutmaßlich tödlichen Pflegefehler austauschen konnte. Das Vertuschen und die versäumte Selbstanzeige hätten viele Jahre ihres Lebens geprägt.

Annemarie Rüter begann in den Siebzigerjahren als Krankenschwester zu arbeiten, mittlerweile ist sie seit Jahren pensioniert. Erst ihre diversen Krankheiten, zuletzt das Rheuma, das sie leicht hinken lässt, hätten sie auf die Fehler hingewiesen, die ihr passiert seien. Jahrelang hat sie sie erfolgreich verdrängt, bis sie sich eines Tages erinnerte:

Ich saß in der Küche und sah sie beide plötzlich ganz plastisch vor mir: Die zwei ehemaligen Patienten, die ich vor Jahrzehnten pflegte und die damals gestorben sind.

Beim ersten Vorfall war ich im dritten Ausbildungsjahr, das war in Bonn. Es war Mitte Mai, ich war 22 Jahre alt: Kurz vor der Abschlussprüfung arbeitete ich auf der Dialysestation der Uniklinik, wo Patienten regelmäßig dreimal die Woche zur Blutwäsche kamen. Ihr Blut wurde ausgetauscht und gesäubert.

Wir Krankenschwestern zogen dafür jeweils Perfusorspritzen mit Liquemin und Natriumchlorid auf. Eigentlich hätte ich das ohne Aufsicht gar nicht machen dürfen, doch das ist jetzt zweitrangig. Denn das kann man nachher ja immer behaupten. Jedenfalls nahm ich einmal Natriumcitrat statt Natriumchlorid. Diese Fläschchen standen nebeneinander, und ich hatte sie verwechselt. Allerdings habe ich das in jenem Moment nicht gemerkt. Ich zog die Spritze auf und hängte sie als Infusion an den Patienten. Die Patienten kamen jeweils täglich morgens um acht Uhr in die Klinik, wurden angeschlossen und gingen um vierzehn Uhr wieder.

Nach meiner Schicht ging ich nach Hause. Erst am nächsten Tag erfuhr ich in der Pause, dass einer der gestrigen Patienten beim Nachhausegehen, noch in der großen Eingangshalle der Uniklinik, einen Herzstillstand bekommen hatte. Man hatte ihn nicht wiederbeleben können, er war gestorben. Der Patient hätte 45 sein können oder auch 55, das war schlecht zu schätzen.

Wir saßen also in der Pause am Tisch: der Pfleger, der Arzt und ich. Der Arzt erzählte dem Pfleger, dass der Patient einen unheimlich hohen Natriumwert gehabt hätte von 300 oder sogar noch mehr. Das ist unüblich, ein normaler Natriumwert liegt bei 140 bis 145. Als der Arzt diese Werte erwähnte, erinnerte ich mich plötzlich, dass *ich* die Fläschchen vertauscht haben musste. Eine halbe Stunde, nachdem er von der Maschine abgehängt wurde, sei er zusammengebrochen, weil wahrscheinlich das Medikament diesen Herzstillstand verursacht habe.

Ich habe nichts gesagt, nein. Warum nicht? Ja, warum nicht! Ich habe mich nicht getraut. Es wäre mir überhaupt nicht eingefallen, etwas zu sagen. Ich hatte nur Angst. Damals war es überhaupt noch nicht üblich, über Fehler zu reden. Und auch heute ist das meines Wissens noch nicht üblich. Man versucht es vielleicht, aber wirklich über Fehler gesprochen wird auch heute nicht.

Zuerst einmal war ich geschockt, als ich hörte, der Natriumwert sei so hoch gewesen, dass er gestorben sei. Ich dachte, die sehen vielleicht, dass ich einen roten Kopf bekam, und hatte

Angst, dass sie etwas merken könnten. Doch ich wurde überhaupt nicht darauf angesprochen oder gefragt. Obwohl sie ja wussten, dass ich die Spritze vorbereitet hatte. Ich wurde nicht gefragt, und ich habe meinen Mund gehalten. Das unangenehme Gefühl dauerte lediglich so lange an, wie wir zu dritt am Tisch gesessen haben und der Arzt in meine Richtung sagte: »Der Wert war so hoch.« Passiert ist aber nichts. Danach ging ich weiter wie gewöhnlich zur Arbeit, und mit der Zeit war diese Geschichte nicht mehr in meinem Kopf.

Beim zweiten Patienten war es ähnlich: Mehr als zehn Jahre später, nach der ersten Kinderpause, arbeitete ich auf einer Hals-Nasen-Ohren-Station. Dort machte ich jeweils einmal die Woche Nachtwache. Ein Patient bekam eine Chemo als Infusion. Ich musste ihm eine Infusion mit einer bestimmten Anzahl Ampullen geben. Es hätten insgesamt vielleicht 80 mg sein müssen, ich tat aber 800 mg rein. Zehnmal zu viel. Ich wunderte mich zwar, dass ich so viel aufziehen musste. Aber ich las es nicht noch mal nach. Erst nach einer halben Stunde prüfte ich die Angabe und merkte, dass das verkehrt war. Sofort hängte ich die Infusion ab und hängte eine neue, lediglich mit Natriumchlorid gefüllte an. Nun fehlten mir aber die Ampullen. Ich wollte meinen Fehler vertuschen.

In jenem Moment war ich so kalt, so berechnend – ich dachte einzig daran, dass ich die Ampullen von irgendwoher wiederkriegen musste, damit es nicht weiter auffällt. Ich rief eine andere Station an und holte mir dort welche. Fragte noch, ob ich welche nachbestellen sollte, um sie zurückzugeben, was man in der Regel tat. Aber die Kollegin sagte lediglich: »Ne, braucht ihr nicht.« Das war mein Glück, ich musste sie nicht wieder zurückgeben. Ich hatte dieses Problem also gelöst, und dann war meine Nachtwache zu Ende. Ich wäre nicht auf die Idee gekommen, den zuständigen Arzt anzurufen – weil das einfach so schlimm war. Deswegen versuchte ich auch gleich, das Ganze zu verheimlichen.

Als ich eine Woche später wieder zur Nachtwache kam, erfuhr ich, dass die verabreichte Menge doch etwas ausgemacht hatte und dass dieser Patient ganz plötzlich einen erneuten Herzinfarkt bekommen hatte. Er war auf die Intensivstation verlegt und reanimiert worden, hatte aber dann doch nicht überlebt. Es hieß, er hätte bereits eine Vorgeschichte mit einem Herzinfarkt gehabt. Und so kam auch diesmal niemand auf die Idee zu denken, dass da was falsch gelaufen ist.

In jenem Moment war ich einfach nur froh, dass ein Kollege von dieser Vorgeschichte mit dem Herzen sprach. Da habe ich gedacht: Ja, Gott sei Dank! Kurz darauf kündigte ich. Deswegen – was ich aber natürlich nicht sagte. Ich war zum Glück noch in der Probezeit und hatte vierzehn Tage Kündigungsfrist. So war ich schnell weg. Ich wollte dort nicht mehr arbeiten. Natürlich habe ich mich schuldig gefühlt! Aber ich hab nur gedacht: Hoffentlich kommt's nicht raus.

Mit Arbeitskollegen sprach ich über solche Erfahrungen nicht, gar nicht. Das habe ich alles mit mir selbst ausmachen müssen. Dass man etwas verwechseln kann oder falsche Dosen gibt, solche Fehler wurden in meiner Ausbildung nie thematisiert. Und im Klinikalltag mussten wir damals so viel machen. Es war zum Beispiel üblich, als Schülerin drei Wochen am Stück Nachtwache zu machen. Als ich mich einmal mit einer Kollegin über diese Belastung unterhielt, sagte sie: »Zum Glück ist nie etwas passiert«, und ich dachte: »Wenn du wüsstest.« Wir mussten viel machen, was nicht statthaft war. Das war das eine, aber das andere war ja die Verantwortung: Wenigstens die hätte ich übernehmen müssen.

Nach einer zweiten Kinderpause übernahm ich wieder Nachtwachen in einem anderen Krankenhaus. Die Erinnerung an die beiden Patienten war weg, und ich arbeitete auf einer Station mit gutem Umgang untereinander. Meine größte Angst damals war, dass ich Patienten reanimieren müsste, wenn jemand stirbt oder einen Herzinfarkt hat. Das passierte zum Glück nie, und ich konnte immer gut reagieren, wenn etwas war, und wurde stets gut bewertet. Woher diese Angst kam, wusste ich nicht, denn das, was mir passiert war, war vergessen. Es war mehr der Gedanke, dass im Krankenhaus keine Menschen sterben dürfen. Selbst krebskranke Patienten müssen reanimiert werden. Man muss sich im Gegenteil vom diensthabenden Arzt regelrecht sagen lassen: Diesen Patienten dürfen wir sterben lassen, er wird nicht mehr reanimiert.

Fast dreißig Jahre lang waren die Erinnerungen verschwunden. Bis ich krank wurde: Zuerst hatte ich einen Bandscheibenvorfall und musste operiert werden. Als ich danach, ein paar Jahre später erst, wieder anfing zu arbeiten, hatte ich ständig Panik und Angst, es nicht zu schaffen. Ich wurde unsicher, obwohl auch dort nie etwas passierte. Und obwohl ich außerdem mit einer sehr netten Stationsschwester arbeitete, mit der man über Fehler entspannt reden konnte. Fehler passieren ja ständig. Ein paar Jahre später bekam ich Rheuma, das setzte mich schachmatt. Ich musste erneut aufhören zu arbeiten. Dieses Mal endgültig. Drei Jahre lang vertraute ich der Schulmedizin, nichts half. Bis ich über eine Freundin zu einer Therapeutin kam: zum Glück, sonst wäre ich heute bestimmt ein Pflegefall oder vielleicht nicht mehr am Leben. Mit ihr machte ich eine systemische Aufstellung, eine therapeutische Methode, um Konfliktmuster zu erkennen. Zuerst ging es um eine Abtreibung, und um Abtreibungen muss man sich eben auch kümmern, damit die Seele Ruhe findet.

Allerdings: Ist das eine Problem bearbeitet, kommt das nächste. Nachdem ich mit dieser Aufstellung jene Abtreibung verarbeitet hatte, saß ich einmal in der Küche und hatte – einfach so – die Bilder jener beiden Männer vor mir. Darüber sprechen konnte ich aber immer noch nicht. Es waren noch einmal zwei Jahre, in denen ich mich nicht traute, meiner Therapeutin davon zu erzählen. Erst als ich an einem Ausbildungskurs zur systemischen Aufstellung teilnahm, passierte es: Während des Kurses stellten wir alle unsere jeweiligen beruflichen Kompetenzen auf. Die anderen Teilnehmenden sagten mir danach, ich hätte unheimlich kompetent gewirkt. Das konnte ich nicht annehmen. Als ich kurz darauf meiner Therapeutin davon erzählte, fragte sie mich: »Warum fühlst du dich nicht kompetent? Ist denn einmal etwas passiert?« Da habe ich's erzählt. Und ich war froh, dass ich's endlich sagen konnte.

Und ich hatte Angst, regelrecht Panik: Welche Strafen gibt

es für fahrlässige Tötung? Ich fand heraus, dass die Höchststrafe drei Jahre Haft wäre – wenn überhaupt! Meistens wird man zu einer gehaltsabhängigen Geldstrafe verurteilt, in meinem Fall wären es lediglich rund 3000 Euro gewesen. Nicht einmal ein Eintrag im Führungszeugnis. Und nach drei Jahren verjährt der Tatbestand. Das heißt: Sie können sich eine neue Stelle suchen, ohne dass jemand davon weiß. Später habe ich auch einen Anwalt konsultiert. Der sagte: »Ich kann Sie nicht verteidigen – das ist ja viel zu lange her.«

Stattdessen machte ich eine weitere Aufstellung, und plötzlich stand ein Mann mit einem Beatmungsgerät da. Er war der Patient von der Klinik. Er wollte meinen Namen haben. Das sei doch das Mindeste.

Bis heute weiß ich nicht, wie die Patienten geheißen haben. Obwohl ich recherchiert habe: Für den Namen des ersten Patienten rief ich in der Klinik an, um den damaligen Pfleger oder Stationsarzt zu finden. Das klappte nur, weil ich behauptete, eine Jahresfeier zu organisieren. Als ich schließlich mit dem Stationsarzt sprach, sagte er lediglich, in den Siebzigern sei die Dialyse noch im Aufbau gewesen, da seien die Patienten wie die Fliegen gestorben. Tatsächlich, ich erinnere mich, wie man noch 1972 im Keller mit einem normalen Kochlöffel das Dialysat angerührt hatte. Ich erzählte ihm, dass ich damals auf dieser Station gearbeitet hätte, und fragte ihn, ob er sich an den Patienten erinnern könnte. Und ob er den Namen noch wüsste. Denn es gab auf der Station anfangs sechs, später zwölf Plätze, die jeweils lebenslang belegt waren. Da müsste man sich doch an den Namen erinnern können. Er zählte mir ein paar Namen auf, aber der, den ich meinte, war nicht darunter. Er sagte mir auch, dass ich nicht schuld wäre. Er wollte mir sogar regelrecht einreden, dass ich keine Schuld hätte. Ich hätte das gar nicht verwechseln können, weil Natriumcitrat gar nicht auf der Station gewesen sei usw. Doch das war völliger Quatsch. Ich erklärte ihm erneut, dass ich den Namen bräuchte. Um die Angehörigen zu informieren, dass der Mann nicht so gestorben ist, wie sie denken. Er sagte: »Nein, das geht nicht. Dann stören Sie den Frieden der Familie.« Später schrieb er mir sogar noch eine lange E-Mail mit ganz vielen

Begründungen, was im Körper passiert. Selbst wenn ich das Natriumcitrat gespritzt hätte, schrieb er, hätte das nicht zum Tod führen können. In meinen Augen beschönigte er massiv. Man muss sich wirklich im Klaren darüber sein, dass man schuldig ist, sonst wird man wirr gemacht. Und glaubt am Ende tatsächlich, dass man nicht schuld sei, dass alles gut sei.

Ich hole weitere Erkundigungen ein: Akten müssen dreißig Jahre aufgehoben werden. Ich rief im Archiv der Klinik an und erfuhr, dass die Akte dort liegt. Noch zwei Jahre lang wird sie dort aufbewahrt. Also meldete ich mich beim Geschäftsführer der Klinik. Ein Gespräch bekam ich allerdings erst mit der Drohung, mit dem Fall an die Presse zu gehen. Doch auch dieses Gespräch brachte nichts. Er hätte die Akte raufholen können, und ich hätte den Namen gehabt. Aber ich bekam ihn nicht. Er sagte: Datenschutz. Diese Recherchen waren also sehr unbefriedigend. Es ging mir ja darum, wie man nach einem solchen Fehler Verantwortung übernehmen kann.

Ich habe mir auch überlegt, ob ich nicht besser in die Psychiatrie ginge – das wäre vielleicht einfacher. Solche Gedanken kommen einem nämlich. Die eine Seite ist, den Angehörigen gegenüber ehrlich zu sein, die andere, seiner eigenen Seele gegenüber. Dazu braucht man Hilfe, glaube ich.

Weil ich die Namen nicht herausfinden konnte, habe ich eine Selbsthilfegruppe gegründet. Und das Interessante ist: Jedes Mal, wenn ich mich darum kümmere, geht es mir körperlich besser. Noch vor einiger Zeit kam ich nur knapp bis zur alten Feuerwehrwache dort drüben: Das sind nur wenige Meter. Mit Krücken. Wegen dem Rheuma. Als ich die Webseite online geschaltet und die Flyer gedruckt habe, habe ich plötzlich eine Runde um den ganzen Straßenblock geschafft. Seither kann ich wieder im Viertel herumlaufen! Nicht nur wegen der Rheumamittel, sondern ich glaube, dass es meine Aufgabe ist, mich darum mit einer Selbsthilfegruppe zu kümmern.

Allerdings: Die Selbsthilfegruppe besteht bis heute nur aus mir. Ich habe zwar ein paar Mails bekommen, die mir Hochachtung, Respekt und Mut zusprachen, aber von Betroffenen kamen nur zwei Nachrichten. Dem einen ist etwas vor zwanzig Jahren passiert, was jetzt aber gut so sei. Und die andere ist berentet, denke ich mal. Sie schrieb, ihr sei so etwas auch passiert. Ich schrieb ihr zurück, aber sie hat sich nicht mehr gemeldet. Vielleicht traut sich einfach keiner. Vielleicht ist auch in mir ein Teil, der noch nicht will. Vor allem aber spüre ich, dass die Gesellschaft nicht will, dass solche Dinge an die Öffentlichkeit kommen. Der Chefarzt einer Klinik meinte, sie bräuchten keine Selbsthilfegruppe, sie hätten ja die Psychiatrie. Also: Da ist überall Ablehnung.

Berufsrisiko, natürlich, das ist es sicher. Aber das heißt ja nicht, dass man sich nicht damit auseinandersetzen muss. Ich bin fest davon überzeugt: Wenn so etwas passiert, dann sollte man sich darum kümmern, sonst passiert es wieder! Auch wenn das bei mir Jahre gedauert hat, bis ich am Küchentisch saß und mir bewusst wurde, dass ich wirklich Schuld trage. Nicht im Sinne einer Mörderin, das ist immer noch etwas anderes. Aber dass da etwas war, wofür ich hätte Verantwortung übernehmen sollen. Stattdessen trug ich insgeheim ein schlechtes Gewissen mit mir herum. Jahrelang bemitleidete ich mich: *Ich* Arme. Nie dachte ich an die Patienten, wie die gestorben sind. Um sich damit auseinanderzusetzen, braucht man Hilfe.

Es ist nun mal passiert, aber ich muss mich immer wieder daran erinnern, mit beiden Männern im Rücken nach vorne zu schauen. Ich möchte ohne zitternde Beine zugeben können: Ja, das ist mir passiert, und jetzt kümmere ich mich darum. Ich versuche, die Angehörigen zu finden oder denjenigen zu helfen, denen so etwas auch passiert ist. Ich könnte zum Beispiel jemanden zum Gericht begleiten. Oder einfach da sein. Das hätte ich mir damals auch gewünscht: dass da jemand ist, der zuhört. Denn ich glaube, wer Verantwortung übernehmen möchte, kann Hilfe gebrauchen.

»Sind Sie sich ganz sicher, dass Sie schuld sind?«, frage ich Annemarie Rüter, nachdem sie mir von diesen tödlichen Pflegefehlern erzählt hat. Überrascht schaut sie mich an: »Belegen kann ich das nicht, aber sicher bin ich mir schon. Ganz sicher.« Vielmehr

interessiert sie, wie sie das Geschehen nun verarbeiten kann. Sie zeigt hinüber zum Arbeitszimmer und sagt: »Dort, in dieser Kiste, sind zweihundert Flyer, die ich gedruckt habe, um auf die Selbsthilfegruppe aufmerksam zu machen. Doch wo soll ich sie auslegen? Keiner interessiert sich dafür: Die Gesellschaft will sich damit nicht befassen.« Resigniert fühle sie sich dennoch nicht, betont Annemarie Rüter. Dieses Thema bräuchte einfach einen langen Atem: »Vielleicht ändert sich ja irgendwann der Zeitgeist.«

»Angst vorm Scheitern habe ich
immer noch, natürlich!«

Der Jungunternehmer, der Scheitern aus Gründersicht erklärt

Auf die Frage, ob er als Jungunternehmer übers Fehlermachen und Scheitern sprechen möchte, antwortet Marc Clemens stilgerecht mit einem Hyperlink: Damit bekomme ich Einblick in seinen öffentlichen Kalender und verschiedene Timeslots angeboten. Ich wähle einen längeren freien Termin übermorgen. Zwei Tage später kommt Marc Clemens, Anfang dreißig, zur Kaffee-und-Kuchen-Zeit schnellen Schrittes in ein Café am Kollwitzplatz in Berlin, gibt mir die Hand, legt seine Jacke und seinen Schal über den Stuhl und setzt sich lächelnd. Blondes Haar zu dunklem Merinopullover, sympathisch, jung und dynamisch, über Erfolg werden wir noch sprechen. Eingeschüchtert vom limitierten Zeitfenster stelle ich eilig meine Fragen. Aber Marc Clemens hat wider Erwarten Zeit, und so geraten wir in ein gemütliches Gespräch. Er habe kein Problem, über das Scheitern zu sprechen, sagt der Jungunternehmer mit mehreren Auslandsaufenthalten und Sprachen im Lebenslauf; er interessiere sich im Gegenteil selbst sehr dafür. So werde zum Beispiel seine eigene Erfahrung des Scheiterns in der Start-up-Szene ganz anders bewertet als von Menschen, die mit Wirtschaft nichts am Hut hätten.

Als ich zwei Wochen vor meinem 29. Geburtstag Insolvenz anmelden musste, war das natürlich nicht schön. Aber andererseits gehört in der Start-up-Szene Scheitern bis zu einem gewissen Grad dazu – und kann einem als Erfahrung sogar nützen.

Sommelier Privé gründete ich als Wein-E-Commerce, allein. Nach ein paar Monaten kamen drei Kollegen dazu, die sich als Kernteam etabliert haben. Die Idee des Unternehmens bestand darin, Weinkauf richtig online zu bringen, da es bis zum damaligen Zeitpunkt fast keinen Online-Markt für Weinhandel gab beziehungsweise nur wenig Online-Käufer für Wein, während es für Schuhe und alle möglichen anderen Dingen viele Kunden gab. 2012 war E-Commerce mit Unternehmen wie Zalando schon recht groß. Trat man damals mit einem E-Commerce-Start-up an Investoren heran, war das eigentlich bereits uninteressant. Bei Wein lag der Marktanteil für Online-Handel damals jedoch nur bei einem Prozent.

Mich interessierte dieser Markt, weil ich emotionale Produkte und Wein mag. Nach meiner Einschätzung brauchte es drei Elemente: Beratung, gegebenenfalls die Verkostung und eine schöne Atmosphäre. Denn wer Wein einkauft, möchte etwas Besonderes – zumindest bei den Kunden, die für Wein mehr als vier Euro ausgeben, nicht bei jenen, die im Supermarkt Wein einkaufen. Auf dieser Grundlage überlegte ich mir verschiedene Geschäftsmodelle. Das erste Modell war ein Abo-Modell: Ein bekannter Sommelier wählt die Weine aus, und ein Algorithmus stellt diese Auswahl je nach Geschmack des Kunden für ein Abo zusammen. Dadurch bekamen die Kunden jeden Monat drei andere Flaschen Wein, die aber stets ihrem Geschmack entsprachen.

Dieses Geschäftsmodell passten wir mehrmals an, weil wir den Markt nicht richtig bearbeiten konnten – in der Start-up-Welt spricht man bei einer solchen Richtungsänderung von einem Pivot: Zuerst stellten wir das Abo in den Hintergrund und öffneten den personalisierten Shop für alle, was bereits deutlich besser funktionierte. Leider musste ich zu dem Zeitpunkt aber auch zwölf der knapp zwanzig Mitarbeiter entlassen, da uns das ursprüngliche Modell viel Geld gekostet hatte und wir wieder Fahrt gewinnen mussten. Das war für mich das erste und härteste Scheitern mit Sommelier Privé. Einen ganzen Tag lang führte ich Personalgespräche. Es ist schwer zu sagen, wie man sich da fühlt. Auf jeden Fall zuerst einmal richtig scheiße.

In den Monaten zuvor hatte ich mich arbeitsmäßig ausgepowert und kaum noch Energie. Ich hatte durchgehend gearbeitet, genauso wie die anderen auch. Im Gegensatz zu ihnen brachte ich aber kaum noch Mehrwert in die Firma. In mir war eine große Leere, egal, ob ich arbeitete oder nicht. Ich wusste einfach nicht mehr, was zu tun war. In mir war eine große Enttäuschung, dass ich Mitarbeitende entlassen musste, weil ich das eigene Ziel, das ja von allen mitgetragen wurde, nicht erreicht hatte. Dass damit das Selbstvertrauen verloren geht, ist in einer solchen Situation, in der man eigentlich einen neuen Ausweg finden muss, ein weiteres Problem. Glücklicherweise nahmen mir die drei anderen Co-Gründer unheimlich viel Arbeit ab. Damit gaben sie mir die Freiheit, weniger zu arbeiten und mich zu besinnen, wie es weitergehen sollte. Damals habe ich gelernt, klarere Grenzen zu setzen: Nicht mehr so viel zu arbeiten, beizeiten Schluss zu machen und die Wochenenden nicht mehr im Büro zu verbringen. Und mir wurde klar, dass man persönliches vom beruflichen Scheitern trennen muss, dass man als Mensch aus verschiedenen Aspekten besteht und nur ein Aspekt davon die Arbeit ist. Es ist möglich, dass man bei der Arbeit scheitert, aber deswegen scheitert man nicht gezwungenermaßen auch auf den anderen Ebenen. Ich glaube, dass man das unbedingt trennen sollte, um sich auf die Arbeit konzentrieren zu können.

Nach diesem ersten Pivot nahmen wir zwar noch einmal Fahrt auf, aber die Kundenakquisitionskosten waren immer noch nicht in einem vernünftigen Bereich. Wir erweiterten unser Produkt mit einer App, die Weine per Foto erkannte und über die man Weine bewerten konnte. Damit wollten wir mehr über den Geschmack der Kunden herausfinden, um noch besser Weine empfehlen zu können. Für die Entwicklung dieser App starteten wir eine weitere Finanzierungsrunde, die anfangs auch sehr gut lief.

Wir fanden zwei Investoren, mit denen wir ein Term-Sheet – eine schriftliche, aber mit Beendigungsbedingungen versehene Absichtserklärung – festlegten und eine Due Diligence machten. Das ist eine Risikoprüfung, ob alles auch hieb- und stichfest ist. Also: Term-Sheet unterschrieben, Due Diligence gemacht. Eine fünfköpfige Gruppe führte die Due Diligence durch. Am Montag sollte das Ergebnis kommen. Doch schon am Freitag bekam ich einen Anruf von einem der Investoren. Er sprach mir auf die Mailbox: »Wir sind raus, wir investieren nicht, die Due Diligence war negativ.« Ist die Due Diligence negativ, gilt auch das Term-Sheet nicht mehr. Das kam für uns allerdings zu einem sehr späten Zeitpunkt. Wir steckten ja mitten in der App-Entwicklung und hatten langsam kein Geld mehr.

In Deutschland darf man drei Wochen lang zahlungsunfähig sein, bis man Insolvenz anmelden muss. Wir waren zweieinhalb Wochen zahlungsunfähig, als auch der zweite Investor im letzten Moment absprang. Die Verträge waren bereits fertig, ich fuhr für die Unterschriften zu ihm, da sagte er: »Ich investiere nicht.« Wir hatten zwei Tage übrig, um Insolvenz anzumelden. Zu wenig Zeit, um eine weitere Finanzierungsrunde aufzutun. Wir hatten nicht erwartet, dass auch noch der zweite Investor abspringen würde. Ich bin also bei diesem Termin ohne Unterschrift raus und musste auch noch die verbliebenen elf Mitarbeitenden entlassen.

Die ersten zwei Tage befand ich mich in einer Art Trance. Man muss bei einer Insolvenz recht viele Formulare ausfüllen, die Werte zusammenzählen, eine Übersicht über die Assets, das Vermögen, bekommen, was ist etwas wert, wo sind welche Risiken usw. Lauter Dinge, die man nicht einfach so aus dem Ärmel schüttelt, besonders wenn man sich nicht gerade in bester Verfassung befindet und sich auch selbst nicht so sehr vertraut. Zumal der Anwalt, mit dem wir bis dahin bei den Verträgen und allem zusammengearbeitet hatten, bloß fragte, wie viel Geld wir noch hätten. Wir hatten nur noch minimale Reserven. Als wir ihm die Zahl nannten, sagte er: »Ne, da ist mir das Haftungsrisiko zu hoch. Ich bin raus.«

Zuerst kommt der vorläufige Insolvenzverwalter, und nur wenn genügend Insolvenzmasse da ist, wird der richtige bestellt. Anfangs kam noch das Kernteam ins Büro, obwohl ich sie alle bereits entlassen hatte. Mit der Zeit aber saß ich immer öfter alleine da. In Absprache mit dem Insolvenzverwalter erstellte ich Listen, was sich irgendwie noch zu Geld machen ließe: den Raum vermieten, das Material verkaufen, den Wein, die Software, alles Mögliche. Ich saß da und dachte: Okay, ich habe das jetzt zweieinhalb Jahre aufgebaut, da ist viel Geld reingeflossen, und jetzt verscherble ich alles links und rechts für einen Ramsch.

Natürlich hatte ich auch kein Geld mehr, ich hatte alles Geld in die Firma gesteckt. Dass ich dann zweieinhalb Jahre nach der Gründung meine Mutter um Geld bitten musste, hat am Ego gekratzt. Geld abzuheben machte mir wirklich keine Freude mehr – ich hab mich schlecht gefühlt, an den Automaten zu gehen. Selbstverständlich gibt es viel schlimmere Storys von anderen: Aber dieses Abhängigkeitsgefühl, das ist nicht schön. Immerhin konnte ich deutlich besser mit der Situation umgehen als beim ersten Mal. Weil ich mittlerweile gelernt hatte, mich nicht nur auf die Arbeit zu konzentrieren, sondern auch wieder mehr Zeit für Freundschaften und Hobbys aufzuwenden.

Nach ein paar Monaten Übergangszeit entließ mich der Insolvenzverwalter. Sofort begann ich wieder zu arbeiten, zuerst als freier Berater. Später gründete ich ein neues Start-up, mein jetziges Unternehmen CodeControl.

Nach der Insolvenz hatte ich keine Schulden. Das ist der Vorteil von solch einem primär extern finanzierten »Berliner Start-up«: Man finanziert alles über Equity – also Eigenkapital, das Investoren einbringen. Und es gibt die Grundregel, sich selbst nicht – nicht annähernd! – zu verschulden. Weil diese Modelle eben hochriskant sind.

Der Rückhalt von all denen, die Investoren waren – oder Gläubiger oder Geschäftspartner oder sonst irgendwie mit uns betriebswirtschaftlich verbunden –, war phänomenal. Obwohl einige doch substanzielle Beträge verloren hatten, reagierten sie verständnisvoll und unterstützten mich. Scheitert ein Start-up, dann denken viele, dass da einer Geld von anderen Leuten vernichtet hat. Tatsächlich aber ist es so, dass jemand, der Geld investiert, genau weiß, dass im Schnitt nur ein Start-up von zehn überlebt. Ein Investor investiert also in eine möglichst hohe Rendite oder in möglichst viele Unternehmen. Das ist ein Glücksspiel. Einer der Investoren, der mir bei Sommelier Privé Geld gegeben hatte, hat mich auch bei meinem jetzigen Unternehmen wieder finanziell unterstützt. Als ich ihn kurz nach meiner Insolvenz getroffen habe, bot er mir sofort seine Hilfe an. Er hat als Einzelperson mehr als eine Viertelmillion verloren, also wirklich substanziell viel Geld. Und zwar sein Geld. Doch ein guter Investor schreibt das Geld ab, bevor er es investiert. Entsprechend haben diese Investoren auch nicht das Gefühl, dass ihnen ihr Geld geklaut wurde. Das ist die Philosophie von Investoren. Sonst wäre der Umgang mit solchen Investitionen viel zu emotional.

Und als die Pressemitteilung rausging, bekam ich kurz danach Anrufe von anderen Gründern, die mich auf einen Kaffee bei sich einluden. Sie sagten: »Ist mir auch passiert.« Oder: »Ich habe was Ähnliches erlebt.« Noch nie hatte ich so viele Jobangebote in meiner Mailbox wie nach jener Pressemitteilung: Nach einer Insolvenz mit einem Start-up muss man sich eigentlich nirgends bewerben – denn alle wissen, dass da jemand einen Job sucht. Das hat sehr geholfen, zumal ich ja davor schon gelernt hatte, dass man in einer solchen Situation objektivieren muss. Das Unternehmen ist gescheitert, nicht ich.

Problematischer war für mich das Feedback von Leuten, die nicht beteiligt waren: Das waren Blogger, Zeitungen, Freunde, die nicht Betriebswirte sind, Freunde der Familie oder anderweitig Bekannte, von denen immer wieder unangenehmes Feedback kam. Da war zum Beispiel ein Facebook-Post von einem, der schrieb, er sei ja nicht schadenfroh, aber bei dieser Nachricht hätte er sich ein Lachen nicht verkneifen können. Später hat er sich dafür bei mir entschuldigt. Dann gab es andere, die mich fragten: »Musst du jetzt ins Gefängnis?« oder mir rieten, jetzt unbedingt jeden Job anzunehmen: »Schau doch mal, ob du dort oder dort kellnern kannst.« Meine Antwort war stets: Erstens muss ich zuerst die Insolvenz abschließen, und zweitens kann ich immer noch in meinem Bereich als Betriebswirt arbeiten. Es ist ja nicht so, dass ich als Betriebswirt gebrandmarkt wäre und Excel nicht mehr bedienen könnte.

Anfangs bin ich sehr offen mit meinem Scheitern umgegangen. Was dazu führte, dass ich nach ein paar Monaten aufgehört habe, darüber zu reden. Weil ich immer wieder hören musste, wie schlimm so ein Scheitern und eine Insolvenz seien. Obwohl ich immer wieder erklärte: »Nein, es ist nichts Schlimmes, auch nichts Böses, und nein, es ist niemand zu Schaden gekommen. Wir reden im Gegenteil sogar miteinander, und ich bin noch mit allen in Kontakt.« Manchmal fühlte ich mich einsam, wenn ich so überhaupt nicht verstanden wurde. Schlicht weil schon das Grundverständnis von dieser Art Unternehmertum fehlte.

Meine Mutter war dennoch ganz für mich da, dafür bin ich ihr sehr dankbar. Sie hat mich in jener Zeit sehr unterstützt, auch wenn ich mit ihr durchaus schwere Auseinandersetzungen hatte. Dieses typische Mutter-Kind-Ding, wo vieles zwischen den Zeilen passiert: Da kann man sensibler darauf reagieren oder weniger. Nach einer Insolvenz ist man mit Sicherheit sensibler! Und sie hatte schlichtweg Angst. Sie konnte nicht verstehen, warum ich überhaupt dieses Risiko eingegangen bin. Statt etwas »Richtiges und Sicheres« zu machen. Dass es dann nicht hinhaute, hat ihre Angst entsprechend bestätigt.

Meine Erfahrung ist: Es ist fast verbrecherisch, zu scheitern. Vielleicht weil wir in einer Gesellschaft leben, die das Risiko ablehnt. Geht jemand ein Risiko ein, wird das oftmals als Überheblichkeit oder Arroganz bewertet, selbst wenn einem das Risiko bewusst ist. Ich spüre da auch einen gewissen Teil Neid. Weil Leute das machen, was sie wollen – wenn sie eine Passion dafür haben, was sie bewegt. Geht das schief, freut sich so mancher, weil er es selbst nicht probiert hat. Gerade jene, die sagen: Warum denn gleich etwas Eigenes gründen? Es ist doch das Beste, bei einem Großkonzern lebenslang angestellt oder verbeamtet zu sein. Häufig fühlen sie sich durch das Scheitern von anderen unheimlich bestätigt. Aber da geht's nicht ums Scheitern, sondern darum, dass sie gar nicht verstehen, was eine Insolvenz ist oder dass manche Unternehmen einfach nicht funktionieren. Und tatsächlich: Von Insolvenz liest man meistens, wenn hinterher rauskommt, dass irgendwo irgendwelche

Gelder veruntreut wurden. Das heißt, die Wahrnehmung von Insolvenz an sich ist so, dass viele mit diesem Begriff etwas Böses verbinden. Für die meisten Leute braucht Insolvenz immer einen eindeutigen Grund – und der muss höchstwahrscheinlich negativ sein.

In Berlin ist es übrigens gang und gäbe, dass man eine Firma, die mit Eigenkapitel schlecht läuft oder fast insolvent wird, für einen symbolischen Euro verkauft. Damit ist zwar der Stempel der Insolvenz weg, aber am Ende werden trotzdem alle entlassen. Das Resultat ist also dasselbe.

Die Erfahrung des Scheiterns, wie ich sie gemacht habe, war letztendlich vielmehr eine gesellschaftliche: Es ging zwar viel Geld verloren, aber die Investoren würden immer wieder investieren. Generell sagt man sogar: Erfahrene Scheiterer scheitern nicht mehr so schnell. Wer schon einmal ein Start-up an die Wand gefahren hat, wird nicht gleich ein nächstes an die Wand fahren.

In traditionell organisierten Unternehmen haben dagegen alle Angst vor dem Scheitern, weil sie dann nicht befördert werden. Bloß kein Risiko eingehen! So aber entstehen auch keine Chancen. In der Start-up-Szene ist das grundlegend anders. In meinem jetzigen Unternehmen versuche ich, Scheiterkultur ganz bewusst zu leben: Alle werden ins kalte Wasser geworfen und machen einfach. Die sollen alle am laufenden Band scheitern. Weil Verantwortung zu übernehmen das Schönste ist. Sie sollen nicht das Ziel haben zu scheitern, sie sollen auch nicht fahrlässig scheitern, aber sie sollen lernen, das Risiko in Kauf zu nehmen. Weil sie damit lernen, was sie eigentlich tun. Sie können jederzeit nachfragen, aber ich glaube, es ist gut, diese Möglichkeit zu haben und die Verantwortung dafür übernehmen zu können.

Durch diese Erfahrung habe ich eine andere Wahrnehmung fürs Scheitern bekommen: was allerdings keineswegs bedeutet, dass ich keine Angst mehr davor habe. Nein! Ich habe natürlich Angst vorm Scheitern, klar. Aber ich habe weniger Angst vor den Resultaten des Scheiterns als vielleicht vorm Scheitern selbst. Oder anders: Ich weiß, dass es für mich nicht das

Ende meiner beruflichen Karriere bedeutet, wenn ich scheitere oder meine neue Firma CodeControl pleitegehen würde. Auch wenn man sich das natürlich nicht wünscht. Da ist immer eine Angst da, immer noch.

Auch Marc Clemens stand nach seiner Pleite auf der Bühne einer Berliner FuckUp Night. Ich frage ihn, wie es sich anfühlt, für sein Scheitern beklatscht zu werden. Er lacht spitzbübisch und sagt: »Das ist natürlich etwas seltsam. Aber der Applaus hilft auch unheimlich, weil man Akzeptanz zu spüren bekommt und objektiv betrachtet wird. Und gleichzeitig spürt man, dass man andere zu Risiken ermutigen kann.« Ich erzähle ihm von meinem eigenen Besuch auf einer solchen Veranstaltung und wie ich die Reaktionen auf die persönliche Geschichte des Scheiterns eines Mannes als sehr hart empfunden habe. Clemens denkt kurz nach und sagt dann: »Wenn ich über den FuckUp ›Sommelier Privé‹ spreche, dann beurteilen die Leute ein Unternehmen und wie ich davon erzähle. Wer dagegen von seinem persönlichen FuckUp erzählt – geschieden, Kinder weg und Haus auch –, der wird als Mensch beurteilt: mag ich ihn oder nicht.«

»*Es ist schwierig, für etwas
Verantwortung zu übernehmen,
das man nicht absichtlich
falsch gemacht hat.*«

Wie man nach einer falsch ausgefüllten Steuererklärung über Pech und Glück denkt

Auch Claudia Möller hört zufällig von meinem Fehlerbuch und legt sofort ihre Stirn in Falten, als wir uns einmal beiläufig vorgestellt werden. Bis heute hadert sie mit einem Fehler in ihrer Steuererklärung, sagt sie und bekommt noch immer rote Flecken am Hals, wenn sie davon erzählt. Beileibe nicht absichtlich füllte sie die Steuererklärung falsch aus, sondern wie es so ist: in Eile die Einnahmen und Ausgaben sortiert, die Spesenzettel zusammengetragen – und zum Schluss etwas Gravierendes vergessen. Doch am Ende wird sie für einen Fehler haftbar gemacht. Ob dieser mutwillig begangen wurde oder nicht, ist der Steuerbehörde einerlei. Wir treffen uns also in Leipzig in einem hellen Café. Claudia Möller sucht sich einen ruhigen Sitzplatz in der hintersten Ecke aus, weil sie nicht möchte, dass uns jemand auch nur zufällig zuhört. Wer sie sieht, würde niemals denken, dass das Amt sie der Steuersünde bezichtigt: Mit eleganten Bewegungen nimmt sie mir gegenüber Platz – halblanges Haar, feine Gesichtszüge, ein sorgfältig ausgewähltes Tuch um den Hals – und legt ihre Hände auf den Tisch, als ob wir eine Besprechung zur Kommunikationsstrategie meines Buches hätten und nicht sie mir gestünde, dass sie kürzlich einen Fehler mit weitreichenden Konsequenzen gemacht hat.

Als der Anruf kam, dass die Steuerbehörde bei mir eine Betriebsprüfung machen möchte, habe ich mir nichts dabei gedacht. Warum auch? Ich habe stets nach bestem Gewissen meine Steuererklärungen ausgefüllt. Ich arbeite als selbstständige PR-Beraterin für Kulturunternehmen und NGOs. Das heißt, ich verdiene mein eigenes Geld, aber viel ist es nicht. Verglichen mit der Privatwirtschaft ist mein Einkommen gering. Ich schreibe hauptsächlich Texte für Flyer, Broschüren, manchmal auch Webseiten. Entsprechend hochnäsig antwortete ich der Steuerprüferin am Telefon: »Was wollen Sie denn von mir?!« Ich wäre überhaupt nie auf die Idee gekommen, dass ich etwas falsch gemacht hatte. Diese und jene Unterlagen einzureichen, kein Problem, ich habe ja nichts zu verbergen. Bis mir mit jeder schriftlichen Nachfrage bewusst wurde, dass das zum Ende hin nicht lustig werden wird.

Jene Steuererklärung hatte ich vor sieben Jahren wie immer ausgefüllt: Ich leerte die Schachtel mit allen Unterlagen und sortierte sie. Meine Aufträge führe ich in einem Heft: das Thema, der Auftraggeber, wann ich den Auftrag abgeschlossen und ob ich das Geld bekommen hatte. Offenbar fehlte in diesem Heft aus jenem Jahr ein Auftrag, ein kleiner, nicht einmal für 1000 Euro Honorar. Weil ich damals in Eile war, überprüfte ich die dazugehörigen Kontoauszüge nicht, so fiel mir die Differenz nicht auf.

Steuerprüfungen finden stichprobenartig statt, es war also ein Zufall, dass ich kontrolliert wurde. Nach dem ersten Telefonat verlangte das Amt in brieflichen Nachfragen weitere Unterlagen und Auskünfte. Als Freiberufler ist man verpflichtet, alle Unterlagen für zehn Jahre aufzubewahren. Sogar die Kalender, um nachzuweisen, wann man wo gewesen ist. Obwohl diese Briefe äußerst sachlich formuliert waren, fühlte ich mich wie eine hochkriminelle Steuersünderin, gewissermaßen als weiblicher Uli Hoeneß.

Und ich fühlte mich extrem ausgeliefert: Ich musste zu Details aus meinem Leben Auskunft geben, die mit der Arbeit direkt nichts zu tun hatten. Abzüge, die jahrelang nie ein Problem waren, wurden plötzlich infrage gestellt und nicht mehr akzeptiert. Fachbücher zu Kommunikationsthemen zum Beispiel, Dienstreisen, kleine, nicht aufwendige Tagungen oder Fortbildungen – lediglich Blöcke und Stifte erkannten sie an. Als ob ich die Pressetexte nicht am Rechner schreiben würde!

Zum Verhängnis wurden mir so auch 600 Euro, die ich in jenem Jahr einem Freund borgte. Weil er sie mir bei einem Spaziergang bar zurückgab und ich sie nicht mit mir herumtragen wollte, zahlte ich sie auf dem Heimweg bei der nächsten Bankfiliale ein. Schwarzgeld, glaubte das Steueramt. Dagegen konnte ich nichts sagen – außer: »Glauben Sie im Ernst, dass ich 600 Euro Schwarzgeld auf mein Konto einzahlen würde?!« Ja, glaubten sie. Und ich konnte nichts vorweisen.

Durch all die aberkannten Abzüge und zusätzlichen Verdienste blieb so ein wesentlich höheres Einkommen übrig, das ich nachträglich versteuern musste. Natürlich inklusive der Zinsen über jene sieben Jahre. Insgesamt war ich am Ende dem Amt 10 000 Euro schuldig – das Zehnfache von dem, was ich damals anzugeben vergessen hatte! Zahlbar innerhalb von vierzehn Tagen. Ich war wirklich am Arsch, so richtig. Überhaupt war ich in jener Zeit – das Ganze dauerte rund ein Dreivierteljahr – ein reines Nervenbündel: Ich war verzweifelt, konnte nachts nicht schlafen, erwachte mitten in der Nacht durch Herzrasen – das volle Programm. Meine Söhne waren damals noch nicht zwanzig, vor ihnen habe ich oft geheult.

Fast alle, die diese Geschichte mitbekamen, haben mich bedauert. Einige andere meinten: Ist ja nur Geld. Nun ja, sehr viel Geld für mich! Zwar wusste ich nach knapp einem Jahr endlich, wie viel ich bezahlen musste, aber: Woher sollte ich so viel Geld auftreiben?! Ich bat Freunde um Hilfe. Zum Glück halfen mir viele. Sie alle gaben mir einen Betrag, sodass ich diese immense Summe rechtzeitig bezahlen konnte. Andere Menschen werden durch so etwas in den Ruin getrieben.

Dass einen das Finanzamt so gängelt, hat meiner Meinung nach System. Das deutsche Steuerrecht gilt als das komplizierteste überhaupt – nach dem amerikanischen. Selbst wenn man die Steuererklärung richtig ausfüllt, findet das Finanzamt immer etwas. Gerade bei den Kleinen. Es gibt sogar Steuerberater, die sagen: zum Glück! Denn je eher sie etwas finden, desto wahrscheinlicher ist es, dass man danach seine Ruhe hat. Wobei ich das nicht so sehe. Es ist schwierig, für etwas Verantwortung zu übernehmen, das man nicht absichtlich falsch gemacht hat. Außerdem sitzen die Behörden letztendlich am längeren Hebel. Ein Druckmittel gegen mich war beispielsweise ein Strafbefehl. Damit wäre ich vorbestraft gewesen. Trotz dieser geringen Summe. Anders als die wirklich Reichen konnte man mich viel stärker unter Druck setzen. Ich kann mich nicht wehren, kann mich nicht hinter einer Unternehmensstruktur oder einer Familiendynastie oder hinter Anwälten verstecken. Bisher dachte ich stets, solche Fehler können passieren, ist ja keine Absicht. Ich hätte nie gedacht, dass daraus solche Konsequenzen entstehen können.

Inzwischen habe ich meine Schulden teilweise abbezahlt, allerdings noch nicht alles. Das Schlimme aber ist die Angst, die ich seither habe, dass mir das wieder passieren könnte. Obwohl ich mir große Mühe gebe, sehr pingelig geworden bin, das Fahrtenbuch ganz genau führe.

Wie das meinen Blick auf die Welt verändert hat? Na ja. Ich finde das Finanzamt noch beschissener als vorher. Meine Erfahrung daraus ist: Wenn der Staat Geld haben will, dann ist er gnadenlos. Deshalb möchte ich auch nicht mit meinem richtigen Namen erzählen: Sie werden es nicht tun, aber sie könnten, wenn sie wollten, mich jedes Jahr prüfen.

»*Ich wusste genau, wenn ich jetzt
diese Grenze überschreite,
dann bin ich nicht mehr ich selbst.*«

Der Bankräuber, der keiner sein wollte

Ich bin besorgt, dass wir uns am Bahnhof von Jena nicht erkennen werden, aber Herr Kuhn lacht nur: »Sie wissen nicht, wie ich aussehe? Halten Sie Ausschau nach einem kleinen Hobbit, so klein wie breit, mit Vollbart und Rollator.«

Noch am Telefon erzählt er mir, dass er mein Buch über die Liebe – das er in der Bibliothek gelesen hatte – extra bestellt hat, damit ich es signieren könne. Das klappe nicht, sagt er jetzt betrübt: »Amazon hat geschrieben, dass es erst Montag kommt.« Sowieso habe er unterdessen viele meiner Texte gelesen, auch jene in der taz, was ihn zur vorsichtigen Frage bewegt: »Sind Sie denn eigentlich links eingestellt?« Ich bejahe und frage zurück. Er sagt nur: »Ah, dann verstehen wir uns, dann gibt es ja einiges zu bereden.«

Am Ende reden wir dann doch nicht über die Politik, sondern vor allem über seine Geschichte. Am Bahnhof erkenne ich ihn sofort am Rollator, über den Vollbart ließe sich diskutieren. Gerd Kuhn ist 67 Jahre alt, aufgewachsen in der DDR, mittlerweile berentet. Wir laufen gemütlich durch den strömenden Regen zu Bäcker Heberer und setzen uns. Er fragt: »Also, worüber reden wir?« Was man verbockt hat und wie man da wieder rauskommt. Gerd Kuhn lacht:

Was ich verbockt habe? Ich bin Bankräuber gewesen. Aber da bin ich nicht stolz drauf, das können Sie mir glauben. Mein

Beruf war eigentlich Schaltelektriker. Nach der Wende, ich war 39, habe ich mich selbstständig gemacht, im Bereich Elektro-Betriebstechnik, weil man ja erst mal sehen musste, wie das läuft mit der Wende. Diese Selbstständigkeit aber ging in die Hosen – weil ich keine Ahnung hatte von bundesdeutschen Geschäftsdingen. Das hatten wir als DDR-Bürger ja nie gelernt. Ich war im großen Rechenzentrum eines Thüringer Trikotagenbetriebs angestellt. Dort programmierte ich die Arbeitsschritte der jeweils nächsten 24 Stunden. Wir stellten Maschenware her. Mit der Wende ging alles kaputt, alles pleite, alles weg. Der ganze Standort Apolda und die Gegend drumherum hatte von den großen Werken gelebt.

Nun musste ich das Geld also selber verdienen. Was ich auch tat, ich hab gearbeitet wie ein Tier, von morgens bis abends und die halbe Nacht durch, wenn es sein musste. Ich hatte zwar genügend Aufträge, aber wenn einer kam und wegen einer kleinen Beratung fragte, habe ich mich einen Tag rangesetzt und dafür am Ende fünf Mark verlangt. Geld war mir eigentlich immer egal. Das war so eine Sache, über die ich früher nie nachgedacht habe, weil es von alleine kam. Bis ich irgendwann so viele betriebliche Schulden hatte, dass ich wusste: Du brauchst jetzt ganz schnell ganz viel Geld. Zu der Zeit geisterten immer wieder Nachrichten von Banküberfällen über die Fernsehkanäle. So mancher hat hier die Sparkassen und Banken als Selbstbedienungsladen benutzt. Da dachte ich: Was die können, das kannste auch.

Und ich hab's auch gemacht, fünfmal insgesamt. Fünfmal ging's gut, keiner hat mich erwischt. Nicht einmal in Verdacht geraten bin ich. Aber ich konnte das mit mir selber nicht ausmachen. Das hat überhaupt nicht geklappt: Diese Augen der Angestellten voller Angst, die werd ich nie vergessen. Damit bin ich überhaupt nicht klargekommen. Deswegen habe ich mich gestellt. Natürlich haben viele gesagt: »Na, du bist ja bescheuert! Du wärst doch nie in Verdacht geraten!« Und das war auch so – der ermittelnde Beamte sagte mir später, sie hätten mich nie gefunden, hätte ich mich nicht selbst gestellt.

Wie man so einen Banküberfall macht? Man geht rein, maskiert natürlich, nimmt 'ne Pistole aus dem Sack – das heißt: Ich hielt sie nicht einmal in der Hand, das hatten die auch gesehen auf den Aufnahmen hinterher, die sie mir gezeigt haben. Sie sagten: »Aber Herr Kuhn, die hatten Sie ja nicht mal in der Hand!« Nee, sagte ich, war mir viel zu gefährlich – ja, und dann brauchte ich bloß zu sagen »Geld!«, und es funktionierte von alleine. Insgesamt kam ich so zu 210 000 DM, mit denen ich meine Schulden bezahlt habe.

Ob ich mich erinnere, wie ich beschlossen hatte, einen solchen Überfall zu machen? Lieber nicht. Das ist so ein Moment... Ich wusste genau, wenn ich jetzt diese Grenze überschreite, dann bin ich nicht mehr ich selbst. Den ersten Überfall machte ich in Erfurt, kurz vor zehn Uhr. Davor lief ich zwei Stunden hin und her und sagte mir: »Machste, machste nicht.« Denn ich wusste ja: Das geht gar nicht. Da kriegen alle solch einen Schreck, wenn da einer reingestürzt kommt mit 'ner Pistole und ruft: »Überfall! Geld her!« Deswegen versuchte ich auch stets zu beruhigen: »Bleiben Sie ganz ruhig, es passiert Ihnen nichts. Geben Sie das Geld heraus, dann ist alles in Ordnung.« Die Pistole war eine normale Schreckschusspistole, die gab es damals ganz legal zu kaufen. So ein Banküberfall dauerte anderthalb, zwei Minuten. Höchstens. Das geht ganz schnell. Danach bin ich jeweils mit dem Moped geflohen, nach Hause.

Bloß: Ich bin damit nicht zurande gekommen. Die ersten Male war ich ganz entspannt, da war das auch alles so weit in Ordnung. Aber ausschlaggebend war das letzte Mal, der Angestellte dort: Er war so verängstigt, dass er einen Brechanfall bekam... Ich sagte ihm: »Um Gottes willen, beruhigen Sie sich, ich tu Ihnen doch nichts.« Er erzählte mir von seinen Kindern. Da riss mir die Geduld: »Behalten Sie Ihr Geld, ich will das alles gar nicht«, und bin gegangen.

Das war im Januar – wenige Monate später, im April, stellte ich mich. Das heißt, ich rief vorher bei der Kripo an und fragte, ob sie einen Bankräuber suchten. »Nun, wir suchen viele Bankräuber«, sagte er. Ich sagte: »Na ja, für alles bin ich wahrscheinlich nicht verantwortlich. Aber für den, den und den.« Worauf er mich auf den Posten bat. Ich antwortete: »Bitte noch nicht gleich. Lassen Sie mir eine Woche Zeit. Ich möchte erst mal meine persönlichen Sachen regeln.« – »Gut«, sagte er, »eine Woche haben Sie. Aber pünktlich am Siebzehnten, spätestens um siebzehn Uhr erscheinen Sie hier.«

Pünktlich, bereits kurz nach halb drei war ich da. Überrascht waren sie, denn damit hatten sie nicht gerechnet. Der Kripo-Beamte sagte später: »Bis Sie tatsächlich bei mir am Schreibtisch standen, habe ich die ganze Sache nicht geglaubt.« Dass ich mich selbst gestellt habe, wurde mir später vor Gericht hoch angerechnet. Ich hätte regulär fünfzehn Jahre bekommen, wenn ich mich nicht gestellt hätte. So habe ich neun bekommen und bin nach sieben Jahren entlassen worden.

In jener Woche, die ich bekam, um persönliche Dinge zu regeln, habe ich zuerst einmal die ganze Sache meiner Frau erzählt. Sie reagierte fassungslos. Sie hätte das nie gedacht. Sie hatte sich auch nie gewundert, woher das Geld kam. Denn die ganzen finanziellen Angelegenheiten hatte immer ich gemacht. Wir waren 21 Jahre verheiratet. Wenige Monate später ließ sie sich von mir scheiden. Nicht weil wir uns nicht mehr mochten, sondern das war der Schock des Moments. Die erwartbare Haftzeit, das Urteil – mein Gott, ich konnte ihr das nicht verübeln. Ich war ihr auch nie böse deswegen. Kinder hatten wir keine. Manchmal bedauere ich das, aber zu dem damaligen Zeitpunkt war ich ganz zufrieden, dass wir keine hatten.

Außerdem löste ich die Wohnung auf. Was man eben so machen muss, wenn man für länger wegfährt. Mir war ja absolut klar, dass die mich nicht wieder laufen lassen würden. Ja, und dann habe ich mich verabschiedet, hab mich ins Auto gesetzt und bin zur Kripo gefahren. Bin angekommen und habe dort geklingelt. Eine Wachtmeisterin betrachtete meinen Ausweis und sagte, so ganz unbedarft wie eine Lautsprecheransage: »Jetzt ist er da.« Und zu mir: »Warten Sie einen Moment, Sie werden abgeholt.« Die Tür ging auf, und ein Beamter fragte: »Sie sind Herr Kuhn?« Ich nickte. »Ja, dann kommen Sie mal mit.«

Auf seinem Schreibtisch lag ein hoher Stapel Akten. Er sagte: »Das sind alles Ihre Fälle.« – »Nee«, sagte ich, »fünf Stück.

Und beim fünften ohne Geld.« Er bat mich zu erzählen. Und ich habe ihm detailliert jeden Überfall geschildert. »Stimmt«, bestätigte er jeden, »und was machen wir denn nun mit denen hier?« – »Kann ich nicht gewesen sein«, sagte ich und bewies ihm, dass ich an einem der Tage gar nicht in Deutschland war, sondern in Österreich bei einem Kongress. »Nachweisbar?«, fragte er. »Nachweisbar«, sagte ich. Und er meinte: »Glaube ich Ihnen. Aber ob Sie fünf zugeben oder zehn, macht der Liebe keen Kind.« Genauso sehe ich das auch. So sind wir bei den Ermittlungen ganz gut über die Runden kommen. Mehr aber wollte er über meine Beweggründe, mich zu stellen, wissen. Er sagte, in seinen ganzen dreißig Jahren bei der Kriminalpolizei hätte er so etwas noch nicht ein Mal erlebt.

Beim letzten Überfall, bei jenem verängstigten Bankangestellten, ist mir klar geworden: Es gibt im Leben eine Schwelle. Wenn man die überschreitet, gibt's nur zwei Möglichkeiten. Entweder man versucht wiedergutzumachen, was man getan hat – auf irgendeine Weise, und sei es noch so schlimm. Oder aber man geht dabei selber drauf. Nur diese beiden Möglichkeiten gibt es. Ich glaube, wenn eine Sache wieder einigermaßen gut werden soll, dann muss es wehtun und unter die Haut gehen, sonst wird das nichts. Egal, was es ist. Auch bei vielen anderen Dingen im Leben ist das so. Das ist meine Erfahrung, die ich gemacht habe. Mich zu stellen, das war ein schwerer Schritt, glauben Sie's mir.

Natürlich habe ich immer wieder gezweifelt, ob es richtig war, dass ich mich gestellt habe. Weil mich doch dieser Scheißknast angekotzt hat. Es gibt ja auch noch andere Bedürfnisse im Knast, die nicht erfüllt werden können. Ich war ja nicht nur Gefangener, sondern auch Mann ... Aber doch, es war richtig. Das hat sich im Nachhinein herausgestellt: Das war absolut richtig!

Halt gegeben hat mir in dieser Zeit zum einen die Notwendigkeit der Strafe. Zu wissen, es ist richtig, dass du jetzt hier bist. Nach dem Motto: selbst schuld. Ich konnte niemand anderem die Schuld geben außer mir selber. Aber das trifft es nicht ganz, auch wenn das ein großer Teil war. Wichtig war auch meine Arbeit, sie hat mich hochgehalten, sodass ich die Jahre gut überstanden habe. Ganz einfach meine Arbeit. Hätte ich die Arbeit da drinnen nicht gehabt, wäre ich eingegangen wie eine Primel.

Als Bankräuber ist man in der Gefängnishierarchie angesehen. Ganz unten sind die Sexualstraftäter, speziell jene mit Kindern. Die erste Nacht war ich in einer Gemeinschaftszelle. Da war ich der Einzige mit neun Jahren, die anderen hatten alle lebenslänglich. Ich habe die ganze Nacht nicht geschlafen! Diese Angst ging aber ganz automatisch weg. Man fragt auch gar nicht, warum jemand im Gefängnis ist, sondern: Wie lange hast du? Immer nach dem Motto: Ist der zu dir vernünftig, bist du auch zu ihm vernünftig. Über Haftsachen oder Strafsachen zu sprechen verbietet sich eigentlich im Vollzug. Wer damit angibt, den kannst du abschreiben.

Während meiner Haft habe ich viel gelesen: Die Bücherei hoch und runter! Ich hab noch nie im Leben so wahnsinnig viel schöne Zeit zum Lesen gehabt. Einem meiner Freunde, der auch im Gefängnis war, geht's genauso. Sitzen wir zusammen, erinnern wir uns immer wieder gern an diese Zeiten. Und wenn wir uns gegenseitig Bücher empfehlen, lachen wir: »Ich muss mich wieder mal einsperren lassen.« Ich habe alles gelesen: Gegenwartsliteratur, Klassiker, Science-Fiction, was einem halt unter die Finger kommt.

Ich versuchte, drinnen so zu leben, wie ich draußen auch gelebt hätte: arbeiten, essen, lesen. Also wenn einer behauptet, er sei im Knast und könne eh nichts machen, das ist Quatsch. Der lebt draußen auch nicht anders. Das kann man gar nicht. Man kann das nicht trennen. Die Wünsche dagegen, die man so hat – Theater, Konzert, Oper oder Urlaub –, das versinkt. So tief, wirklich so tief, dass man gar nicht dran denkt. Man kann fernsehen und Reklamen von TUI sehen oder weg.de oder was weiß ich: schöne Urlaubsorte. Das guckt man sich an und freut sich – aber man bezieht das nicht auf sich selbst. Überhaupt nicht. Das kommt erst, wenn die Entlassung näher rückt oder wenn es Lockerungen gibt und man bereits rauskann. Dann merkt man plötzlich, welche Möglichkeiten es gibt!

Nie werde ich meinen ersten Ausgang vergessen: Das war nach fünfeinhalb Jahren, in Begleitung eines Wachtmeisters. Er fragte mich: »Was sollen wir machen? In die Stadt fahren, einkaufen?« Ich wollte laufen: von der Zelle zum Tor und von dort in den Wald. Ich wollte einen richtig schönen Waldspaziergang machen, einmal rundherum und wieder zurück. Und so haben wir das auch gemacht. Das war gut. Der Wachtmeister hat sich sehr zurückgehalten, und ich war auch mit meinen Gedanken ganz woanders. Es war Herbst, die Blätter waren bunt, das war wunderschön. War wie, ja... Erst bei den nächsten Freigängen bin ich in die Stadt gefahren und hab tatsächlich auch eingekauft. Hab mich hingesetzt, hab mal schön mittaggegessen oder sonst etwas.

Bis ich dann in den offenen Vollzug kam. Da musste ich mir überlegen: Was machste jetzt? Arbeit müsstest du dir besorgen draußen. Da waren ein paar Kollegen, die sagten, bei uns kannste doch arbeiten, wenn de willst. Ich fragte, was ich verdienen würde. Sie sagten: »Ja, mit Verdienst is nich so.« Worauf ich antwortete: »Muss ich erst mal sehen.« Glücklicherweise lernte ich einen Herrn vom Arbeitsamt kennen, der mir eine einjährige Weiterbildung anbot. So bekam ich Arbeitslosengeld und eine bezahlte Weiterbildung in Elektromontage. Jeden Tag fuhr ich zur Schule und abends wieder zurück ins Gefängnis.

Entlassen wurde ich im Krankenhaus, weil ich just da eine akute Operation gehabt hatte. Ein Wachtmeister kam vorbei, und ich freute mich: »Ach, besuchen Sie mich im Krankenhaus?« Doch er lachte nur: »Ich entlass dich jetzt.« Er gab mir die Entlassungsurkunde und einen Briefumschlag mit Geld und sagte: »Viel Glück! Ab jetzt gehören Sie nicht mehr zum Strafvollzug, Sie sind entlassen.« Ich wusste nicht, wie mir geschah. Ich hatte keine Wohnung, nichts.

Das Leben draußen gab es während der Haft eigentlich nicht mehr. Mit meiner Exfrau telefonierte ich ab und zu, von den früheren Freunden war keiner erhalten geblieben. Nicht einer. Nur Joachim Petersen. Er ist allerdings Pfarrer, mit Leib und Seele. Er hat mal zu mir gesagt, als ich noch drinnen war: »Warum kommst du eigentlich nie zu mir zum Gottesdienst?«

Ich sagte ihm: »Wir haben uns noch nie gegenseitig beschissen. Soll ich dich bescheißen und dir was vorgaukeln, was nicht ist?« Denn andere machten das schon genug. Die meisten gingen nicht wegen des Gottesdienstes zu ihm, sondern weil sie bei ihm in Ruhe ihre zwielichtigen Geschäfte machen können. Und weil sie von ihm Tabak haben wollen. »Das ist mir völlig egal«, sagte er. »Glaub mir, von all denen, die kommen, weiß ich genau: Irgendetwas bleibt hängen.« Das ist die Masche, die er verfolgt: dass irgendwas hängen bleibt.

Wir kannten uns von früher aus dem Dorf. Lange ging ich Petersen aus dem Weg. Obwohl das Quatsch war, er wusste ja längst, dass ich da drin war. Eines Abends kam er nach Feierabend bei mir vorbei. »Na, traust dich nicht mehr zu mir?«, fragte er mich. Wir sprachen lange und gut. Seither ist alles wieder in Ordnung.

Ihn rief ich also bei meiner »plötzlichen« Entlassung an, und alles ging ganz schnell: Er holte mich ab, und ich kam bei ihm im Pfarrhaus in der kleinen Wohnung oben im Dachgeschoss vorerst unter. Das sei eine Überbrückungswohnung für ganz spezielle Fälle, sagte er: »Jetzt musst du dich aber um eine Wohnung kümmern und alles.« Das machte ich dann auch. Im Briefumschlag, den mir der Wachtmeister gegeben hatte, war nicht viel Geld, vielleicht 600 Mark. Aber ich hatte ja noch Rücklagen. Wenn man nämlich im Vollzug arbeitet, verdient man Geld, und davon wird eine Rücklage angespart. Das waren zur damaligen Zeit 1000 DM. Das gibt die Vollzugsleitung auf ein Sparkonto, und zur Entlassung bekommt man das Sparbuch. So hatte ich ein bisschen Geld für den Anfang.

Ich hab mich dann wieder selbstständig gemacht, aber mit einem Einmannbetrieb. Ich hab elektrische Installationen gemacht und Betriebe beraten. Dieses Mal hat es auch besser geklappt mit dem Geldeintreiben, aus Schaden wird man ja klug, nicht wahr? Bis ich dann wieder krank wurde, gar nicht mehr arbeiten konnte und eine Invalidenrente bekommen habe, die langsam in die Altersrente überging.

Es gab durchaus Zeiten nach dem Vollzug, da dachte ich: Ich hab drinnen besser gelebt als draußen. Draußen ist es schwieriger. Denn da drinnen wird einem alles abgenommen. Da wird für einen gesorgt, da gibt's zu essen, da kann man zum Arzt, da kostet's nichts, da kommen keine Rechnungen an, nichts. Es wird rundum für einen gesorgt. Und mit den monatlichen 200 Mark konnte ich mir sogar Zigaretten und Bonbons kaufen. Es gibt eine große, gut gefüllte Bücherei, ich habe gute Arbeit. Was fehlt mir eigentlich im Leben? Aber dann kommen auch wieder die Momente, in denen ich mir sage: Lauer Sommerabend, 22 Uhr, ach, ich geh jetzt noch ein Stückchen spazieren. Und trink auf dem Rückweg noch ein Schoppen Wein oder irgendwas. Das konnte ich drinnen alles nicht. Deswegen denk ich schon: Die zerlumpteste Hütte draußen ist besser als die schönste Zelle da drinnen! Zu der Überzeugung kommen wir alle mal. Und die Rückschläge im Sinne von: am liebsten würd ich wieder reingehen, die haben wir auch alle mal. Alle Entlassenen.

Schuld verändert sich nicht, die bleibt gleich. Ich glaube, das wird man nie wieder los. Das wird immer so bleiben. Auch wenn ich immer weniger von meiner Schuld heimgesucht werde. Aber es ist genauso wie mit den Träumen, ich sei immer noch im Knast. Die kommen auch immer wieder. Immer wieder. Und das ist ja jetzt doch mehr als sechzehn Jahre her... Was ich dagegen tue? Nichts, gar nichts. Das ist eine Sache, mit der ich leben muss. Das hab ich selber verbockt, also muss ich damit auch leben.

Vor Gericht habe ich die Opfer wiedergesehen. Das war ein sehr eigenartiges Gefühl. Sie haben für mich ausgesagt und positiv über mich gesprochen. Das war mir regelrecht peinlich. Auch wenn ich nie jemanden verletzt habe: Andere Menschen in solch eine Situation gebracht zu haben – wenn ich mir überlege, was das für ein Schock ist! Das möchte man selbst nicht erleben.

Das heißt, idiotischerweise habe ich das selbst einmal erlebt: Ausgerechnet mir musste so was passieren. Etwa ein gutes Jahr, nachdem ich wieder draußen war, erlebte ich nämlich einen Banküberfall. Das war ganz schön brutal. Ich hab bloß geguckt, ob ich die Waffe erkenne, ob das eine Schreckschusswaffe war.

Wenn man ganz dicht rankommt, kann man das sehen. Ich hätte sie ihm weggenommen, wenn ich's gesehen hätte. Aber ich dachte: Verhalt dich besser mal ganz ruhig, das geht vorbei. Und nach zwei Minuten hatte sich's erledigt. Danach wurden wir alle als Zeugen vernommen. Mein Vernehmer war jener von damals. »Hast du mit denen zu tun?« – »Nein, das war ein Zufall.« Das war lustig. Obwohl es gar nicht so lustig war. Aber wenn man das in einem Buch lesen würde, würde man denken, der Schriftsteller hat eine blühende Fantasie.

> *»Du stehst plötzlich
> allein auf der Bühne.«*

Der Pyrotechniker, der fahrlässig einen Brand verursachte

Vielleicht kann Urs mir beschreiben, wie es ist, sich bei jenen zu entschuldigen, deren Leben man riskiert hat, weil man selbst nicht aufgepasst hat? Urs aber, der sich mit einem Brand Fahrlässigkeit hat zuschulden lassen kommen, winkt ab: Dumm gelaufen, versucht, dafür geradezustehen – so gut das eben gehe –, Ende der Geschichte. Als wir uns dann doch nach Feierabend zu einem Bier in der Nähe des Theaters treffen, in dem er arbeitet, erzählt Urs von den gemischten Gefühlen, die er hat, wenn er sich erinnert: »Das ist keine Opfergeschichte. Ich könnte sie als krasse Anekdote oder als Rechtfertigung benutzen, aber dafür will ich sie nicht missbrauchen.« Meine Anfrage sieht der knapp Fünfzigjährige mit langem Haar unter einem Turban, Hornbrille und einem schweren Silberohrring als Angebot, das er gerne annehme: »Vielleicht gibt es auch für mich eine neue Klärung, wenn ich mich dieser Geschichte wieder einmal aussetze. Bei Details, die man sonst salopp übergeht, weil man nicht genauer hinschaut?«

Ich war mitten in der Stadt, als das Telefon klingelte und ein Ateliernachbar mit einer absoluten Dringlichkeit sagte: »Bei dir brennt's, du musst *sofort* kommen! Alles liegen lassen und einfach sofort kommen!« Ich wusste augenblicklich: Scheiße. Jetzt auf direktestem Weg von hier nach dort. Es muss ein Mittwoch gewesen sein. Am Abend hatte ich als Requisiteur eine Theatervorstellung zu betreuen.

Jener Telefonanruf mittags war eine fette Ohrfeige, die mich in dieses viel zitierte Hier und Jetzt katapultierte: Raus aus all den alltäglichen Gedanken, die man so hegt und die einem immer so wichtig erscheinen – das war auf einen Schlag alles weg. Mit der Gewissheit, dass ich mich nicht hinter der Mami und auch nicht hinter dem Papi verstecken kann, sondern mich jetzt einfach hinstellen muss und tun, was zu tun ist. Du stehst allein auf der Bühne, ohne Requisiten und mit niemandem sonst. Du bist völlig nackt.

Als ich wenige Minuten später die Straße zum Atelier entlanglief, wusste ich noch nicht, was geschehen war. »Es brennt bei dir« kann vieles heißen. Ist es ein riesiges Feuer? In welchem Stadium? Und wie lange schon? Gleichzeitig hatte ich bereits am Telefon gespürt, dass es nicht harmlos sein würde. Weil ich ja in den vergangenen Jahren mit entsprechendem Material Umgang hatte. Bei diesem Anruf fielen diese ganzen Jahre plötzlich in sich zusammen, und ich wusste schmerzlich: Zack, jetzt geht es darum, worum ich mich nie gekümmert habe. Dass ich mich nämlich in der letzten Zeit mit der Lagerung von Feuerwerkartikeln durchgemogelt hatte – nicht immer so legal, wie ich es mir gewünscht hätte und eigentlich geplant hatte.

Denn die letzten Jahre vor jenem Brand hatten eine Vorgeschichte: Zusammen mit anderen hatte ich einen großen Atelierraum, in dem ich wohnte und wo ich Feuerwerksprojekte realisieren wollte. Ich bot Feuerwerke an, die nicht einfach nur piff, paff, puff knallten, sondern die eine Geschichte erzählen konnten. Manchmal machte ich das mit anderen, manchmal alleine.

Ich verstand mich nicht als Künstler, ich bin einfach ein Bastler. Ursprünglich hatte ich Dekorationsgestalter gelernt, eine Frau brachte mir später die Faszination für Licht und Feuer nahe. Es begann mit dem Geburtstag eines gemeinsamen Freundes: Wir kauften in einem Feuerwerksladen ein und kreierten damit eine kleine Hinterhofinszenierung. Ab da ging es ruckzuck: Ich machte den Pyrotechnikschein für den Bühnen- und Theaterbereich und erweiterte so als Dekorateur meine gestalterische Palette. Die Vorbereitungen, das Verkabeln, das alles gefiel mir wahnsinnig gut. Man muss sehr präzise arbeiten, weil sich dieses oder jenes nicht verträgt.

Als ich auch noch Sprengkurse besuchte, sog mich das regelrecht auf. Ich wollte alles wissen und ein Experte werden. Mit dem Pyroschein und dem Sprengausweis wurde einiges leichter, denn damit bewegte man sich unter Professionellen und nicht mehr nur unter Laien. Außerdem brauchte es ja die Bewilligung der Behörden, wenn man mit pyrotechnischen Gegenständen und Feuerwerkskörpern hantiert. Mir gefiel es, dieses Material und diese Stoffe wirklich physisch in den Händen zu halten – und auch zu besitzen. Vergleichbar mit einem Maler und seinen Farben. Der Umstand, quasi jederzeit – von jetzt auf gleich – etwas aus dem Hut zaubern zu können. Sei es auch nur ein kleines Pfüpfli, ein leiser Knall, um jemandem eine Freude zu bereiten ... das ist eine sehr kreative Materie. Es ist faszinierend, dass es auf dieser Welt Stoffe und Materialien gibt, die ich hier auf den Tisch legen könnte, und es passiert zuerst einmal nichts. Kommt aber ein bestimmter Impuls dazu, dann wandeln sich diese Stoffe innerhalb eines Sekundenbruchteils von fest zu gasförmig. Zack. Diese innewohnende Kraft mit Sprengwirkung, dass ein Stoff seine Energie von null auf hunderttausend so sehr umwandeln kann – das fand ich herrlich. Wahnsinn!

Es ist wichtig, Gesamtzusammenhänge zu kennen. Ich kann ein Häufchen Schwarzpulver hier auf den Tisch legen, Feuer dazugeben, und es macht wusch: eine helle Flamme und ein weißer Rauchwolkenpilz. Derselbe Vorgang läuft ab, wenn ich Schwarzpulver einschließe und zünde. Es entwickelt sich Sprengkraft, die man nicht aufhalten kann – das ist das Faszinierende. Und dort, wo der Widerstand am geringsten ist, sucht sich die Kraft ihren Weg.

Mit den Befähigungsscheinen eröffnete sich mir eine neue Welt: Ich hatte noch vor meiner Feuerwerksausbildung eine Zeit lang in einem besetzten Fabrikareal gelebt und war dort später in einen Strudel hineingeraten, in einer Depression gelandet. Ohne dass irgendjemand dieses Wort in den Mund genommen hätte. Ich lag tagelang nur noch im Bett. Mit den Feuerwerken begann sich vieles wieder zu bewegen.

In den Sprengkursen wurde auch ziviles Sprengen behandelt. Also Wurzelstöcke, Bäume, massive Steine weg- oder Graben raussprengen. Wir lernten chemische Zusammenhänge, verschiedene Arten von Sprengstoff und Techniken für den Umgang damit kennen: Welcher Sprengstoff ist wofür geeignet? Und wie positioniert man ihn am besten? Braucht es Bohrlöcher oder kann ich den Sprengstoff bloß auflegen? Wie realisiert man eine Zündabfolge? Innerhalb der Sprengtechnik interessierte mich hauptsächlich das gestalterische Element, mit dem ich Bilder und Momente schaffen konnte: Das passt dazu, dieses hierzu.

Als ich Anfang der Neunzigerjahre damit anfing, war das Bühnenpyrotechnik-Business in der Schweiz noch sehr jung, einiges davon kam gerade erst auf, und erste Lehrgänge mit Fachleuten wurden angeboten. Eine Zeit lang arbeitete ich als Pyrotechniker in einer Deko-Event-Firma mit Vertretung für einen amerikanischen Pyrotechnikhersteller, später war ich selbstständig, weil ich etwas Eigenes anbieten wollte. Meine Teilzeitanstellung am Theater behielt ich bei. So zog ich mit dem ganzen Karsumpel, vorrätigen Feuerwerkskörpern, Schwarzpulver und anderem brennbaren Effektmaterial, in jenen Atelierraum – von einer legalen in eine illegale Zone.

Von Anfang an legte ich dem Vermieter offen, was ich machen wollte. Denn klar, wer »hochexplosiv« hört und sich damit nicht so genau auskennt... Ich wollte alles ganz sauber und seriös angehen. Für das Lager brauchte ich eine Bewilligung der Feuerpolizei. Zuerst stellte ich einem Experten der kantonalen Feuerpolizei und der Gebäudeversicherung mein Vorhaben vor: dass ich einen abgegrenzten Raum brauche, was ich dafür tun müsse? Wir schauten uns alles an: Gibt es Außenmauern? Wenn ein Feuer ausbrechen würde, wie lange würde ein entsprechender Lagerraum das aushalten usw. Mündlich gab er mir sein Okay. Nächster Schritt war die Einwilligung des Vermieters, bevor ich die Bewilligung schriftlich bekam. Doch dieses Treffen war nicht erfolgreich, denn der Vermieter sagte am Ende Nein. Wahrscheinlich hatte er auch Angst, zusätzliche Sicherheitsauflagen erfüllen zu müssen, von denen er weit entfernt war. Er hätte einiges tun müssen. Denn letztlich blieb zwischen den Mietern und der Verwaltung unausgesprochen, dass wir ja eigentlich halblegal in diesem Gebäude unterwegs waren – zwar zu traumhaften Preisen, aber eben baupolizeilich nicht so ganz sauber. Jedenfalls war ich am Boden zerstört. Das war auch ein Stück weit der Moment, an dem ich mich nicht weiter kümmerte. Es gab einen Experten, der alles für gut befand, trotzdem wollte der Vermieter nichts mehr davon wissen.

Nun: Ich habe dennoch einfach weitergemacht. Nach jenem Gespräch rutschte ich in eine Art von Illegalität ab. Meine Sachen waren schließlich schon da. Obwohl ich natürlich wusste, dass ich ein Problem hatte, war mir das egal. Ich hatte einfach keine Idee, wie ich so schnell einen anderen Ort finden sollte, der brandschutztechnisch legal wäre. Ich verheimlichte zwar nichts. Alle wussten, womit ich arbeitete. Aber ich hängte es auch nicht an die große Glocke. Niemand wusste ganz genau, was ich wirklich besaß. Klar, ich habe gepokert – nicht bewusst, aber ich habe es verschwiegen. Letztendlich auch mir selbst gegenüber. Durch die mehrjährige Erfahrung und dadurch, dass noch nie etwas passiert war, schob ich es hinaus, mich endlich darum zu kümmern... Es war wie Autofahren ohne Führerschein. Und es ging ja auch gut. Über zehn Jahre passierte nie etwas.

Irgendwann veränderte sich die Situation in meinem Atelier, und ich entschloss mich zu gehen. Zufällig wurde nebenan ein Stück Lager frei, also stellte ich meine Sachen dort ein. Etwa 25 Quadratmeter, eine Art größerer Kellerraum mit einem Dachlattenverschlag und Vorhängeschloss. Vielleicht ein Jahr lagerte diverses Effektmaterial dort. Unter anderem Nitrocellulose-Produkte – aus Pflanzenstoff nitrierte Cellulose –, die es in verschiedenen Formen, als Schnur, Papier, Flocken oder Watte, gibt. Sie werden im Theater an Weihnachtsbäumen für die Kerzen eingesetzt, um einen Brief auf der Bühne zu verbrennen oder auch in Tischbomben. Ein Effektstoff, der praktisch rauchlos verbrennt. Für eine Privatperson besaß ich relativ viel, volumenmäßig war es eher wenig: eine kleine Kartonschachtel vielleicht mit Schnüren und eine mit Watte. Normalerweise verbraucht man das schnell. In unmittelbarer Nähe zu dieser Nitrocellulose lagerte auch Schwarzpulver. Sowohl in Form von Zündschnüren als auch als Pulver in unterschiedlichen Körnungen, um Stichflammen herzustellen. Die Schnüre brauchte ich, um Feuerschriften zu machen.

Zwei Wochen bevor alles in Brand geriet, sagte ich noch zu einer Kollegin: »Ach, all mein gesamt gesammeltes Material ... wenn ein Blitz einschlagen würde, wär's mir auch egal.« Sie erinnerte mich später daran. So aber hatte ich das natürlich nicht gemeint.

Nitrocellulose-Produkte sind beim Kauf in Plastik verschweißt, damit sie feucht bleiben. Im feuchten Zustand passiert nichts. Erst im trockenen Zustand bekommen sie ihre Brisanz. Und es braucht eine Wärmequelle. Das muss nicht gezwungenermaßen eine offene Flamme sein, entsprechende Wärme kann völlig genügen. Offenbar kann aber die feuchte Nitrocellulose – auch wenn sie verschweißt ist – nach längerer Zeit ausdünsten, sich zersetzen und selbst entzünden. Das lernt man so aber nicht. Es heißt lediglich: feucht lagern. Aber natürlich: Deine Verantwortung als Besitzer ist, dass du es feucht hältst, solange du es nicht verwendest.

Wie ich also zu meinem Lager lief, wusste ich: Jetzt ist es passiert. Jetzt kannst du dich nicht mehr rausreden. Ohne dass ich groß Zeit gehabt hätte, hat sich das plötzlich so real angefühlt. Ich habe gar nicht erst versucht, abzuhauen oder eine Geschichte zu erfinden.

Ich erinnere mich an ein Löschfahrzeug der Feuerwehr, an Absperrband, ein paar Leute standen herum. Es gab keine Flammen mehr, aber es qualmte noch. Feuerwehrmänner rissen Sachen heraus und kamen aus dem Gebäude, das sogenannte Deliktgut in den Händen, das sie draußen ausstellten. Sie präsentierten quasi den toten Hund auf dem Silbertablett. Ich sagte: »Ich bin der, den ihr sucht.« Nicht wortwörtlich so, aber ich musste mich ja den Beamten gegenüber zu erkennen geben. Ich wurde freundlich empfangen. Einen der Feuerwehrmänner kannte ich – glücklicherweise erkannte er mich nicht. Mir war das Ganze enorm peinlich.

Ja, und dann wurde es richtig absurd: Beim Eingang lagen inmitten des Schutts meine Lieblingsvideokassetten – wie inszeniert: *Der Lauf der Dinge*, ein halbstündiges Kunstvideo einer einzigen Kettenreaktion der Schweizer Künstler Peter Fischli und Peter Weiss, und *Die schönsten Sprengobjekte der Schweiz*.

Dort wo die Kiste mit der Brandursache gestanden hatte, im Umkreis von ein bis zwei Metern, sind die Dinge offensichtlich herumgeflogen und abgebrannt. Dadurch, dass neben der Nitrocellulose auch ein Plastikkanister mit Schwarzpulver stand, hatte es eine Explosion gegeben. Das war nach dem Mittag passiert, kurz nach 12.30 Uhr. Es muss wohl einen lauten Knall gegeben und danach sofort gebrannt haben. Die Feuerwehr war sehr schnell vor Ort. Es war ein wahnsinniges Glück, dass nichts passiert ist, dass niemand verletzt oder sogar getötet wurde. Nicht auszudenken, wäre das in der Nacht geschehen... Im Gebäude wohnten und schliefen ja auch einige Menschen.

Auch wenn ich glimpflich davongekommen bin: Der tote Hund, den ich vergraben hatte, ist mir von hinten ins Gesicht gesprungen. Denn ich wusste ja durchaus, dass da etwas war, worum ich mich hätte kümmern müssen. Ich weiß nicht, was ich gemacht hätte, wenn jemandem etwas passiert wäre. Der Sachschaden und der Schreck, den ich verursacht habe, sind schon genug gewesen. Das war eine Faust ins Auge und eine in die Fresse, aber ich bin mit einem blauen Auge davongekommen.

Auf den letzten 400 Metern auf dem Weg zum Lager rief ich jemanden aus Besetzerzeiten an, der in der Zwischenzeit Anwalt geworden war. Ich spürte, dass das nötig wäre. Ich sagte ihm ohne großes Geplänkel: »Ich brauche deine Hilfe.« Was er sagte, weiß ich nicht mehr. Aber er war der Erste, dem ich davon erzählte.

Dem Kriminalbeamten verheimlichte ich nichts, ich erklärte ihm, wo noch mehr brisantes Material lagerte. Es hätte auch sein können, dass sie mich sofort verhaften: zack, Handschellen und mitkommen. Stattdessen vereinbarten wir einen Termin zur Einvernahme am nächsten Tag. Ich konnte also nach der ersten Befragung zurück zur Arbeit gehen und erledigen, was ich zu tun hatte, denn ausgerechnet am selben Abend fand noch eine Theatervorstellung statt, die ich als Requisiteur betreute und in der ich sogar selber eine Rolle spielte. Erst danach erzählte ich einer Arbeitskollegin und ein paar Schauspielern, was passiert war. Sie wunderten sich, dass gerade mir so etwas passierte. Doch es geschehen viele solche Dinge. Oft merkt es nur niemand, weil nicht darüber gesprochen wird.

Als ich am nächsten Tag bei der Kriminalpolizei erschien, stand auch die Möglichkeit von Brandstiftung im Raum. Doch ich wusste zu 99 Prozent, dass ich selbst schuld war. Ich wusste, was ich zu tun hatte: mich jetzt hinstellen und reden. Die Fragen, die kommen, einfach beantworten. Und weißt du was? Das ging eigentlich erstaunlich gut. Schlussendlich lautete der Befund des wissenschaftlichen Dienstes, dass die Brandursache »fahrlässige Verursachung einer Feuersbrunst« war. Dass ich spezifisch dieses Material in Bezug auf die feuchte Lagerung hätte kontrollieren müssen. Ich hatte großes Glück, denn ich lagerte mein Material eindeutig illegal.

Doch zuerst ging das Leben weiter. Die Verwaltung rief an: So, jetzt ganz schnell aufräumen, hopp, hopp. Bauschuttcontainer bestellen und vorwärts. Am gleichen Tag nahm ich die Lehrabschlussprüfungen der Dekorateure ab. Als eine Kandidatin in Tränen ausbrach, hätte ich am liebsten mitgeweint. Stattdessen: Weiter Prüfungen abnehmen und korrigieren, und zwischendurch wegen dem Container und mit der Haftpflichtversicherung telefonieren. Und ich brauchte schnell ein paar Freunde, die mir halfen, Brandschutt wegzuräumen. Sie zu fragen fiel mir schwer: Kannst du mir jetzt gleich helfen kommen? Auf der Stelle? Innerhalb von drei, vier Stunden? Da ruft man ja nicht die Eltern an. Mein Verhältnis zu ihnen war nicht dieses »Du kannst uns immer anrufen«. Ich war jenen, die halfen, extrem dankbar. Denn das war ja doch recht intim, und ich war ziemlich angeschlagen: Wenn man keine Wahl hat und anderen Einblick in sein eigenes Durcheinander gewähren muss. Was denken die jetzt von einem?! Das finde ich zwar eine ziemliche Weltkrankheit, dass man sich ständig überlegt, was andere von einem denken, aber davor war ich auch nicht gefeit.

Erst drei Tage später, beim Yoga, blieb ich am Ende der Stunde liegen. Und da kamen die Tränen. Die ganze Anspannung löste sich ein erstes Mal. Abgesehen davon, dass ich nicht wusste, wie es mit meiner Leidenschaft, dem Feuerwerken, weitergehen sollte: Was bedeutete dieses Ereignis für mein Leben? Diese ganze Sinnsuche, die einem da begegnet... Ja, auch das war ein Annehmen und Aushandeln mit mir selbst.

Vorwürfe meiner ehemaligen Nachbarn, die vom Brand geschädigt waren, spürte ich nicht direkt. Vor allem habe ich mir selbst Vorwürfe gemacht. Allerdings blieb mir keine andere Möglichkeit, als es einfach so zu nehmen, wie es ist. Nicht mit Demut, das ist mir zu christlich. Eher mit Hingabe. Ich wollte ihnen wenigstens in die Augen sehen und so etwas wie eine Entschuldigung formulieren. Das fiel mir schwer. Sehr schwer. Dass wir uns davor nahestanden, einander unterstützten und auch gern hatten, machte die Sache nicht einfacher. Das war sehr beschämend, aber unumgänglich. Immerhin machte ich dabei die Erfahrung: Wir sind nicht so zerbrechlich, wie wir denken.

Ein gutes Jahr dauerten die Abklärungen und damit meine Ungewissheit. Die Akte lag beim Staatsanwalt auf dem Stapel, man wartet, bis sie irgendwann dran ist. In meinem Fall gab es nicht viel nachzuforschen, ich hatte ja alles offengelegt. Insofern war es ein einfacher Fall. Doch diese gedehnte Zeit voller Ungewissheit, die empfand ich als Strafe. Auch die Zahlen, die plötzlich im Raum standen und ständig schwankten: Wer bezahlt wie viel? Das war sehr belastend. Ich weiß nicht genau, wie sich die Versicherungen – meine Haftpflicht-

und die Gebäudeversicherung – die Beträge hin- und herschoben.

Die Schadensumme reduzierte sich mit der Zeit, weil die Gebäudeversicherung sehr kulant war und meine Haftpflicht auch noch etwas dazubezahlte. Jeden Brocken, der wegfiel, nahm ich dankbar an. In jenem Jahr versuchte ich, die Tage so zu nehmen, wie sie gerade kamen. Am Ende war es für meine Verhältnisse eine ziemlich hohe Summe. Ein Betrag, den ich gerne für mich gehabt hätte, den ich nun aber für einen Schaden ausgeben musste. Und diese »Schulden« kann man nicht einfach von den Steuern absetzen. Ich bin nicht reich, und auch meine Eltern konnte ich nicht um so viel Geld bitten. Ich brauchte drei Jahre, um die Schulden abzuzahlen. Ich gab meine Wohnung auf und wohnte in einem Lagerraum. Dadurch konnte ich viel Geld sparen.

Neben den Geldschulden bekam ich Bewährung. Das heißt: Ich durfte mir nichts zuschulden kommen lassen, nicht nur bezüglich Feuer. Nervös war ich deswegen nicht, ich war ja nicht als Einbrecher oder Verkehrssünder unterwegs. Es war aber so, dass ich mich ganz grundsätzlich hinterfragte, wie man mit Unsicherheit umgeht. Als die Bewährung endlich beendet war, kaufte ich an der Tankstelle zwei Flaschen Champagner und lud spontan eine Handvoll Leute ein. Ich fragte nur: »Hast du Zeit? Ich habe etwas zu feiern.«

Verändert hat mich diese Erfahrung in verschiedener Weise. Da ist zum einen die Erkenntnis, dass es auch in einer Unsicherheit eine Sicherheit gibt. Wenn ich mich jetzt zurückerinnere, dann war jene Zeit wie eine Schaukel. Mit der Erkenntnis, dass man auch in ungewissen Zeiten durchaus funktionieren und seine Aufgaben erfüllen kann – obwohl man sich auf einer Art Abstellgleis befindet. Da war immer wieder dieses Gefühl: Das war's jetzt. Du kannst deine Träume und alles vergessen, jetzt geht es nur noch darum, Geld zu verdienen und Schulden abzubezahlen. Heute denke ich, das war damals ein Symptom – auch eine Eigenkreation. Weil mir jenes Ereignis zeigte, wo ich eigentlich im Leben stehe. Vielleicht musste alles so kommen, wie es gekommen ist. Eine

Begegnung mit dem eigenen Spiegelbild, die mich mir selber näher brachte. Ich habe mich hinterfragt, mich und auch das Feuerwerkmachen: Vielleicht war Feuerwerk nicht das richtige Ding für mich?

Ich weiß, dass Annehmen bedeutet, das alles zuzulassen. Und nicht mit einem Sicherheitsabstand nur von außen zu betrachten, wie man das in der Regel in der Psychologie macht, um damit »umgehen« zu können. Du kannst dich dem nämlich nicht entziehen. In meinem Büchergestell stehen nun mal zwanzig Ordner mit dem Etikett »Brandkatastrophe«.

Nachdem Urs diesen Text gegengelesen hat, sagt er: »Es gibt in dieser Geschichte einige Sprünge.« Ich nicke und erzähle ihm von der Niederschrift unseres fünfstündigen Gesprächs und wie ich anschließend drei Viertel seiner Erzählung weggekürzt habe. Man könnte sagen: skrupellos, oder aber: den Sachzwängen entsprechend. Was ich Verdichtung nenne, bezeichnet Urs als »Sprünge«. Sprünge, die bei ihm innere Zuhörer auf den Plan rufen, die seine Erinnerungen korrigieren, ergänzen, umformulieren. Er sagt aber auch, dass durch das Erzählen und Gegenlesen diese Geschichte zu einer von vielen geworden sei, zu einem Aspekt neben vielen anderen in seinem Leben. Womit wir in eine Diskussion darüber geraten, wie sich Geschichten durchs Erzählen verändern: Inwiefern wird seine Geschichte auch zu meiner Geschichte? Und wie gehe ich als Dokumentaristin mit den Geschichten um, die mir anvertraut werden? Gute Frage, antworte ich und erzähle ihm von meinem Anliegen, jeweils möglichst sorgfältig mit den gehörten Geschichten umzugehen. Dass sie zwar an Antworten zu Fragen dieses Buches heranführen, ohne aber die Protagonisten dabei bloßzustellen. Beim Fehlerthema besonders schwierig, füge ich an und denke an die zahlreichen schlaflosen Nächte des letzten Jahres.

Er sei sich bei der Lektüre mehrfach selbst begegnet, sagt Urs schließlich. Das sei manchmal durchaus schön gewesen, stellenweise aber auch beschämend. »Warum?«, frage ich ihn. Weil er nicht alles erzählt hätte, sagt er zögernd und spricht an, was mich bei jeder Geschichte umtreibt: Wie viel vom Erzählten ist jeweils wahr – beziehungsweise: Wie viele Splitter bekomme ich nicht zu hören?

> *»Meine Frau lebte mit einem
> Ehemann, der nicht da war.«*

Der Mann, der sich in seiner Arbeit verlor

Er komme mit dem Fahrrad, schreibt Martin, Altona passe für ein Treffen gut. Und so begegnen wir uns an einem heißen Sommertag in einem Café an der Bahrenfelder Straße. Wir erkennen uns sofort an unserem suchenden Blick und setzen uns nach draußen. Vor uns ziehen johlende Fußballfans vorbei. Er trinkt schwarzen Kaffee, mir bringt der Kellner eine Apfelschorle in einem Einweckglas mit üppiger Dekoration. Der Mann neben mir sieht nicht wie ein ausgebildeter Yogalehrer aus: Mit seinem gebügelten rosa Hemd und der akkuraten Frisur könnte er auch ein Banker sein.

Es dauerte zehn Jahre, bis ich erkannte, dass ich arbeitssüchtig bin und dass ich mit dieser Sucht regelmäßig in ein Chaos geriet. Bei jeder Beziehungskrise dachte ich, die anderen wären schuld. Dass das Chaos vor allem aber auch etwas mit mir zu tun hatte, das war mir überhaupt nicht klar. Das zu erkennen war heftig.

Zum ersten Mal gescheitert bin ich mit 32: Meine damalige Frau, Anna, trennte sich von mir, unsere Tochter war gerade mal knapp zwei Jahre alt. Zehn Jahre später geriet ich wieder an denselben Punkt. Dieses Mal mit einer anderen Frau, Sonja, und wieder einer gemeinsamen Tochter.

Viele Umwege waren nötig, bis ich herausgefunden habe, was der Grund für dieses ständige private Scheitern war.

Arbeitssucht bedeutet einerseits, dass man zu viel arbeitet

und ständig an die Arbeit denkt. Aber auch, dass man gewisse Dinge hinauszögert und so immer auf den letzten Drücker abliefert. Bei mir sind es beide Symptome: dass ich phasenweise viel arbeiten will und auch Dinge aufschiebe.

In der Schule war ich Legastheniker. Dass ich dennoch das Gymnasium in der mündlichen Deutschprüfung mit einer Eins abgeschlossen habe, war für mich eine große Genugtuung. Dafür, dass es auch einer, der anfangs nicht lesen und schreiben konnte, schaffen kann. Nach dem Studium begann ich, als Bauleiter zu arbeiten. Der Einstieg war für mich anstrengend, bald hatte ich all jene Symptome, die die Arbeitssucht mit sich bringt: dass ich mich verzettelte, dass ich Angst hatte, Aufgaben anzufangen, dass ich mich nur daran maß, was ich geleistet hatte, usw.

Oft machte ich Überstunden und konnte nach der Arbeit nicht mehr abschalten. Ich arbeitete zwar viel, aber nicht unbedingt effizient. Das belastete mich sehr. Ich war nicht mehr frei im Kopf, dachte nur noch an die Arbeit. Wie bei einer Sucht interessierte mich nichts mehr außer der Arbeit. Alles andere rückte in den Hintergrund, weil ich so sehr damit beschäftigt war. Und das viele Arbeiten berauschte auch. Ich arbeitete ohne Pausen und vergaß alles.

Dieser Rausch funktioniert ähnlich wie mit Alkohol: bis zu einem gewissen Grad ist es schön. Macht Spaß. Es ist nicht so, dass es für mich immer schlimm war zu arbeiten, oder dass Arbeit mit Ängsten verbunden war. Wenn ich in der Arbeitssucht drin war, war ich im positiven Sinn im Flow. Hier nachhaken, dort noch anrufen. Das Adrenalin stieg, es machte Spaß, wie sich eins ins andere fügte und sich daraus Neues ergab: Super, hat geklappt, und jetzt noch den anrufen, dies erledigen und das auch noch. Das hängt ja alles mit den Hormonen zusammen. Das macht die Arbeitssucht aus, dass man süchtig nach Adrenalin ist. Bis es zu viel wird, zu viel Adrenalin und zu viele Hormone. Dann überschlägt sich alles, und man steckt in einem Tunnel, in dem alle Aufgaben zur Last werden: Jetzt muss ich noch das machen, dann das und dann dies auch noch. Es kippt, und man wird nervös. Man macht aber trotzdem weiter, verzettelt sich und arbeitet überhaupt nicht mehr effizient. Das setzt bei mir nach etwa sieben bis acht Stunden ohne Pause ein. Dann müsste ich viel mehr Pausen machen – und sollte spätestens um halb sieben aufhören zu arbeiten.

Das ist meine ermittelte Grenze, *bottom line* nennt man sie in der Fachsprache. So weit kann ich gehen, danach falle ich runter und drehe mich nur noch im Kreis. Vorher kann ich noch raus, komme noch ans Ufer. Ab einer gewissen Grenze funktioniert das nicht mehr: Dann ist die Strömung so stark, dann habe ich keine Chance mehr, etwas zu packen. Dann spült es mich runter. Diese Grenze ist individuell verschieden.

Weil ich diese Grenze nicht von alleine erkenne, brauche ich ganz klare Strukturen. Damit ich auf keinen Fall in diesen Fluss gerate, nur noch funktioniere und mich nicht mehr spüre. Wenn ich süchtig arbeite, brauche ich keine Pausen mehr. Dann gehe ich nicht mehr auf die Toilette. Ich muss nichts essen. Meine Emotionen sind gleich null, ich verhalte mich wie ein Zombie. Auch zu Hause, weil das dort noch nachklingt. Es gibt verschiedene Möglichkeiten, mit denen man versucht, sich wieder zu spüren: fettiges Essen, unkontrollierte Alkoholexzesse ...

In jener Zeit arbeitete ich fünfzig bis sechzig Stunden in der Woche. Hinzu kam das Pendeln, um sieben Uhr morgens am Arbeitsplatz sein, um neunzehn Uhr nach Hause fahren. Da war einfach kein Platz mehr für andere Dinge. Ein halbes Jahr stand ich das ganz gut durch. Danach zog ich mich zurück, verlor den Anschluss an Freunde, an die Familie. Ich war in solch einem Arbeitsdelirium, dass ich gar nicht mehr präsent war. Ich war so abwesend, dass mich meine damalige Frau teilweise gar nicht mehr wahrgenommen hat. Auch die Wochenenden brachten keine Entspannung mehr, vielmehr begann ich, mich vor dem Montag zu fürchten, und versuchte aufzuschieben, was aufzuschieben war.

Dass daraus Probleme entstanden, war mir damals nicht so sehr bewusst: dass etwa meine Frau mit einem Ehemann lebte, der nicht da war. Der nicht fähig war, Gespräche zu führen. Dass ich permanent nur an die Arbeit dachte. Das alles hat natürlich die Beziehung belastet.

Als sie sich schließlich von mir trennte, weil sie so einfach nicht mehr leben wollte, war das für mich ein großer Schock. Ein beziehungstechnischer Gau. Denn tatsächlich kam das für mich überraschend. Ich hatte das ja nicht wahrgenommen. Ich hatte einen Tunnelblick, konnte mir das gar nicht vorstellen. Aus heutiger Sicht klingt das auch für mich seltsam, aber damals fehlte mir schlicht das Bewusstsein dafür.

Nach der Trennung bin ich nach Lübeck geflohen, habe dort alleine gelebt und mich voll und ganz der Arbeit gewidmet. Ohne Beziehung konnte ich mich nun wirklich auf die Arbeit konzentrieren, und die Regeneration fiel erst recht komplett weg. Unterdessen hatte ich den Job gewechselt, musste wieder pendeln und arbeitete durch, weil ich die zwei Stunden über Mittag nirgends hätte verbringen können. Ich arbeitete von morgens um sieben bis abends gegen zwanzig Uhr. Danach fuhr ich 45 Minuten mit dem Auto und kam gegen 21 Uhr nach Hause. Und am nächsten Morgen musste ich wieder früh raus. So habe ich eigentlich nur noch für die Arbeit gelebt.

Dass ich nicht nur die Arbeit verlor, sondern meinen ganzen Beruf, weil die Baubranche vom Strukturwandel ergriffen wurde, machte alles noch komplizierter: Ich musste all meine Ideen, meine Visionen, meine Träume begraben. Eine Familie mit zwei Kindern hatte ich mir gewünscht und ein Häuschen. So bin ich halt aufgewachsen und auch geprägt gewesen. Ich bin ein Familienmensch. Doch diese Blase ist für mich zerplatzt. Ich war 32 Jahre alt, familiär gescheitert, ein unterhaltspflichtiger Mann und musste aufs Arbeitsamt – mit dem Gefühl: Mich will sowieso keiner mehr. Das war die erste große Krise. Beruflich, weil sich gerade die ganze Branche auflöste, und auch beziehungstechnisch: Wer will schon einen 32-Jährigen, der bezahlen muss?

Ich fand zwar wieder Arbeit – anfangs nicht so tolle, mit der Zeit wieder interessantere –, aber nach ein paar Jahren wiederholte sich dasselbe Muster, als ich mich erneut verliebte. Ich hatte gerade einen neuen, tollen Job angefangen, lernte zum

Jahreswechsel Sonja kennen, wir verliebten uns, im April zog sie bei mir ein, und wenige Woche später war sie schwanger. Gleichzeitig entpuppte sich mein neues Projekt als Himmelfahrtskommando.

Anfänglich kriegten wir noch die Kurve, ich wollte alles dransetzen, damit es klappt. Wir zogen dorthin, wo sie herkam, weil sie sehr eng mit ihrem Zuhause verbunden war, ich ging zum Arzt und kündigte meinen Job. Ich nahm mir eine Auszeit und ließ mich zum Yogalehrer in Jivananda-Yoga ausbilden, weil ich doch gemerkt hatte, dass irgendetwas mit mir nicht stimmt. Irgendwas lief da komplett konträr. Doch wieder hatte ich das Gefühl, ein Versager zu sein. Weil ich meine Chance für einen Traumjob erneut verbockt hatte. Ich fühlte mich wie ein Baumstamm ohne Wurzeln. Und so wiederholte sich alles erneut: Ich begann einen Job, musste mich beweisen, war gedanklich nur noch bei der Arbeit und zu Hause nicht mehr präsent. Ich sprach nicht mehr.

Nur zwei Jahre später also, ich war 39, war ich wieder am selben Punkt: Freundin, Kind, Familie – alles ging in die Brüche. Ich musste den Jobtraum aufgeben, dazu kam ein gebrochener, geknickter Lebenslauf. Ich war reif für die Insel, wie man so schön sagt, oder fürs Kloster oder für den Ashram. Arbeiten klappte nicht, das mit den Frauen auch nicht.

Und ich war in meiner Ehre verletzt: Sonja hatte nämlich mit einem Hobby angefangen, weil ich ja nie Zeit für sie hatte, und dort einen anderen Mann kennengelernt. Ich hätte das nie gemerkt, hätte ich nicht davon geträumt und sie eher zufällig damit konfrontiert. Sie war total aufgelöst. Es war genau so, wie ich es geträumt hatte. Das war echt krass, weil ich mich normalerweise nicht an Träume erinnere. Ich war 39 und stand erneut vor einem Scherbenhaufen.

Über diese private Krise kam ich zu den Anonymen Arbeitssüchtigen (AAS). Eine Heilpraktikerin, die uns in der Beziehungskrise beriet, hielt einmal einen Vortrag über diese Problematik. Ich hörte zum ersten Mal von Arbeitssucht. Sie erklärte, wie die Süchte wirken, und ich habe mich sofort darin erkannt. Ich las, wohin Sucht führt – nämlich genau zu dieser Situation, in der ich mich befand. Neun von zwölf Symptomen trafen auf mich zu. Jede Sucht führt ins Chaos und reißt andere mit. Und am Ende steht der Tod. Jede Sucht führt dazu, dass man sich zurückzieht aus Beziehungen und abwesend wird. Einem Alkoholiker im Delirium kann man nicht helfen, es sei denn, er wacht irgendwann mal auf und zieht sich selber raus. Er ist wie ein Ertrinkender. Und so habe ich mich auch gefühlt. Die Beziehung hat sich wieder genauso angefühlt wie damals mit meiner ersten Frau. Da erst fiel es mir wie Schuppen von den Augen, dass auch ich einen Anteil an der ganzen Geschichte habe.

Ich ging zu einem Treffen der AAS in Münster und stellte mich als Martin vor. Als einer, der gehört hat, dass es so etwas wie Arbeitssucht gibt, und keine Ahnung hat, was das ist. Die Leute waren mir zuerst suspekt. Diese Meetings sind vollständig anonym, und es gelten gewisse Regeln, um sich gegenseitig zu respektieren. Das beruhigte mich. Denn zu realisieren, dass man offensichtlich Fehler macht – und sich dann zu öffnen, das ist schwierig. Auch deswegen ist die Anonymität bei den AAS so wichtig.

Unterdessen glaube ich, dass man nur über den Austausch mit Betroffenen erkennen kann, welchen Anteil man selber am Chaos hat. Nicht in Form von Belehrung, sondern über den Austausch von anderen Lebenswegen. Es ist ein langer Prozess, sich seinen Abgründen zu stellen. Denn das habe ich auch festgestellt, dass diese Zusammenbrüche, dieses Scheitern mit mir und meinen Abgründen zusammenhängen. Das war mir davor nicht bewusst gewesen, niemals. Die eigene Schuld projiziert man ja lieber nach außen – als ob es nur die Umstände wären, der Partner, der Job, das Projekt.

Ob mein Tag erfolgreich war oder nicht, messe ich unterdessen am Zustand, in dem ich nach Hause gehe. Früher, als ich so viel gearbeitet habe, bin ich platt nach Hause gegangen, da konnte ich nicht mehr denken – ich dachte nur noch an meine Arbeit. Jetzt aber gehe ich von der Arbeit nach Hause und kann abschalten. Gesund arbeiten heißt für mich: Ich kann mich auf das Wesentliche konzentrieren. Ich kann meine Pausen einhalten. Meine Mittagspause ist heute heilig – eine Stunde! Es gibt Ausnahmen, aber normalerweise klappt das. Diese Struktur ist wichtig, denn ohne könnte ich nicht gesund arbeiten. Noch nicht. Das heißt, ich fange morgens nicht vor acht Uhr an zu arbeiten. Nicht früher – und ich muss spätestens um halb sieben ausstempeln. Denn sonst kann es passieren, dass ich nicht mehr aufhören kann. Und ich trenne Arbeit und Freizeit ganz deutlich. Dass ich mir Grenzen setze, liegt in meiner Verantwortung. Nur wenn es mir gut geht, nur wenn ich gesund arbeite, kann ich auch eine gesunde Beziehung führen, zu mir selbst, zu meiner Frau, zu meinen Kindern. Deswegen bin ich für die Arbeit oft nicht erreichbar.

Mit meinem Chef kann ich glücklicherweise offen darüber reden. Es ist kein Geheimnis, dass ich die AAS besuche und auf mich aufpassen muss. Natürlich gibt es dennoch Leistungsdruck, den gibt es bei jeder Stelle. Und es ist auch klar, dass man Einsatz zeigt, wenn es absolut nötig ist. Solche Ausnahmen gibt es. Aber sie sollen nicht mehr zum Regelfall werden. Meine Arbeitszeit beträgt 35 Stunden die Woche. Unterdessen weiß ich: In Ausnahmen kann ich bis zu vierzig Stunden arbeiten, das kriege ich hin.

Zu den Meetings der AAS gehen nicht so viele. Es gibt vielleicht dreißig Orte in Deutschland, wo sich fünfzig bis sechzig Leute zu diesem Thema treffen. Erstaunlicherweise habe ich bei diesen Meetings mehr Frauen angetroffen. Weil Frauen für solche Selbsterkenntnis offener sind als Männer. Die sind da einen Schritt weiter. Ich denke, die Männer versuchen noch viel mehr, zu funktionieren. Das liegt womöglich auch am nach wie vor herrschenden Rollenklischee. Männer haben mehr Probleme mit ihren Gefühlen und gestehen sich nur selten Schwächen ein. Das ist zumindest meine Erfahrung. Was aber nicht heißt, dass es weniger Männer sind, die davon betroffen sind. Das würde ich nicht behaupten wollen.

Arbeitssucht ist individuell. Nicht jeder, der viel arbeitet, ist arbeitssüchtig. Es gibt jede Menge Menschen, die kein Problem damit haben, viel zu arbeiten. Es gibt solche, die problemlos siebzig, achtzig Stunden die Woche arbeiten können und dennoch ihren Ausgleich finden. So wie ja auch nicht jeder, der Alkohol trinkt, Alkoholiker ist: andere Menschen, andere Grenzen.

Nach jener Krise haben meine Frau und ich wieder zueinandergefunden, indem wir unsere Tiefen angeschaut haben. Jeder für sich und doch gemeinsam. Sie hat ihre Beziehung beendet, und ich habe mich das zweite Mal getraut: Wir haben geheiratet.

Ich glaube, es ist enorm wichtig, dass man bewusst durch diese verschiedenen Phasen geht, auch durch den Schmerz. Und dass man merkt, wann man loslassen muss, wenn alles zusammenbricht. Dass man dann an einen Punkt gerät, an dem man sagen kann: »Jetzt kann ich es annehmen.« Sobald man nämlich loslassen kann, kann man sich wieder öffnen, damit Neues entsteht. Das ist für mich die wichtige Botschaft an alle, die scheitern.

Nachdem Martin fertig erzählt hat, schauen wir den Damen und Herren in Bürokleidung hinterher, die nach und nach auf den Bürgersteig treten, um in den Feierabend zu gehen. Ich spreche ihn auf die Leistungsgesellschaft an, in der es Mut braucht, Arbeit und Freizeit so klar zu trennen. Er antwortet als Ingenieur: »Wir leben in einer Leistungsgesellschaft, das ist ganz klar. Es wird Leistung verlangt, und Leistung heißt nichts anderes als Arbeit durch Zeit. Das ist die physikalische Definition. Je mehr ich also arbeite und umso weniger Zeit ich dafür brauche, desto mehr Leistung bringe ich. Das ist eine ganz klare, physikalische Definition. Je mehr sich also die Arbeit verdichtet, umso mehr brodelt es. Die Frage ist bloß: Wann beginnt es zu brodeln?« Sagt's und fährt mit seinem Rad in den Sonnenuntergang.

Gewütet und bereut

Über die Kraft der Wut und des Rauschs

*»Mit dieser Schuld
lebe ich jeden Tag.«*

Der Mann, der seine Familie verlor

Dass dieses Gespräch per Skype stattfinden muss, macht mich nicht glücklich. Nicht nur, weil ich blind fahren muss – die Pixel verwischen allfällige Tränen in den Augenwinkeln, und der Ton bricht die Stimmen so sehr, dass ich nie weiß, ob das die Reue ist oder die Technik –, sondern auch, weil ich viel von meinem Gegenüber verlange. Uwe Heller blickt erwartungsvoll in die Kamera, er trägt eine Brille und lächelt schüchtern.

»Fällt es Ihnen schwer, mir Ihre Geschichte zu erzählen?« Mein Gegenüber seufzt und sagt höflich: »Ein bisschen.« Jetzt mit Charme die Situation aufzufangen ist beinahe unmöglich, denn wir schauen uns ja noch nicht einmal in die Augen, sondern vielmehr in die Kamera und damit aneinander vorbei. Ich verstehe also gut, was er meint, als er sagt, dass ich ja schließlich »irgendwie eine Unbekannte« sei. Ich nicke. Mit seinem Freund Hans oder dem Pfarrer falle es ihm wesentlich leichter, zu erzählen. Mit dem Pfarrer hätte er allerdings erst nach dem Strafvollzug einen Termin vereinbart. Drinnen hätte er mit der Kirche nichts zu tun haben wollen. Aber draußen hätte er mit ihm eines Tages ein Treffen ausgemacht, um einen Kaffee zu trinken und über die Vergangenheit zu reden: »Und das war eigentlich auch ganz gut.«

Jetzt blickt er mich an und erwartet die erste Frage. Und ich kann ihm nicht einmal einen Kaffee anbieten.

Halbwegs realisiert, was passiert ist, habe ich erst, als mein Schwager mir eine gescheuert hat: Ich hatte meine Frau und meine beiden Kinder getötet – im Affekt. Ich wollte mich auch selbst umbringen, aber das hat nicht geklappt. Donnerstags ist das passiert, sonnabends bin ich hinüber zu meiner Schwester, sie wohnte im gleichen Block nebenan. Ich habe ihr das mehr oder weniger gebeichtet, und sie hat die Polizei geholt. Ich wurde sofort verhaftet.

Das war ein großer Albtraum. Als ich zu meiner Schwester und meinem Schwager kam, hatte ich einen Nervenzusammenbruch. Die Polizisten wollten mir Handschellen anlegen, aber der Notarzt, der auch dabei war, sagte, sie sollen nicht. Sie brachten mich ins Krankenhaus, wo ich die Nacht über bis zur ersten Vernehmung unter ständiger Beaufsichtigung stand. Sie ließen mich keine Sekunde aus den Augen, weil ich suizidgefährdet war.

Ich bin in diesen Albtraum geraten, weil es an jenem Abend zu einem Streit gekommen ist. Es ging um Kleinigkeiten. Worum eigentlich genau, weiß ich gar nicht mehr. Das war eine Woche vor Weihnachten. Ich hatte für Weihnachten sogar eine Weihnachtsbaumbeleuchtung organisiert – was zu DDR-Zeiten ja Mangelware war. Ich machte für meine Familie nahezu alles, sie war mein Lebensinhalt. Meine Frau machte so gut wie nichts.

An jenem Abend war ich bei einer Veranstaltung im Wohnbezirk, ich bekam eine Auszeichnung. Dort lernte ich eine Frau kennen, die Kindergarten- und Kinderkrippenplätze vergab – zufällig in der Krippe gleich gegenüber von unserem Wohnblock. Über sie kriegte ich dort einen Kinderkrippenplatz für das Mädchen, und für den Jungen einen Kindergartenplatz. Danach war ich noch kurz bei meinem Schwager drüben, weil wir für Weihnachten Fleisch eingekauft hatten. Das hatten wir bei meiner Schwester in die Tiefkühltruhe gepackt. Ich bin freilich auch ein bisschen länger geblieben als üblich. Denn natürlich tranken mein Schwager und ich ein paar Schnäpse – ich war ordentlich alkoholisiert.

Als ich nach Hause kam, sagte meine Frau ungefähr: »Du

machst ja gar nichts mehr zu Hause.« Da ist mir der Kragen geplatzt. Ich arbeitete drei Schichten, ich brachte die Kinder fast immer in den Kindergarten. Ich machte teilweise den Haushalt alleine. Und arbeitete noch nebenbei am Stadion mit. Also ich war rund um die Uhr gut beschäftigt. Als sie mir vorwarf, ich täte nichts, habe ich ihr aufgezählt, was sie macht und was ich alles tue. Worauf sie lediglich sagte: »Na, wenn ich so eine schlechte Ehefrau bin, muss ich mich eben scheiden lassen.« Genau so war es aber eben nicht: Ich habe meine Frau über alles geliebt! Ich kniete mich vor sie hin und winselte regelrecht wie ein Hund, dass sie sich nicht scheiden lassen solle. Sie aber saß da und sagte in einer provokanten Art: »Jetzt hab ich dich da, wo ich dich hinhaben wollte.« So ungefähr. Das war für mich eine solche Demütigung, dass ich hochgeschnellt bin...

Danach wollte ich die ganze Familie mitnehmen. Also die Kinder und mich auch. Aber hundertprozentig erklären, warum auch die Kinder, kann ich nicht. Das Mädchen war sieben Monate, der Junge vier Jahre alt. Den Jungen hatte sie ja mit in die Ehe gebracht. Das war nicht mein eigenes Kind, aber ich habe es wie mein eigenes betrachtet.

Danach war ich lebenslänglich im Gefängnis, für sechzehn Jahre.

In den Vernehmungen wurde mein Leben bis ins kleinste Detail auseinandergenommen. Zur Beruhigung wollten sie mir Medikamente geben. Das lehnte ich ab. Ich sagte mir, in dieser Situation muss ich zuerst einmal ohne Medikamente zurechtkommen.

Bis Ostern hatte ich keinen Kontakt zu meinen Eltern und zu meinen Geschwistern. Ich wusste nicht: Halten sie zu mir, halten sie nicht zu mir? Während der U-Haft durfte über die Tat nicht gesprochen werden, nicht warum, nicht wieso, nicht weshalb. Beim allerersten Besuch haben sich meine Eltern mehr oder weniger nur mit den Bediensteten unterhalten. Nach und nach sprachen wir darüber, was zu Hause so los war, belanglose, familiäre Dinge. Sie kamen ab da regelmäßig zu Besuch. Zuerst als ich in Weimar in Untersuchungshaft war, später hier in Frankfurt an der Oder. Alle zwei Monate kamen sie vorbei.

Sie haben immer hinter mir gestanden. Und heute ist der Kontakt noch intensiver. Aber über die Tat haben wir bis heute nie gesprochen. Das wird tunlichst vermieden.

Darüber gesprochen habe ich während der Strafhaft in einer externen Therapie. Da wurde alles durchgesprochen. Das hat mir sehr geholfen. Heute habe ich zwei Freunde, mit ihnen spreche ich viel darüber. Wir sind eine gute Truppe, die sich immer unterstützt, wenn irgendetwas ist. Wir unternehmen auch viel. Das ist im Prinzip alles, was mir heute beiseitesteht.

Die Schuld ist über all die Jahre weder schwerer noch leichter geworden. Konfrontiert werde ich jeden Tag damit, weil ich ja meine Familie und damit meinen Lebensinhalt selber zerstört habe. Ich habe mir im Grunde mein Leben selbst weggenommen.

Ich war sehr verliebt in meine Frau, sehr. Wir lernten uns auf der Arbeit kennen. Sie arbeitete in der Abteilung, wo mein Vater Meister war. Zwar in einer anderen Schicht, aber als ich in die Stanzerei wechselte und dort in drei Schichten arbeitete, lernten wir uns kennen. Das ging eigentlich alles sehr schnell. Wir begegneten uns und heirateten ein Jahr später.

Dass ich eine Grenze überschritten hatte, als ich meine Frau erwürgte, war mir im Moment selbst nicht bewusst. Das kam erst danach. Erst durch die Ohrfeige meines Schwagers habe ich realisiert, was passiert ist. Mit dieser Schuld lebe ich seither jeden Tag. Die Lücke, die durch die Tat entstanden ist, mache ich im Wesentlichen mit mir alleine aus. Es gibt meinen Freund Hans, und ich bin Mitglied in der Modellflugvereinigung. Dort engagiere ich mich mehr als alle anderen. So lenke ich mich ab.

Ich kam wenige Jahre vor der Wende in Haft, 2004 wurde ich entlassen. Viele Veränderungen draußen haben wir drinnen übers Fernsehen mitbekommen. Das hat mich alles nicht so umgehauen. Was mich dagegen verängstigte, war der Autoverkehr. Weil er so dicht geworden war. Autofahren verlernt man nicht, aber ich musste mich wieder daran gewöhnen. Als ich Ausgang nehmen konnte, ließ mich mein Vater einmal mit seinem Auto fahren. Früher, zu DDR-Zeiten, besaß ich kein Auto. Im offenen Vollzug bin ich direkt noch mal zur Fahrschule gegangen und habe vier praktische Stunden mit einem Fahrlehrer absolviert, damit ich mich wieder sicher auf der Straße fühlte. Und sobald ich mir ein Auto leisten konnte, habe ich eins gekauft. Bereits als Freigänger hatte ich Arbeit als Werkzeugmacher gefunden, und als ich wieder draußen war, wurde ich übernommen.

Wovon ich träume? Hm. Mal schön reich zu sein... Ja, tatsächlich: nicht mehr arbeiten zu müssen. Ich würde meinen Lebensstandard ein bisschen erhöhen. Ich könnte mein Hobby mehr ausleben, denn das ist ja ein eher teures Hobby. Und dann würde ich versuchen, ein bisschen die Welt zu bereisen. Nach Kanada zum Beispiel.

In meinen kühnsten Träumen aber kommt immer wieder mal die Vergangenheit hoch. Dass ich von meiner Frau träume. Dass das zwar passiert ist, aber sie wieder da ist. Das ist ganz kurios. Manchmal vermisse ich sie. Schließlich haben wir auch sehr schöne Zeiten zusammen verlebt. Gerade mit den Kindern... als Familie. Wir führten ein sehr enges familiäres Leben. Und das war ja genau das, was ich mir immer gewünscht hatte.

Ab und zu denke ich: Es ist auch schön, alleine zu sein. Du bist ungebunden, kannst machen, was du willst. Als ich mir das erste Auto gekauft habe, bin ich zum Beispiel viel rumgefahren. Bin Sonnabend zum Einkaufen losgefahren. Und wo bin ich gelandet? An der Küste oben. Bin einmal abgebogen und einfach drauflosgefahren. Oder nach Dresden runter. Bin ins Einkaufszentrum und dann... ach, da kam 'ne Kreuzung, Autobahn rauf und bis nach Dresden. Zu zweit oder mit Familie geht das nicht. Andererseits bin ich in Dresden oder an der Küste aus dem Auto gestiegen und habe gedacht: »Wäre doch schön, wenn...« Das sind so Momente, da werde ich schwer.

Natürlich wäre es schön, wieder mit einer Frau zusammen zu sein. Aber eine Frau suchen, das tue ich nicht. Vielleicht habe ich auch ein bisschen Angst davor. Angst, dass ich wieder in so eine Situation kommen könnte. Schließlich habe ich früher immer gedacht: So etwas könnte mir nie passieren. Doch genau das ist mir passiert. Und man kriegt es nicht mit. Das ist ja das Schlimme. Wenn man einmal in so etwas hineingeraten ist: Wie kommt man da wieder raus? Aus diesem Konflikt?

Ich habe das nie gelernt.

Mein Elternhaus ist sehr streng und konservativ gewesen. Über heikle Themen wie Sexualität oder über Konflikte wurde zu Hause nie groß geredet. Auch mit meiner Schwester, die gleich nebenan wohnte und zu der ich einen sehr engen Kontakt hatte, konnte ich über meine familiäre Situation – die nicht immer einfach für mich war – gar nicht sprechen. Das habe ich alles in mich reingefressen. Zum Beispiel als meine Frau schwanger war und sich komplett zurückgezogen hatte. Kaum kam ich von der Arbeit nach Hause, verbannte sie sich ins Schlafzimmer und kam nicht wieder heraus. Wir hatten keinen Kontakt mehr zueinander, wir haben nie miteinander geredet. Ich habe nur noch in der Stube geschlafen. Aber darüber reden konnte ich mit niemandem.

Meine Mutter kann besser als mein Vater über Gefühle sprechen. Sie sagte stets: »Ihr seid meine Kinder, egal was passiert.« Mein Vater ist einer, der Gefühle nicht wirklich zeigen kann. Und dadurch habe ich ihn auch nie umarmt oder so. Vor einiger Zeit habe ich damit angefangen, auch *ihn* zu umarmen, wenn ich sie besuche. Und als ich voriges Wochenende bei ihnen war, um den Rasen zu mähen, da hat er mich das erste Mal in den Arm genommen. Er! Er hatte vor drei Wochen einen Herzinfarkt. Jetzt, da er Hilfe braucht, bin ich natürlich für meine Eltern da. Da kann ich ein bisschen was wieder zurückgeben. Weil sie immer zu mir gehalten haben.

*»Das Leben ist nie einfach.
Auch wenn du mit Jesus bist.«*

Der Kleinkriminelle, der zu Gott fand

Um sechzehn Uhr ist Arben Haliti nicht wie verabredet da, das Café der Streetchurch, wo wir uns treffen wollten, eigentlich noch geschlossen. Die Sozialarbeiterin hinter der Theke stellt mir trotzdem einen Kaffee hin und lächelt freundlich. Zwei coole, ungefähr zwanzigjährige Jungs scherzen mit ihr und bald auch mit mir. Alle sind wahnsinnig höflich, obwohl die Jungs nicht wesentlich anders aussehen als jene beim Pingpongtisch unseres Schulhauses, die sich dort jeweils zum Kiffen treffen und kaum einen Erwachsenen grüßen – geschweige denn anlächeln. Als ich Arbens Namen erwähne, versichern sie mir sofort, dass seine Verspätung sehr untypisch sei, ja, einer sagt sogar, Arben sei der zuverlässigste Mensch, den er jemals getroffen habe: »Der Albaner? Das ist ein geiler Typ!« Tatsächlich leuchtet da auch bereits die Nachricht auf meinem Display auf, dass er im Stau stehe. Gleichzeitig telefoniert der Pfarrer aus dem Büro von oben nach unten ins Café, um mitzuteilen, Arben sei übrigens zu spät.

Markus Giger, Pfarrer und Gefängnisseelsorger, gründete die Streetchurch, deren Räume sich nicht direkt bei der Kirche, sondern ein paar Straßen weiter befinden und eher einem Jugendtreffpunkt als Räumlichkeiten der reformierten Kirche gleichen.

Als Arben endlich kommt, wird er von den anderen mit lässigem Handschlag und einer Umarmung begrüßt. Wir setzen uns in ein Hinterzimmer, weit weniger atmosphärisch als die Cafeteria vorne, mit einem Tisch und vier Stühlen rundherum. Ich bin besorgt, dass es zu sehr eine Verhöratmosphäre sei – Arben lacht nur und sagt: »Das bin ich gewohnt.«

Seine Jacke, eine modische Funktionsjacke, behält er an. Er wirkt kräftig, auch wenn er sich ungelenk dreht, als einer kurz hinter ihm an die Tür klopft, denn er hat etwas mit dem Nacken. Im breitesten Schweizer Dialekt, manchmal mit melodischen Versatzstücken des Balkan-Slangs, erzählt er eine Geschichte, die stellenweise allzu sehr nach Klischee klingt: Im Kosovo geboren, kommt er mit elf Jahren nach Zürich in die Schweiz. Er freut sich unheimlich darauf, seinen Vater wiederzusehen und das Land der leckeren Schokolade kennenzulernen, die ihm der Vater auf seinen Heimatbesuchen mitgebracht hatte. Doch die Ankunft in der Schweiz ist zuerst einmal ein böses Erwachen: Der Elfjährige kann nicht sofort zur Schule gehen, versteht die Sprache nicht und fühlt sich bald als Ausländer, den sowieso niemand ernst nimmt. In der Schule lernt er später endlich andere Jungen kennen, hauptsächlich ältere, die ihm das Rauchen beibringen, dann Kiffen, bald Härteres und schließlich auch Einbrechen und Prügeln. Trotz anfänglicher Angst macht er mit, macht seine Sache sogar gut und bekommt so die Anerkennung, die er immer suchte: »Anders als heute fühlte sich das überhaupt nicht als Fehler an, denn ich wurde ja dadurch bewundert und fand Anschluss.«

Als ich schließlich wegen einem Raubüberfall im Gefängnis saß, zeigte ich keine Reue. Ich verschwieg alles. Weil man ja im Gefängnis so lange als unschuldig gilt, bis einem die Schuld bewiesen wird, behauptete ich, sie würden mich verwechseln. Obwohl ich bei den Gegenüberstellungen sofort merkte: Mist, das sind diese drei Leute gewesen... Und sie genau wussten, das war er, also ich. Trotzdem gab ich nichts zu.

Bis mich regelmäßig ein reformierter Pfarrer im Gefängnis besuchen kam. Wir saßen uns gegenüber, zwischen uns eine dicke Panzerglasscheibe, wie es eben üblich ist im Gefängnis. Markus Giger hieß er. Er versuchte, mir klarzumachen, was ich diesen Leuten angetan hatte, die ich verprügelt und ausgeraubt hatte. Ich hörte – wie immer damals – nicht richtig zu, schaltete auf Durchzug, sodass seine Worte einfach an mir vorbeigingen. Am Schluss eines solchen Gesprächs, als er merkte, dass er bei mir wirklich nichts erreichte, fragte er, ob er für mich beten dürfe? Ich holte Anlauf, um ihn zu schlagen – was aber nicht ging wegen dieser dicken Panzerglasscheibe. Denn ich dachte: »Hey, was willst du für mich beten?! Ich bin sowieso Moslem, ich glaube an meinen Allah!«

Trotzdem ließ ich ihn beten, sagte mir, dann hat er seine Freude und ich meine Ruhe. Doch während des Gebets stand er auf und hielt seine Hand an die Scheibe. Die Art und Weise, wie er betete, berührte mich so sehr, dass ich mich auf einmal gar nicht mehr so wohlfühlte. Ich merkte, wie ich mich nicht mehr selbst steuern konnte und meine Hand auch auf die Scheibe legte, parallel zu seiner. In diesem Moment konnte ich nicht mehr: Mir flossen nur noch die Tränen. Mir wurde so sehr bewusst, was ich diesen Leuten angetan hatte, wie ich sie geschlagen hatte, wie ich sie bedroht hatte. Es war, als ob ich plötzlich das Opfer und sie die Täter waren. Da habe ich geheult. Ich sagte ihm: »Ich erzähle die Wahrheit, und ich möchte wieder raus aus dem Gefängnis.« Das geschah dann auch: Weil ich erst siebzehn Jahre alt war, wurde ich entlassen – mit der Auflage der Jugendanwaltschaft, dass ich einmal wöchentlich zu Gesprächen mit dem Pfarrer gehe.

Allerdings war ich bei diesen Besuchen stets darauf bedacht, möglichst dicht zu sein: mit Kokain, Ecstasy, allem Möglichen. Damit ich bloß nicht wahrnahm, worüber er mit mir redete, welche Fragen er mir stellte. Immer wieder erzählte er von Jesus, von der Bibel und dass er für mich und meine Probleme eine Lösung hätte. Doch das interessierte mich nicht. Ich dachte, die Bibel sei eh eine Lügengeschichte, und überhaupt war ich ja Moslem. Irgendwann hatte ich so sehr die Schnauze voll von diesem Geschwätz, dass ich ihm sagte: »Warum sollte ich mein Leben ändern? Ich bin doch glücklich so, wie ich lebe. Ich bin Arben, der schlägt, Arben, der Drogen für Kollegen organisiert. Ich bin der, der dies, der das macht. Ich bin glücklich mit dem, was ich tue. Warum also sollte ich mein Leben ändern?!« Ich verabschiedete mich und brach den Kontakt ab.

Natürlich machte ich weiter wie bisher, und es dauerte nicht lange, bis ich wieder im Gefängnis landete. Dort besuchte mich die Jugendanwältin, und wieder versprach ich ihr hoch und heilig, dass ich mich ändern, dass ich mir eine Lehrstelle suchen würde usw. Doch dieses Mal glaubte mir die Anwältin nicht, außerdem war ich unterdessen volljährig, und dann gelten andere Regeln. So stand ich vor der Wahl: entweder Gefängnis oder Heim. Das wollte ich beides nicht. Trotzdem blieb mir nichts anderes übrig, als zu sagen: Gut, dann gehe ich lieber in ein Heim als ins Gefängnis.

Dort sah ich zwar meine Fehler ein, verstand, dass es mir nichts bringt, wenn ich Raubüberfälle mache. Und traf die Entscheidung, damit aufzuhören. Ich entschied allerdings auch: Mit Kiffen, Rauchen, Saufen und Drogen mache ich weiter. Die Sozpäds – so nannten wir die Sozialpädagogen – schnallten das eh nicht. Und ich war wieder der Ausländer, der sowieso nicht dazugehörte. Ich begann, mir und meinen Kollegen im Heim Drogen zu besorgen. Bin in die Stadt gefahren, sobald ich durfte, sammelte Geld bei meinen Kollegen und brachte ihnen die gewünschten Drogen mit. Das gab mir wieder Bestätigung: Ich habe zwar ein Risiko auf mich genommen, aber das ist auch gut so.

Im Heim ging das alles noch relativ gut. Ich hatte ein Dach über dem Kopf, ich hatte zu essen und zu trinken. Für mich wurde gesorgt. Es ging mir wirklich gut. Schlimmstenfalls musste ich eine Urinprobe abgeben, doch ich hatte immer eine Ausrede parat oder trank vorher viel, viel Wasser mit ausgepresster Zitrone und Salz oder Milch, um die Probe zu manipulieren. Wir kannten Tricks, die den Darm ausspülen, sodass nur noch Wasser kommt. Wurde man trotzdem erwischt, gab es eben eine Maßnahme – dann musste ich von allen die Ämtlis übernehmen oder durfte ein Wochenende nicht nach Hause gehen.

Als ich endlich rauskam, ging ich zurück nach Zürich und konsumierte zuerst einmal so viel ich konnte. Da ist mir der Boden unter den Füßen weggerutscht. Im Heim hatte ich ja Kontrollen und Maßnahmen. Aber draußen hatte ich keinen Halt mehr.

Weil ich als Schreiner keine Stelle fand, arbeitete ich etwa anderthalb Jahre als Hilfs-Flachdachisoleur. Eines Tages rief ich an, ich könne nicht mehr arbeiten kommen, da haben sie mir gekündigt. Endlich, dachte ich, warum sollte ich überhaupt arbeiten? Meine Sucht finanzierte ich da sowieso über die Connections, die ich unterdessen hatte: Ich hatte immer Leute um mich herum, die mich für Drogen anriefen. Durch meine regelmäßigen Bestellungen bekam ich die Drogen günstiger und verlangte bei den Kunden entsprechend ein bisschen mehr. Der Gewinn blieb bei mir, das funktionierte. Die Kündigung machte mir also nicht so viel aus. Doch irgendwann merkte ich, dass ich trotzdem arbeiten musste, um nicht aufzufliegen. Ich arbeitete ja nicht und hatte trotzdem Geld. Also begann ich als Hilfs-Plattenleger bei der gleichen Firma, bei der auch mein Bruder arbeitete.

Aber auch dort rief ich nach einer Weile am Montagmorgen an und behauptete, ich hätte am Freitag einen Unfall gehabt. Die Fliesen seien mir fast aus den Händen gefallen, ich hätte danach gegriffen, etwas im Rücken hätte geknackt, und nun könne ich den Hals nicht mehr richtig bewegen. Der Chef wünschte mir gute Besserung und schickte mich ins Krankenhaus. Dort gaben sie mir einen Stempel »hundertprozentig arbeitsunfähig«. Ich konnte kaum fassen, wie die Leute mir vertrauten. Es ist eben so: Schon seit Längerem habe ich einen Rückenschaden, eine Einschränkung in meiner Beweglichkeit. Man weiß nicht woher, vielleicht aus der Kindheit oder von einem der diversen Unfälle danach, aber zu jenem Zeitpunkt hatte ich nichts – nur wussten das die Ärzte nicht.

Jedenfalls dachte ich: »Ja, geil, jetzt bekomme ich monatlich Geld und muss nicht arbeiten.« Und ich habe natürlich einfach weiter konsumiert und krumme Dinger gemacht. Zum Beispiel einem Dealer telefonisch eine Bestellung angegeben, ihn dann aber beim Treffpunkt ausgeraubt, weil ich kein Geld mehr hatte. Ich bin immer tiefer und tiefer in die Drogen abgestürzt. Mehr oder weniger war ich nur noch rund um die Langstraße* unterwegs. Wir trafen uns daheim bei Kollegen, beim Dealer, in Bars – im Lambada, in der Elite-Bar, in der Piranha-Bar und in der Zippybar am Albisriederplatz. Manchmal auch einfach in einem verdunkelten Hotelzimmer.

Das ging etwa neun Monate lang so. Es war mir egal, dass sich zu Hause die Rechnungen angestaut hatten, es war mir egal, dass ich nur noch Chaos hatte, mit meinen Eltern und auch sonst mit all meinen Kollegen. Gleichzeitig magerte ich ab, es ging mir gesundheitlich schlecht und auch psychisch überhaupt nicht mehr gut. In dieser Zeit hörte ich immer öfter eine Stimme, die behauptete, ich solle zu Markus, dem Pfarrer, gehen, er könne mir helfen. Anfangs flüsterte sie ganz leise. Ich ignorierte das. Sie gab aber nicht auf, ich hörte sie immer häufiger, und sie wurde immer lauter. Trotzdem konsumierte ich weiter. Bis ich sie nicht mehr ignorieren konnte und mich damit auseinandersetzte: Sollte ich etwa tatsächlich…? Kennt der mich überhaupt noch?

Wir hatten uns seit etwa vier Jahren nicht mehr gesehen oder gehört. Bereits am Telefon merkte ich, dass er noch wusste, wer ich bin. Als er mich sah, war er schockiert, wie ich aussah. Obwohl ich anfangs nicht viel preisgeben wollte, tat es mir gut, mit ihm zu diskutieren. So begann ich wieder, regelmäßig bei ihm den Mittagstisch zu besuchen, jeweils am Freitagmittag ging ich einmal pro Woche zu ihm zum Gespräch. Freiwillig. Anders als in den Jahren zuvor nach und nach nüchterner, sodass ich zumindest ein bisschen wahrnahm, worüber wir sprachen. Weil ich spürte, dass es mir guttat. Allerdings begann er wieder von Jesus und der Bibel zu erzählen, und ich dachte: »Mann, der ist immer noch derselbe.« Doch auch ich war immer noch derselbe und sagte mir abermals, lass ihn erzählen, dann hat er seine Freude und ich meine Ruhe.

Obwohl er merkte, dass er bei mir nichts erreichte, machte er weiter. Einmal wagte er sogar, mir eine Bibel in die Hand

---

* Zürcher Rotlicht- und Ausgehviertel

zu drücken mit dem Kommentar: »Ich kann dir nur noch eins sagen: Wenn du in Not bist und nicht mehr weißt, was tun, dann hast du hier eine Bibel. Lies darin und bete zu Gott.« Ich wollte ihn schlagen. Aber ich konnte nicht. Ihm zuliebe nahm ich die Bibel, lief raus und warf sie zu Hause in den Schrank. Ich weiß nicht, warum ich sie nicht zerrissen oder in den Müll geworfen habe.

Obwohl wir vereinbart hatten, dass ich anrufe, bevor ich wieder eine Line Koks konsumiere oder einen Joint rauche, konsumierte ich weiter. Sogar möglichst eilig, damit ich es schnell wieder vergesse. Für mich war es ganz normal, von Freitag bis Sonntag durchzufeiern, ohne zu schlafen, ohne genügend zu trinken – das hieß: kaum Wasser, denn genügend Alkohol trank ich ja. Immer öfters aber passierte es mir, dass ich Donnerstagmittag bis Sonntagabend gar nicht mehr schlief.

Nachdem ich einmal drei oder vier Nächte wach gewesen war, wollte ich an einem Sonntagabend zu Hause fernsehen. Doch das ging nicht, ich zitterte zu sehr, um die Fernbedienung zu halten. Meine Pupillen waren riesig, der Schweiß floss mir nur so herunter. Ein Psychologe würde vermutlich sagen, ich hätte paranoide Zustände gehabt: Ich sah plötzlich, wie überall im Zimmer Geister hin und her schlichen. Schattenartige Geister, die immer näher kamen, auch eine Teufelshand, die mich am Hals packen wollte. Sie redeten auf mich ein, sagten: »Arben, du bist verloren. Schau zurück: Du bist 23, hast nichts erreicht in deinem Leben, hast keine Autoprüfung, keine feste Freundin. Du kannst auf nichts stolz sein. Du schaffst es nicht mehr. Wir kommen dich holen.«

Ich nahm noch mehr Drogen, weil ich dachte, das helfe mir. Half aber nicht, im Gegenteil, die Stimmen der Geister wurden immer schlimmer. Bis ich mich an die Bibel erinnerte. Und wie Markus einmal gesagt hatte: »Wenn du in Not bist und nicht mehr weißt, was tun, dann lies in der Bibel und bete zu Gott.« Ich überwand mich, holte die Bibel aus dem Schrank und schlug sie auf. Nicht irgendwo, sondern dort, wo der Zettel steckte, den mir Markus fein säuberlich hineingelegt hatte. Ich glaube, das war Kapitel 11 des Lukas-Evangeliums. Dort steht:

Gott erhört Gebete. Ich begann zu lesen, doch das ging nicht. Ich legte die Bibel wieder zur Seite und nahm mehr Koks. Obwohl es mir dabei noch schlimmer erging, konnte ich zurückschauen in die Vergangenheit und stellte fest: Egal, wo ich Hilfe gesucht hatte, um aus diesem Teufelskreis rauszukommen, nie hatte mir bisher etwas geholfen.

Ich hatte ja durchaus Sachen ausprobiert, im Okkulten, bei Zauberfrauen, mit Drogen, mit Gewalt, bei Allah, mit Voodoo – doch nichts von all dem hatte mir etwas gebracht. Während Markus mir jahrelang mit wahnsinniger Überzeugung von Jesus erzählt hatte. Dass es eine Lösung gebe, dass ein neues Leben möglich sei. Also entschied ich mich in jenem Moment: Warum nicht? Obwohl ich mich so desolat fühlte, dachte ich: Wenn Jesus mir nicht hilft, dann ist Schluss. Dann ist Endstation. Dann sehe ich in meinem Leben keinen Sinn mehr. Also rief ich den Namen, den ich ja von Markus kannte: »Jesus, wenn es dich wirklich gibt und du wahr bist, wenn du Gott bist und du existierst und es stimmt, was man über dich sagt, dann hilf mir jetzt. Ich brauche deine Hilfe. Ich schaff's nicht mehr.«

Kaum hatte ich das gesagt, blendete mich plötzlich, peng!, etwas Weißes. Gleichzeitig spürte ich, wie diese weiße Kraft in mich hineinkam und mich wärmte. Das war ein sehr wohltuendes Gefühl, eine Geborgenheit, eine Liebe kam in mein Herz herein, die man mit überhaupt gar nichts auf der Welt vergleichen kann. Es wurde mucksmäuschenstill, ich hörte nichts mehr. All die Stimmen, die ich vorher gehört hatte, waren weg. Es gab nur noch eine einzige: »Komm zu mir. Ich schenke dir ein neues Leben, und ich mache alles neu.« Das war dieselbe Stimme, die mich damals zu Markus geführt hatte.

Ich sah mich in einer felsigen Landschaft an einer Kante stehen. Vor mir ging ein unendliches Loch in die Tiefe. Hinter mir lag mein ganzes Leben. Eine riesige Hand befand sich zu meinen Füßen. Ich spürte, jetzt muss ich den Schritt nach vorne machen. Jetzt, jetzt. Ich wollte, konnte aber nicht. Ich fühlte mich Tausende Kilo schwer. Mit allerletzter Kraft schaffte ich schließlich einen Schritt nach vorne, um mich auf diese Hand zu setzen. Ich kam auf dieser Hand immer höher und höher zum Himmel. Etwa so, wie wenn in einem Film eine Rakete ins Weltall schießt und die Welt immer kleiner wird. So habe ich das auch gesehen. Gleichzeitig sah ich mein ganzes bisheriges Leben wie in einer Diashow. Nicht der Reihe nach, aber alles, was ich je erlebt hatte.

Plötzlich waren die Geister verschwunden, und ich war nüchtern, völlig klar im Kopf. Ich schwitzte nicht mehr, und meine Pupillen waren wieder normal. Ich legte mich hin und schlief innerhalb von zehn Minuten ein. Als ich am nächsten Morgen die Augen öffnete, merkte ich sofort, dass eine grundsätzliche Veränderung passiert war. Ich stand auf und ging ins Badezimmer. Ich ging aufrecht und bin nicht auf allen vieren gekrochen, wie das sonst der Fall war, wenn ich mehrere Nächte hintereinander nicht geschlafen hatte. Denn dann hat man unsägliche Schmerzen in den Beinen. Außerdem dachte ich nicht – wie sonst – als Erstes: »Wie komme ich zu meinen Drogen?« Das war stets mein erster Gedanke gewesen, der mich durch den ganzen Tag getragen hatte, und auch mein letzter Gedanke vor dem Einschlafen.

Ich rief Markus an und schilderte ihm, was passiert war. Er bat mich zu sich. Noch nie hatte er mich so nüchtern und klar erlebt. Er meinte: »Gott hat sich dir offenbart. Jetzt aber geht's weiter. Mach einen Drogenentzug.« Er war völlig überrascht, als ich ihm ohne Widerrede zustimmte. Denn bisher hatte ich ihm ja immer widersprochen, egal was er mir vorschlug.

Seit der Begegnung in jener Nacht und dem Gespräch mit Markus weiß ich zu hundert Prozent, dass Jesus Christus der einzige, wahre Gott ist. Dass er mich liebt und mich so annimmt, wie ich bin, mit all meinen Fehlern und trotz allem, was ich getan hatte. Bis dahin war mir »Sünde« ein Fremdwort, jetzt realisierte ich erst, was das bedeutet.

Ich meldete mich in einer christlichen Entzugsklinik an. Beim Aufnahmegespräch fragten sie mich, ob es in Ordnung wäre, wenn sie für mich beten würden. Anders als früher konnte ich kaum erwarten, dass sie das taten. Sie beteten also, und zum Schluss legte mir der Leiter die Hand auf und sagte: »In Jesu Namen setzen wir dich frei von den Drogen.«

Und so war es wirklich: Ich hatte keine Entzugserscheinungen, brauchte keine Ersatzdrogen, kein Methadon, kein gar nichts. Ich war von heute auf morgen, nach jenem Gebet und nach dem, das ich anschließend selbst sprach, frei davon. Es war kein Verlangen mehr da, nichts. Trotzdem blieb ich eine Zeit lang dort, um die Abklärungen und die Bewilligungen für die Therapien abzuwarten.

Durch diese Begegnung mit Gott bekam ich tief in meinem Herzen die Bestätigung, nach der ich eigentlich mein Leben lang gesucht hatte. Ich glaube, wir Menschen sind immer auf der Suche nach der Liebe von Gott, die er in uns hineingelegt hat. Und auf der Suche nach Wahrheit: Woher komme ich, wohin gehe ich? Welchen Sinn macht das Leben? Gibt es überhaupt ein Leben nach dem Tod? Und was ist danach? Fragen, die ich bis dahin verdrängt hatte. Zu Allah hatte ich auch gebetet. Wir waren zum Imam gegangen, und er hatte für mich gebetet. Aber das hatte mir nicht das gegeben, was ich brauchte.

Wie beim Pokern sagte ich mir in jener Nacht »all in« und setzte auf eine einzige Karte, auf Jesus. Ich wusste: Wenn diese Karte kommt, dann habe ich entweder alles verloren oder ich habe alles gewonnen. Ich habe ihn herausgefordert, und er hat mir eine krasse Antwort gegeben.

Meine Eltern konnten anfänglich nicht akzeptieren, dass ich mich taufen ließ.[*] Sie waren der Meinung, dass ich als Moslem geboren war und deswegen auch als Moslem sterben würde. Mein Bruder wollte sogar den Pfarrer anzeigen, weil er dachte, er hätte mir eine Gehirnwäsche verpasst. Aber ich habe nicht aufgegeben, ich habe weitergekämpft. Irgendwann akzeptierten sie das: »Hauptsache, es hilft dir.«

Auch wenn ich mich für Gott entschieden habe, würde ich niemals behaupten, dass ein Moslem, der an Allah glaubt, an den falschen Gott glaubt. So ist es nicht. Ich möchte ledig-

---

[*] Taufen von muslimischen Konvertiten werden nur nach genauer Prüfung des Anliegens und nach einem längeren Weg der intensiven Begleitung vollzogen.

lich weitergeben, wie Gott mich vom tiefsten Punkt meines Lebens, als es eigentlich nur noch an einem seidenen Faden hing, heraufgeholt hat. Mit allem, was ich hatte, mit dem ganzen Müll und Dreck, den ich aufgeladen hatte, hat er mich rausgeholt und von all dem befreit.

Während der Drogenreha hat sich mein ganzes Leben komplett auf den Kopf gestellt. Im positiven Sinn: Ich begann, mich bei diversesten Leuten zu entschuldigen. Weil ich eingesehen hatte, dass ich Fehler gemacht hatte. Bei manchen Leuten sogar schriftlich. Bei einer Kellnerin über meinen Bruder – er brachte ihr die Geldschulden, die ich bei ihr noch offen hatte. Denn sie hatte wahrscheinlich von ihrem eigenen Geld meine Schulden bezahlen müssen, die ich in jener Bar noch hatte. Ich habe mich bei meinen Eltern entschuldigt. Ich habe mich bei vielen Leuten entschuldigt, die mir nahegestanden haben. Während der Therapie lag ich manches Mal im Bett und betete zu Gott, dass er mir die Fehler zeigte. Dass ich erfuhr, wo ich noch in einer Schuld stand – damit ich bewusst um Vergebung bitten konnte. Ich bin jedes Mal wie aus einem Albtraum hochgeschreckt, wenn die Erinnerung kam. Immer wieder musste ich mir eingestehen, dass ich tatsächlich diesen oder jenen Fehler gemacht hatte. Ich lernte mich neu kennen: Wer bin ich überhaupt? Was mag ich? Was tue ich gern? Ich kannte mich ja nur als der krasse Siech, der schlägt, klaut und Drogen mag. Nur so habe ich mich gekannt. Deswegen entschied ich mich auch, mit meiner Vergangenheit aufzuräumen. Mit allem.

Auch mit der Versicherung, die ich damals betrogen hatte. Das fiel mir keineswegs leicht. Gott wollte, dass ich aufräume – wenn schon, denn schon. Ich zögerte, hatte Angst, dass die Versicherung mich anzeigt und ich wieder ins Gefängnis muss. Dass ich das Geld nicht zurückzahlen könnte. Gott versprach mir, dass alles gut werden würde. Das war ein rechtes Hin und Her, bis ich per Handschlag mit mir selbst und mit Gott abmachte, dass ich ihm vertraute. Schließlich hatte ich einen neuen Abschnitt in meinem Leben angefangen, ich wollte mit all dem, was früher war, im Reinen sein.

Also rief ich die Mitarbeiterin an, die damals meinen Fall

betreute. Sie meinte zuerst, dass sie mir nicht weiterhelfen könne, mein Fall sei schon längst abgeschlossen. Sie dachte, ich wollte Geld von ihr. Doch ich widersprach ihr: »Ich möchte gerne die Wahrheit erzählen, weil ich damals gelogen habe: Ich hatte gar keinen Unfall.« Es wurde ganz still in der Leitung, sie war sichtlich schockiert von meinem Geständnis. Dann bat sie mich: »Kommen Sie vorbei!« Ich erklärte ihr, dass das nicht so einfach sei, ich sei in einer Klinik und räume gerade mein Leben auf und könne nicht einfach so vorbeikommen. Wir einigten uns darauf, dass ein Außendienstmitarbeiter der Versicherung zu mir kommen würde. Ihm erzählte ich die ganze Wahrheit. Er war wirklich baff. Er verstand die Welt nicht mehr. So etwas hatte er noch nie erlebt. Eher, dass Leute etwas als Unfall deklarierten, was eigentlich eine Krankheit war, das ja. Aber nicht lügen und danach die Wahrheit erzählen. Er versprach mir, dass er alles in seiner Macht Stehende tun werde, damit man mich nicht anzeige: »Ich schätze das sehr, dass Sie die Wahrheit erzählt haben.« Da wusste ich, dass ich Gott vertrauen kann. Ich habe zwar damals einen Fehler gemacht, aber ich habe dazu gestanden, und jetzt setzt er sich für mich ein.

Und so kam es auch: Einen Teil des Geldes, das ich zurückbezahlen musste, übernahm die Krankenkasse, den größeren Betrag bezahlte ich selbst. Allerdings mit vier Jahren Aufschub – und zinsfrei! Als ich wieder zu arbeiten begann, rief ich die Versicherung wieder an und informierte sie. Dieses Mal schickten sie eine Frau, die sich mit mir in den Besprechungsraum setzte. Als sie ziemlich streng begann, sie wolle zuerst etwas klar und deutlich sagen, bekam ich Angst: Was wollte sie – dass ich einen Tausender pro Monat zurückbezahle?! Doch sie sagte: »Ich möchte nicht, dass Sie behaupten, 500 Franken pro Monat bezahlen zu können. Und in einem halben Jahr oder einem Jahr verändert sich etwas. Sie machen vielleicht eine Weiterbildung, verdienen weniger und können die 500 Franken nicht mehr bezahlen.« So vereinbarten wir, was ich regelmäßig zahlen konnte: 150 Franken pro Monat. Ich bin immer noch dran, unterdessen habe ich auf 300 Franken monatlich erhöht.

Zuerst arbeitete ich in einer Fabrik als Maschinenführer. Dann wieder auf dem Bau, danach in der Psychiatrie als Hauswart. Ich habe Scheißjobs gemacht – Hauptsache, Geld kam rein. Immer wieder musste ich – wortwörtlich – Scheiße wegputzen. Oder ich musste grausam stinkenden Abfall entsorgen. In solchen Momenten wollte ich aufgeben und hinterfragte alles: Was mache ich hier in dieser Psychiatrie als Hauswart, ich bin doch eigentlich Schreiner? Doch Gott sagte stets: »Vertrau mir, bleib dran.« Und es hat sich gelohnt, darauf zu vertrauen, dass es besser wird. Seit zwei Jahren arbeite ich als Medizintechniker, wir machen Hüftgelenke und Implantate. Damit bin ich sehr zufrieden.

Es heißt in der Bibel nirgends: Folge Jesus und du wirst es einfach im Leben haben. Das Leben ist nie einfach. Auch wenn du mit Jesus bist. Aber er hilft dir, er steht dir zur Seite. Früher machte ich einfach, seit mittlerweile zwölf Jahren weiß ich besser, wie etwas zu tun ist. Wenn ich heute etwas falsch gemacht habe und mich gegenüber jemandem schlecht benommen habe, dann merke ich schnell, dass das nicht in Ordnung war. Da habe ich jetzt etwas grob, mit einem falschen Ton reagiert. Dann bin ich aber auch der, der dazu steht und sich bei dieser Person entschuldigt. Denn ich will niemandem etwas zuleide tun. Es ist nie einfach. Aber solange ich an Gott festhalte, kann kommen, was will.

Vor drei Jahren zum Beispiel war ich arbeitslos, weil meine Schulter nach einem Unfall kaputt war. Gleichzeitig klappte es auch mit meiner damaligen Freundin nicht mehr, wir haben uns nur noch gestritten. Wir trennten uns. Und ich fuhr auch noch mein Auto zu Schrott. Im Sommer 2013 stand ich da ohne Job und unsicher, was mit meiner Schulter werden würde. Plötzlich war so vieles unklar. Da geriet ich wieder in Versuchung: Nur noch ein einziges Mal... Ich wusste ja, wie man zu Geld kommt, damit ich wenigstens die Rechnungen bezahlen konnte. Nur ein Mal. Aber ich habe nicht so schnell aufgegeben, ich habe gekämpft. Ich habe immer wieder Gott um Hilfe gebeten. Und er hat mir geholfen.

In solchen Momenten bete ich. Ich bete sowieso, meistens

täglich. Aber in schwierigen Zeiten bete ich mehr. Dann suche ich Gott, seine Nähe, und höre meine Lieblings-CDs. Das sind christliche Worship-CDs, Lobpreisungen mit deutschen Liedern. Die erste CD, die ich damals gekauft habe, habe ich immer noch, die höre ich immer wieder. Nicht nur, wenn es mir schlecht geht, auch wenn es mir gut geht. Dreizehn, vierzehn Lieder, bei denen einem nur noch die Tränen herunterlaufen. Es gibt Lieder, die einen aber auch zur Ruhe bringen, und solche, bei denen man mitsingen muss. Wenn man an Jesus glaubt und solche Lieder hört, dann kann man nicht anders als mitsingen. Dann spüre ich wieder Freude in meinem Leben, das motiviert mich und gibt mir wieder Mut, aufzustehen und zu sagen: Nein, ich gebe nicht auf!

Nach wie vor besuche ich die Streetchurch, mehr oder weniger regelmäßig. Markus habe ich gerade letzte Woche gesehen, immer wieder habe ich Gespräche mit ihm. Mittwochs treffen wir uns in einer Gemeinschaft von Christen. Dort tauschen wir uns aus. Wenn ich jemanden brauche, der ein offenes Ohr für mich hat, dann weiß ich, zu wem ich gehen kann, und es wird nicht ausgenutzt, wenn ich einmal schwach bin.

Bereits vor dem Gespräch warnt Arben Haliti, dass Jesus ein wichtiger Bestandteil seiner Geschichte sei. Nicht alle Journalisten würden diesen Teil mögen, sagt er, ihm aber sei er wichtig. Ich verspreche ihm, dass ich seine Gotteserfahrung so aufschreibe, wie er sie mir erzählt – auch wenn die Kirche keineswegs in den Gefängnissen missioniert. Seelsorgerische Begleitung ist denn auch weitaus komplexer: »Es gibt nicht DEN Moment, sondern es ist immer ein Weg, um zum Kern zu kommen«, erklärt Markus Giger, jener Pfarrer, der Arben Haliti seit Jahren begleitet. Die Frage nach dem Warum, die ihm als Pfarrer, als quasi-archetypische Instanz von Moral und Gerechtigkeit, von den besuchten Häftlingen häufig als Erstes gestellt werde, könne er nicht beantworten. Vielmehr sei es mit jedem Gegenüber ein – meist jahrelanger – Prozess, herauszufinden, was passiert sei. Gott könne dabei helfen, diese Erfahrungen auszuhalten.

Routiniert und streng chronologisch erzählt Arben Haliti

seine Geschichte, die er seit ein paar Jahren auch regelmäßig in Schulklassen und vor Konfirmanden vorträgt. Anders als von ihren Lehrern seien die Kids von ihm, »dem krassen Shqipi, dem Albaner«, beeindruckt. Ihm würden sie glauben, sagt er – nicht ohne Stolz: »Sie sehen, dass ich weiß, wovon ich spreche. Und ich betone immer, dass ich nicht hergekommen bin, um zu erzählen, welch krasser Gangster ich war. Auch nicht, weil ich ein bisschen Geld dafür bekomme, und nicht, weil ich möchte, dass alle an Jesus glauben sollen, weil sie sonst in die Hölle kämen. Sondern weil ich mir wünsche, dass jeder beginnt, sich Fragen zu stellen, warum er bisher so oder so entschieden hat.«

Seine Geschichte immer wieder zu erzählen helfe ihm auch, nicht zu vergessen, wo er selbst einmal gewesen sei. Denn süchtig bleibe man schließlich ein Leben lang. »Die Sucht ist in mir, aber ich bin nicht mehr abhängig.« Ihm ist wichtig, dass er konsequent aufgeräumt habe mit seinem Leben: »Weil ich mir gesagt habe: Jetzt will ich neu anfangen, ich möchte nicht, dass irgendetwas aus meiner Vergangenheit mir in der Zukunft ein Bein stellen kann. Fertig.«

Gleich beginnt der Gottesdienst der Streetchurch mit einem Abendessen. Arben fragt, ob ich zum Essen bleiben möchte? Er streckt seinen Rücken und wirft einen Blick auf sein Handy. Ich frage ihn, ob er mit seiner Gotteserfahrung nicht ausgelacht werde, von der Familie, von Freunden? Er lacht: »Nein. Meine Familie hat das letztlich akzeptiert, weil sie einfach gesehen hat, dass der Glaube mir geholfen und mich verändert hat.« Er wolle sie ja auch nicht bekehren.

»*Ich hatte Glück,
dass ich es geschafft habe,
über meine Taten nachzudenken.*«

Der Mann, der achtzehn Jahre im Gefängnis war

Der Mann, der mir per Computerbildschirm in Bremen gegenübersitzt, wirkt sympathisch, bärig, auch: harmlos. Unter seinem ärmellosen schwarzen T-Shirt lugen Tattoos hervor, im Gesicht trägt er Piercings, die Lesebrille hat er sich auf den Kopf geschoben. Wüsste ich nicht, dass Ronny, der heute 53 ist, länger im Gefängnis war, wäre ich nie auf die Idee gekommen, einem ehemaligen Häftling gegenüberzusitzen. Warum hätte ich das auch denken sollen?

Schüchtern schaut er mich an, höflich und zurückhaltend beginnt er zu erzählen. Mit den vielen »Ähm«, zögerlichen »Ja« und Pausen in seiner Rede wird schnell deutlich, welcher Kraftakt für ihn das Erzählen ist. Achtzehn Jahre seines Lebens hat er insgesamt im Gefängnis verbracht, vierzehn davon wegen zwei groben Geschichten, die mich als Frau besonders betroffen machen. Er erzählt mir eine Kurzversion davon, wie es so weit hat kommen können. Er formuliert sorgfältig Sätze, um das Unvorstellbare mir gegenüber auszusprechen, ohne sich selber zu schonen: Außenseiter gewesen, Fantasien entwickelt, sich geholt, was ihm nicht zustand.

Als ich schließlich festgenommen wurde, ist eine große Last von mir abgefallen. Denn ich weiß ja nicht, wie das weitergegangen wäre. Hat man einmal eine solche Hemmschwelle übertreten... Womöglich wäre ich ein extremer Serientäter geworden. Ich weiß es nicht. So gesehen, war ich enorm froh, als ich verhaftet wurde.

Es hat eine Zeit gebraucht, bis ich darüber nachdenken konnte, sieben Jahre bestimmt. Während der ersten zwei Jahre U-Haft habe ich zuerst einmal verdrängt, was passiert ist. Mit Alkohol und Drogen, was man im Gefängnis leicht bekommt. In der U-Haft beschäftigt man sich eher damit, was auf einen zukommt. Das war auch ein Prozess des Loslösens von der Welt draußen. Da wird die Straftat selbst erst einmal in den Hintergrund geschoben.

Bis irgendwann der Moment kommt, da man verurteilt ist und in seiner Zelle sitzt. Alleine. Dann kommen die Sachen hoch, und man muss sich damit auseinandersetzen, warum man hier sitzt. Nicht nur einfach mit dem Ablauf, wie das die Mordkommission getan hat – sondern seelisch, moralisch. Das war heftig. Auch weil man von einem Psychologen zum andern gereicht wird. Als ich mit der Therapie anfing, intensivierte sich das alles noch zusätzlich. Was dazu führte, dass ich mit der Schuld auch nicht mehr umgehen konnte. Als mir erstmals bewusst wurde, was für eine immense Schuld das ist, die ich mir da aufgeladen hatte, zerbrach ist fast. Ich bekam Depressionen und versuchte mehrmals, mir das Leben zu nehmen.

Verändert hat sich das, als ich auf eine suchtmittelfreie Station kam. Dort konnte ich mich nicht mehr so sehr wegklinken. Und ein paar Jahre später fand ich eine gute Therapeutin, eine externe, die mit dem Knast nichts zu tun hatte. Sie hat mir viele Zusammenhänge aufzeigen können. Und hat mir dabei geholfen, dass ich über mich selber nachdenken kann. Da erst habe ich angefangen, mich ernsthaft mit meiner Straftat zu beschäftigen: Dass ich zu sehr auf mich selbst fokussiert war. Zu ichzentriert. Ich hatte zu wenig Empathie für andere Menschen, zu wenig Mitgefühl. Es hat sich alles nur um meinen Kopf gedreht, um mein Ego. Wenn man andere Menschen außer Acht lässt und nicht spürt, dass andere Menschen leiden, dann können solche Sachen passieren, wie ich sie getan habe.

Ich habe viel gelesen und habe so zum Buddhismus gefunden. Dort muss man über sein Ego hinausgehen und die Umwelt in den Fokus seines Denkens setzen. Das hat mir sehr geholfen. Ich begann zu meditieren und habe meinen Fokus mehr nach innen gerichtet. Und ich habe mich mit der Karma-Theorie beschäftigt. Ich weiß, was mit Menschen passiert, die Menschen umgebracht haben. Ich habe mich damit auseinandergesetzt, wie viel Leid die Opfer erlebt haben und auch die Hinterbliebenen. Durch das Meditieren habe ich inneren Frieden gefunden. Seither versuche ich, für andere Menschen da zu sein, zumindest ein Stück weit.

Das macht, was passiert ist, nicht ungeschehen. Das kann ich nicht machen. Buddhistisch betrachtet, muss ich damit leben, dass ich in künftigen Leben mit diesem Karma konfrontiert werde. Das Einzige, was ich tun kann, ist, jetzt wenigstens sicherzustellen, dass von mir kein Scheiß mehr ausgeht, kein Leid.

Die Karma-Theorie lässt sich in einem einfachen Satz beschreiben: Wir ernten, was wir säen. Gemeint sind damit kausale Zusammenhänge. Wenn ich etwas Negatives tue, dann wird für mich daraus etwas Negatives resultieren. Wenn ich etwas Positives tue, wird daraus etwas Positives auf mich zurückfallen. Auf meine Geschichte bezogen heißt das, dass ich noch genügend Positives säen kann. Was allerdings die negativen Samen nicht aufhebt. Diese werde ich in künftigen Leben ernten. Aber ich kann sicherstellen, dass wenigstens jetzt nur noch ausschließlich positive Geschichten von mir ausgehen. In der buddhistischen Lehre gibt es auch Beschreibungen von höllischen Daseinsbereichen, in die man wiedergeboren werden kann. Es gibt Vorstellungen dazu, was dort geschieht und über welche Zeitdauer man dort sein muss, bis das negative Karma aufgehoben ist. Damit muss ich klarkommen.

Seither hat sich die Last der Schuld insofern geändert, dass ich keine Depressionen mehr habe. Mit dem Buddhismus habe ich eine Praxis an die Hand bekommen, mit meiner Schuld umzugehen. Sodass ich jetzt innerlich stark genug bin, diese extreme Schuld zu tragen.

Heute bin ich selbstständig, ich bin Kfz-Mechaniker. Das war nicht immer einfach, mir dieses Leben mit Arbeit und Selbstständigkeit draußen aufzubauen. In den ersten Jahren nach der Entlassung habe ich oft gedacht: »Ich schaff das hier draußen nicht.« Ich habe mir gewünscht, wieder dorthin zurückzugehen, wo ich herkam: aus dem Gefängnis. Weil das halt mein Leben war, mein Zuhause. Dort bin ich klargekommen, draußen erst mal gar nicht. Schließlich habe ich ja die Hälfte meines Lebens im Gefängnis verbracht: Mit 39 wurde ich entlassen, achtzehn Jahre davon war ich in Haft. Das Gefängnis war meine Realität. Das Draußen hier war etwas Fremdes für mich.

Im Gefängnis verlernt man, selbstständig zu sein. Man schmeißt die dreckigen Klamotten vor die Türe, damit sie gewaschen werden, man bekommt das Essen zweimal täglich auf Zelle, man muss sich nicht um irgendwelche Rechnungen kümmern oder sonstige Formalitäten. Und auf einmal wird man rausgeschmissen, nach zig Jahren, und muss lernen: Wie regelt man das alles? Anfangs hatte ich regelrechte Existenzängste.

Mein Gefängnisseelsorger von drinnen hat mich draußen weiterhin betreut, und eine Gefangenenhilfsorganisation unterstützte mich. So habe ich irgendwann reingefunden in das Leben hier. Und heute bin ich gut angekommen. Unterdessen bin ich seit vierzehn Jahren draußen und werde bald 53.

Alte Freunde sind keine übrig geblieben, ich bin ja auch weggezogen. Neuen Freunden erzähle ich von meiner Vergangenheit. Ich erzähle es nicht überall herum, aber die Leute, die mir wichtig sind, und die Frauen, mit denen ich länger zusammen bin, die wissen alle Bescheid. Eigenartigerweise reagieren gerade die Frauen ziemlich gut. Warum, kann ich mir nicht erklären. Sie sagen alle: »Was früher war, ist deine Geschichte – wichtig ist, welcher Mensch du heute bist.«

Nein, ich habe nicht das Gefühl, dass ich mich der Gesellschaft gegenüber erklären müsste. Es ist mein Leben. Ich muss mich nicht jedem erklären. Meinen Freunden oder Partnerinnen, ja: Bei ihnen ist es mir wichtig, dass sie über meine Geschichte ein Stück weit Bescheid wissen. Was auch heißt, dass ich mich nach wie vor mit den Taten auseinandersetzen muss. Immer, auch heute noch. Denn dass man gesessen hat, kann man sowieso nicht einfach vor der Allgemeinheit verheimlichen. Alleine weil es Mitgefangene gibt, die meine Geschichte teilweise kennen. Sie tragen das auch nach draußen weiter. Und als Mechaniker habe ich so plötzlich mit Kunden zu tun, die mich darauf ansprechen. Weil sie etwas gehört haben. Mit der Vergangenheit wird man also immer wieder mal konfrontiert. Wenn das passiert, dann rede ich mit ihnen. Und dann ist es meistens gut. Entweder sie bleiben meine Kunden oder sie gehen woandershin. Das nehme ich jeweils so, wie es kommt. Oder ich treffe Justizbedienstete im Baumarkt, wo ich für meinen Kleingarten einkaufe. Sie lächeln, wenn sie sehen, in welche Richtung ich mich entwickelt habe – besonders wenn ich noch einen meiner beiden Pekinesen dabeihabe. Im Gefängnis war ich ein ziemlich lauter, auffälliger Typ mit Piercings, Punkfrisur – und ziemlich renitent.

Wenn die Vergangenheit hochkommt, versuche ich, mich runterzubringen. Ich gehe viel in der Natur spazieren. Im Wald zum Beispiel, das beruhigt mich sehr. Die Träume aber kann ich nicht beeinflussen. Manchmal wecken mich Albträume. Nicht mehr so häufig wie früher, aber immer noch hin und wieder. Eigentlich bin ich da ziemlich gefestigt. Wenn nicht, besuche ich einen Freund.

Meine Freunde sind mir sehr wichtig. Und der Gefängnisseelsorger, den ich bis heute regelmäßig sehe. Er hat mir immer sehr geholfen. In der Zeit, als ich mit meiner Schuld nicht umgehen konnte, habe ich innerhalb weniger Tage mehrere Suizidversuche begangen, weil ich es nicht mehr ausgehalten habe mit dem Leben. Dann kam er und hat sich mit mir zusammengesetzt. Ich habe ihm erzählt, dass ich nicht mehr damit klarkomme. Ich könne diese Schuld nicht mehr tragen und wolle deswegen alles beenden. Er sagte: »Wenn es dir hilft, kann ich dir streckenweise einen Teil deiner Schuld abnehmen und für dich mittragen.« Das hatte mich tief bewegt. Jahre später, als ich mich bereits intensiver mit dem Buddhismus beschäftigt hatte, besuchte er mich. Und da konnte ich ihm sagen: »Jetzt kannst du mir meine Schuld zurückgeben. Ich kann sie jetzt wieder alleine tragen.«

Ronny schweigt kurz nach dieser Anekdote, und ich bin froh, dass er nicht sieht, wie ich Tränen in den Augen habe.
Ich frage ihn, ob das Gefängnis bei der Auseinandersetzung mit solch schwerwiegenden Fehlern hilft. Er überlegt und sagt schließlich: »Vermutlich nicht jedem. Aber das kann man nicht verallgemeinern. Ich habe gesehen, dass das Gefängnis bei vielen Menschen vieles noch schlimmer macht. Weil sie alleine mit sich sind und keine Hilfe bekommen. Oder weil sie geistig nicht die Möglichkeit haben, sich selbst zu reflektieren und Zusammenhänge zu erkennen. Vielen fällt das zumindest schwer. Ich hatte Glück, dass ich es geschafft habe, über die Taten überhaupt nachzudenken. Dass ich dafür die richtigen Menschen getroffen und ein paar gute Bücher gelesen habe.«
Ich frage ihn, wovon er heute träume. Er wird ein bisschen verlegen und erzählt von seinem Garten, den er sich fürs Alter vorbereite: »Dort möchte ich ein paar Möhrchen anpflanzen, mich um den Rasen kümmern und meine alten Tage verbringen.« *Außerdem wünscht er sich, dass seine Beziehung, in der er jetzt seit sieben Jahren lebe, glücklich bleibe. Und dass er einmal nach Indien reise. Um dort das buddhistische Kloster zu besuchen, wo er Patenschaften für nepalesische Flüchtlingskinder habe, um die Menschen dort kennenzulernen. Zwar bekomme er Briefe von ihnen, doch sie schrieben auf Englisch, was er aber nicht gut beherrsche:* »Ich lasse sie mir immer übersetzen.«

»Das andere war einfach
stärker als alles.«

Der Heroinabhängige, der mit vierzehn Drogen ausprobierte und nie mehr davon loskam

Taner erzählt seine Geschichte in der Küche: Er hätte viel Zeit, sehr viel Zeit, meint er am Telefon, spontan lädt er mich zu sich nach Hause ein. Seit er sich vor einigen Jahren wieder gefangen hat, kein Kokain mehr nimmt und regelmäßig die Heroinabgabestelle in Zürich besucht, wo er seine tägliche Dosis Heroin bekommt, wohnt er wieder bei seiner Mutter. Nicht mehr in derselben Wohnung, wo er seine Kindheit und Jugend verbracht hat, aber immer noch im gleichen Quartier. Als er acht Jahre alt war, hätten sich seine Eltern getrennt, erzählt er: »Ich habe meinen Vater extrem geliebt, über alles. Mein Vater war der, der alles durchgehen ließ, gewissermaßen der Larifari. Nicht so meine Mutter: Sie war eher die autoritäre Person.« Nach der Scheidung kehrte der Vater in die Türkei zurück, Taner, seine Schwester und Mutter zogen in eine Vierzimmerwohnung in der gleichen Siedlung, wo wir uns heute auch treffen.

Taners Mutter sitzt im Wohnzimmer und schaut türkisches Fernsehen. Sie begrüßt mich lachend und schickt uns in die Küche mit dem Kommentar: »Ihr habt Arbeit!« Am Ende wird sie mir einen dunkelroten Apfel (»der ist vom Bauern«) in die Hand drücken, weil ich nicht zum Mittagessen bleiben kann.

Während seinen Erzählungen lacht Taner regelmäßig herzhaft. Immer wieder schüttelt er den Kopf und schlägt sich erstaunt die

Hände vors Gesicht, wenn er sich an die vergangenen Jahre seines Lebens erinnert, wenn er sich vergegenwärtigt, wie das Leben so spielt. Wie er seines immer wieder herausgefordert hat. Als ich ihn bitte, mir Grundsätzliches über Drogen zu erklären, weil ich selbst zwar gekifft, aber sonst noch nie etwas in dieser Richtung ausprobiert hätte, grinst er: »Ja, das ist auch besser so.« Natürlich meint er das ernst. Geduldig erklärt er mir die verschiedenen Varianten und Wirkungen, sodass die Frage naheliegt, ob er dadurch nicht wieder Lust bekäme? Er schüttelt gelassen den Kopf: »Nein, überhaupt nicht – aber danke, dass du fragst.« So ruhig und wortgewandt er erzählt, so nervös zuckt von Zeit zu Zeit sein Körper dazwischen. Nicht immer sind seine Erzählungen nachvollziehbar, oft verschmelzen viele Jahre zu einem kurzen Moment oder wird ein einziger Moment zu einer großen Sache. Nicht immer finde ich heraus, in welcher Reihenfolge die Dinge passiert sind.

Ursprünglich war mein Plan gewesen: Bis dreißig arbeiten, dann habe ich meine eigene Firma mit Angestellten und lasse mich pensionieren, um das Leben zu genießen. Ja, so habe ich wirklich gedacht! Bei jedem, der anders arbeitete, dachte ich: Der muss dumm sein, dass er für wenig Geld im Supermarkt arbeiten geht – ich konnte das nicht nachvollziehen. Ich dachte tatsächlich, die hätten alle eine Schraube locker... Heute weiß ich, so blöd es klingt: Auch die braucht es. Natürlich.

Geboren bin ich 1974. Meine ersten Erfahrungen mit Cannabis und Hasch machte ich mit dreizehn Jahren. Und mit vierzehn habe ich den ersten Schuss gesetzt. Also, ich muss so sagen: Ich war ein guter Schüler, sogar ein sehr guter Schüler, eigentlich. Sehr intelligent – ich war Klassenbester. Ich weiß nicht, wieso und warum ich zu kiffen begann. Diese Neugier, irgendwie hat sie mich verführt. Ich war dreizehn und recht frühreif. Die Kollegen, die ich vom Schulhaus kannte, waren alle älter, sechzehn, siebzehn, achtzehn. Ich weiß noch genau, wie ich zum ersten Mal gekifft habe: Oben beim Bucheggplatz, bei dem kleinen Verkehrsgarten, den es dort gab. Nach diesem ersten Joint wollte ich nur noch nach Hause. Nicht, weil mir schlecht geworden war, sondern um zu entspannen. Ich wollte einfach nur »sein«. Kiffen war angenehm, wären da nicht die knallroten Augen gewesen: Ich habe Heuschnupfen, und wenn ich Gras oder Hasch rauchte, bekam ich extrem rote Augen. Jedes Mal, wenn ich heimkam, fragte die Mutter: »Warum hast du so starken Heuschnupfen?« Für mich aber war das ein sehr angenehmes Gefühl, sehr.

Meine Lehrerin, Frau Krause, fragte mich: Warum probierst du nicht die Gymi-Prüfung? Das machte ich – und bestand. So kam ich ans Literargymnasium. Allerdings war das nicht, was ich gerne gewollt hätte. Lieber hätte ich das mathematische Gymnasium besucht. Ich weiß nicht, wie das gelaufen ist. Und ich habe mich dann auch nicht mehr darum gekümmert, warum ich auf das Literar- statt auf das Realgymnasium ging.

Geraucht habe ich da sowieso schon regelmäßig, aber auch bereits gekifft. Mit dem Schulstoff bin ich bald nicht mehr nachgekommen. Es war mir einfach zu schwierig und ... zu viel geworden. Wir kifften ja auch während der Schulpausen und setzten uns danach bekifft in die Schulstunden. Dort habe ich die Lektionen nur noch halb mitbekommen. Ja, und dann habe ich die Probezeit nicht bestanden und wurde in die Sekundarstufe zurückgestuft.

Als ich in der Sek war, erfuhr meine Mutter langsam, dass ich in der Schule nicht mehr so gut war. Natürlich war sie enttäuscht. Sie arbeitete immer Vollzeit im Krankenhaus – über vierzig Jahre lang, mittlerweile ist sie pensioniert. Sie brachte mich jeweils morgens in die Schule, und ich bin durch den Hinterausgang wieder raus. Ganz schlimm, wirklich – wenn ich heute daran denke ... Auch damals hatte ich ein schlechtes Gewissen. Extrem! Das war mir überhaupt nicht egal. Aber das andere war einfach stärker als alles andere. Dass dieses Gefühl so stark war, hat mich total geprägt. Darum habe ich diese Art zu leben, wie ich es über Jahre tat, auch lange, lange als richtig angesehen.

Jedenfalls bin ich statt in die Schule ab durch den Hinterausgang und wieder nach Hause. Weil ja niemand zu Hause war, schließlich arbeiteten alle den ganzen Tag. Den Tag verbrachte ich mit meinen Freunden, und mit vierzehn war ich bereits massiv auf der Gasse unterwegs. Mit dreizehn, vierzehn ist man noch ein Kind, fühlt sich aber erwachsen. Und wenn man dann noch Kokain nimmt, fühlt man sich eh unbesiegbar. Bald wurde wegen dem Kiffen und Koksen Geld ein Problem. Das habe ich gelöst, indem ich selbst Drogen verkaufte. Unten beim Fluss, ganz in der Nähe, wo ich wohnte und zur Schule ging, entwickelte sich Ende der Achtzigerjahre der Platzspitz, später der Letten*. Dort dealte ich.

Meine Droge ist das Kokain. Damit habe ich während der Sekundarstufe angefangen, als ich da jeweils geschwänzt habe und nach Hause ging. Kokain putscht dich auf und macht dich viel stärker, viel aktiver im ersten Moment. Das gefiel mir. Es ist so unbeschreiblich ... du kannst machen, was du willst. Du brauchst einfach nur Geld, dann kannst du alles. Heroin probierte ich mit vierzehn. Ich weiß noch ganz genau, wie ich mir den ersten Schuss setzte. Das war unterhalb des Platzspitz. Zusammen mit einem Kumpel, der vor mir anfing zu fixen. Bisher hatte ich nur Koks geschnupft. Es ist ein ziemlicher Unterschied, ob man es schnupft, raucht oder spritzt. Der Rausch kann am Anfang geil sein, aber mit der Zeit bekommt man Verfolgungswahn und kann nicht mehr aufhören. Und trotzdem – obwohl ich wusste, dass es mir danach schlecht gehen würde, habe ich es immer wieder genommen! Weil der Rausch einfach so geil ist. Und schlimm war es, wenn ich eine Freundin hatte. Auf Kokain Sex haben ist ... hammergeil! Ich kann es nicht anders sagen.

Aber das ist eben der Fluch: Koks putscht auf, nach einiger Zeit geht das vorbei, und man muss wieder runterkommen. Anders als beim Heroin hat man keine körperlichen Beschwerden, das ist nur im Kopf – was ich im Übrigen viel schlimmer

---

* Damals offene Drogenszene, die europaweit bekannt wurde.

finde. Denn – wie soll ich sagen: Beim Heroin weißt du, okay, du nimmst eine Dosis und hast genug. Beim Koks ist das nicht so. Auch wenn du an einem Tag fünf oder zehn Gramm konsumierst, du bekommst nie genug. Ich habe tage- und nächtelang durchkonsumiert. Mein Rekord liegt bei fünf Tagen am Stück, ohne zu schlafen. Jedenfalls kam ich so zum Heroin: weil ich wieder runterkommen wollte.

Ich lernte schnell Türken und Kurden kennen, die dick im Geschäft waren. Als Dealer mit türkischem Namen und dunklem Haar genoss ich einen Vertrauensvorsprung gegenüber den anderen und wurde bevorzugt. Schon da war ich ein sehr guter Verkäufer gewesen. Obwohl das Dealen illegal war, war ich aus meiner Sicht total erfolgreich – was mich darin bestätigte, dass ich alles richtig machte.

Bis der Platzspitz geschlossen wurde: Ich habe von der anderen Seite der Brücke her zugeschaut, wie Polizisten die Süchtigen auseinandernahmen, wie sie eine Menschenkette bildeten, damit niemand mehr durchkam. Jeder und jede musste sich ausziehen und wurde gefilzt. Da musste ich mir überlegen, wie es weitergeht. Meine Mutter hatte mir immer gesagt: »Du bist nicht behindert, du bist gescheit. Du bist einfach nur faul. Du musst arbeiten. Mach eine Lehre, das ist wie ein goldenes Armband. Mit einer Lehre hast du immer einen Job sicher.« Also begann ich eine Elektroingenieurlehre – nach wenigen Tagen gab ich auf, sagte: »Blast mir in die Schuhe!« So schlimm, wenn ich jetzt daran denke, wie ich damals gelebt habe. Wie ich einfach in den Tag hinein lebte und keine Verantwortung für nichts übernommen habe, einfach...! Also, wenn das mein Kind gewesen wäre, ich hätte es postwendend irgendwo abgegeben.

Ich hatte die Lehre so schnell aufgegeben, weil ich das alles nicht miteinander vereinbaren konnte, das Arbeiten, das Dealen, das Rauchen, das Konsumieren und überhaupt. Ich setzte mir jeweils in der Pause schnell einen Schuss. Obwohl ich immer dachte, meine Arbeitskollegen und Chefs seien dumm, sie würden eh nichts merken. Doch die haben das natürlich gemerkt.

Weil ich sehr gut reden konnte, meldete ich mich auf ein Inserat, das ich im *Tagblatt* gesehen hatte: »Gesucht werden Verkäufer, Sie werden intern ausgebildet.« Man hätte mindestens zwanzig Jahre alt sein müssen, ich rief trotzdem an: »Ich bin erst achtzehn, aber ich interessiere mich für diese Arbeit.« Sie sagten: »Kommen Sie vorbei.« Ich schaute mir die Büros an, und sie haben mich sofort genommen.

Wir vermittelten telefonisch Börsengeschäfte, verkauften Optionen auf Provisionsbasis: mit einem garantierten Grundlohn von anfangs 3000, im zweiten Monat 1500 und im dritten schließlich 1000 Franken.* Macht man nicht genügend Umsatz, ist einem dieser Tausender garantiert. Doch ich machte bereits im zweiten Monat 13 000 Franken. Wirklich wahr! Wieder dachte ich: Es sind ja alle blöd, die für wenig Geld sieben Stunden an der Kasse eines Supermarkts sitzen.

Doch in der Firma vermutete man bald, dass ich etwas konsumiere, und ich habe es dann auch gesagt. Nur, das ist so ein amerikanisches System. Wenn du gut bist und gut Geld bringst, dann interessiert das bis zu einem gewissen Grad niemanden. Obwohl das für das Mitarbeiterklima total kontraproduktiv ist. An einem Tag kam ich ins Büro, am anderen nicht – und außerdem verdiente ich auch noch wahnsinnig viel. Natürlich waren die anderen neidisch. Manchmal bin ich auch eingeschlafen, worauf mich die Chefs ein paarmal ins Büro gerufen und gesagt haben: »Das geht so nicht.« Bis sich die anderen Mitarbeiter so sehr beklagt haben, dass die Chefs das nicht mehr mit der Firmenpolitik und den anderen Mitarbeitern vereinbaren konnten. Da haben sie mir gekündigt. Das heißt, sie kündigten mir nicht, sondern vermittelten mich an eine Konkurrenzfirma nach Zug.

Also fuhr ich fortan nach Zug zur Arbeit, immer mit dem

---

* Ein Franken entspricht je nach Kurs knapp einem Euro; allerdings sind die Lebenshaltungskosten in der Schweiz massiv höher als in der EU: Der Mindestlohn liegt je nach Branche zwischen 3500 und 4000 Franken, der Durchschnittslohn in der Stadt Zürich bei 7700 Franken.

Auto. Denn mit dem Erfolg und mit dem Geld habe ich all die Jahre alle sechs Monate das Auto gewechselt. Ich hatte einen Nissan 300ZX Turbo, dann hatte ich einen Mercedes, einen Nissan 200SX16V, einen Golf und dann... ja also diverse. Den Führerausweis hatte ich da schon lange nicht mehr, gefahren bin ich trotzdem. Und war deswegen auch ein paarmal im Knast gewesen, wegen »Fahren trotz Ausweisentzug«.

Wenn ich an einem Arbeitstag gut Umsatz gemacht hatte, habe ich abends in die Hände geklatscht und gedacht: »Und jetzt noch geil Party machen.« Und, ecco, am nächsten Morgen – wer kann da schon aufstehen?! Bevor ich zur Arbeit ging, brauchte ich zuerst eine Line, um überhaupt Energie in die Beine zu bekommen. Direkt neben dem Bett hatte ich schon alles vorbereitet, sodass ich mich nur umdrehen musste. Denn da fehlt einem so richtig körperlich die Energie. So bin ich jeweils langsam zu mir gekommen, konnte das Gesicht waschen, mich anziehen, Kaffee trinken. Das hat gedauert.

Mein bester Lohn waren einmal 68 000 Franken – in einem Monat! Echt jetzt. Nebst den Autos, die ich hatte, hatte ich immer Drogen im Sack. Damit ich nicht in überraschende Situationen kam und plötzlich Nachschub brauchte. Denn ich musste immer kalkulieren, wie lange es reicht: Je nach Qualität des Heroins hält es zehn oder zwölf Stunden. Im Gegensatz zu anderen hatte ich immer gut verdient und Kollegen einladen können. Ich war zwar arrogant, aber ich hatte ein gutes Herz. Ich habe mich um meine Kollegen immer gekümmert, immer.

Irgendwann wollte mich dann die Firma in Zug auch nicht mehr, ich fehlte einfach zu oft. Darauf fand ich eine andere Firma, wieder in Zürich. Das waren Firmen, die Ungelernte für den Telefonverkauf ausbildeten. Meistens Leute, die von der Straße kamen. Denn die konnten einfach gut reden! Das haben diese Firmen ausgenutzt.

Entzüge versuchte ich ein paar: Ich war auch in Privatkliniken in der Türkei, meine Mutter bezahlte alles. Aber sobald ich wieder in die Schweiz zurückkam... Das war wie ein Magnet.

Dann hat es mich sofort wieder zum Letten gezogen. Ich weiß nicht warum. Ich weiß nur: Ich war in der Türkei für ein paar Monate sauber, habe dort nichts konsumiert. Sobald ich aber im Flieger war und in der Durchsage erklang: »Wir landen in zwanzig Minuten in Zürich-Kloten«, begann es bei mir im Magen zu rumoren – alleine wegen des Worts Zürich! Weil ich dem Stoff wieder näher kam. Das war nicht nur im Kopf, das war ein regelrecht körperliches Gefühl: Der Magen wurde nervös. Nach der Landung bin ich direkt, ohne zuerst nach Hause zu gehen, in die S-Bahn und runter zum Fluss, um zuerst einmal mein Zeug zu bekommen. Das ist so ein verdammt tiefer Teufelskreis ... Ich bewundere jeden, wirklich jeden!, der es schafft, davon loszukommen. Es ist Wahnsinn.

Mein Wendepunkt war der Hirnschlag, den ich mit 25 hatte: Ich war bei meiner Freundin, sie war ein Jahr älter als ich, Paula. Wir wohnten zusammen, denn mittlerweile konnte ich nicht mehr zu Hause wohnen. Meine Schwester war in Ausbildung, und meine Mutter wollte mich – verständlicherweise – nicht mehr unterstützen. Irgendwann ist schließlich genug. Ich lebte also bei Paula, sie konsumierte auch, natürlich. Wir sind aus einem Zimmer nach dem anderen rausgeflogen. Wir konnten zwar die Mieten bezahlen – oft, aber eben nicht immer. Schließlich wohnten wir in einem Zimmer in der Nähe der Brunau, bei der Saalsporthalle.

Dort standen wir eines Morgens auf, sie war schon wach – ich weiß es noch ganz genau –, ich öffnete meine Augen, bin zu ihr hin, wollte ihr »Guten Morgen, Schatz« sagen. Das ging nicht. Ich konnte mich noch bewegen, alles war absolut normal. Aber ich brachte kein Wort mehr heraus. Ich dachte: Verdammt, das ist komisch. Weil sich das wie ein Traum anfühlte, versuchte ich weiterzuschlafen. Doch dann, auf einmal, wie ich da so auf der Bettkante gesessen habe, bekam ich einen epileptischen Anfall. Meine Freundin sagte: »Taner, Taner, was ist mit dir?!« Doch da war ich bereits bewusstlos. Sie rief die Ambulanz und meine Schwester. Die wohnte am anderen Ende der Stadt und war *vor* der Ambulanz bei mir! Ja! Zuerst wollten sie nämlich gar nicht kommen. Meine Schwester musste zweimal anrufen. Sie fragten: »Nimmt Ihr Bruder Drogen? Nimmt er Methadon? Ja, ja, das ist wahrscheinlich nichts Schlimmes.« Sie musste noch einmal anrufen und sagen: »Wenn ihr jetzt nicht kommt, stirbt mein Bruder! Wenn ihr nicht sofort kommt, werde ich euch verklagen!« Da erst, nach vierzig Minuten, sind sie gekommen. Meine Schwester hat mir damit das Leben gerettet.

Weil neben dem Bett eine riesige Blutlache war, dachten sie zuerst, ich hätte eine Lungenembolie und hätte mir auf die Zunge gebissen. Erst bei den Untersuchungen wurde klar, dass es ein Hirnschlag war. Sieben Tage lang lag ich im Komma. Als ich erwachte, war das krass. Wirklich krass: Meine Mutter war da und meine Schwester. Sie wollten mir Mut zusprechen. Aber ich konnte kein Wort mehr reden, habe meine rechte Seite nicht mehr gespürt. Ich begann Therapien und lernte nur langsam, wieder zu sprechen. Fast ein Jahr lang konnte ich nicht mehr reden und war halbseitig gelähmt. Heute habe ich Probleme, Wörter zu finden, und bin manchmal etwas langsam.

Diesen Hirnschlag hatte ich genau an Weihnachten 1999 – am Morgen des 24. Dezember 1999. Dieses Datum ist mir in Erinnerung geblieben. Sieben Tage später, also am 31. Dezember 1999, bin ich aus dem Koma erwacht. Als ich das realisierte, wusste ich: Das war kein Zufall, das war Gott. Ich habe es übertrieben, ich habe einen Fehler gemacht, und Gott gibt mir eine zweite Chance. Noch im Krankenhaus überlegte ich: Was habe ich bisher getan? Nichts Schlaues. Gott wollte mich einfach mal ruhigstellen. Das ist die Strafe für das Leben, das ich bisher geführt hatte. Denn viele Leute hatten wegen dieser Optionen, die ich am Telefon verkaufte, Totalverluste erlitten. Das waren ja Firmen, die damals in einer Grauzone handelten und die heute verboten sind. Nur darum hat man ja überhaupt so viel Geld verdienen können... Viele, viele dieser Kunden, mit denen ich früher zu tun hatte, haben alles verloren.

Bis dahin war ich solch ein Egoist, wirklich ein Egoist! Ich war ziemlich arrogant, war nur auf Geld aus – und ja, ich war ein Karrieretyp. Ich habe vielen Menschen wehgetan, sowohl in Beziehungen als auch in Freundschaften. Mir war einfach immer nur das Geld wichtig gewesen. Ich dachte also: Dieser Hirnschlag ist ein Schuss vor den Bug von Gott persönlich. Ich bin nicht tiefreligiös. Ich glaube einfach, dass es etwas gibt, eine höhere Macht, wie auch immer man das nennt. Der eine nennt es Gott, der andere sonst wie. Ja, und jetzt sollte ich mich anders orientieren.

Nur, ich konnte nicht mehr in meinen Job zurück, wegen dem Reden. Anfänglich sprach ich so: H-A-L-L-O – W-I-E – G-E-H-T-'S? So konnte ich ja nicht mit Kunden reden, unmöglich. Ich sprach nur ganz langsam und stotterte. Ich, der ich so redegewandt war! Alleine sprechen zu lernen, wie ich es heute wieder kann, hat mich viel Kraft und Zeit gekostet. Und auch geduldiger gemacht. Früher musste immer alles sofort sein, alles! Wenn es eine Frage des Geldes war, sowieso. Heute bin ich ein ganz anderer Mensch. Wie ein umgekehrter Handschuh, wie man so schön sagt.

Nach dem Hirnschlag bekam ich Methadon, um den Tagesablauf überhaupt bewältigen zu können. Am Anfang sah ich mein Leben tatsächlich anders. Auch weil ich mit der Krankenschwester, die mich damals betreute, zusammengekommen bin. Man muss sich das mal vorstellen: Ich konnte kein Wort sprechen. Aber sie hat sich irgendwie in mich verliebt. Und ich mich dann mit der Zeit auch. Sabine hieß sie. Sie nahm keine Drogen, sie war sportlich, sie hat immer Aerobic gemacht und nicht geraucht, nichts. Ich habe keine Ahnung, warum sie sich ausgerechnet in mich verliebt hat?! Ich bin ein völlig anderer Mensch als sie: Ich lebe ungesund ... Doch irgendwie muss ich etwas an mir gehabt haben, das sie faszinierte. Ich hätte mir wirklich vorstellen können, mit ihr ein Leben aufzubauen.

Als wir uns kennenlernten, hatte sie bereits im Unispital gekündigt. Sie wollte zu ihrer Kollegin nach Ägypten, die dort mit ihrem Mann eine Tauchschule führte, oder vielleicht war es auch eine Surfschule. Sie wollte dort ein Jahr verbringen und sich neu orientieren. Nach vier Monaten aber kam sie wieder zurück: Sie hatte mich vermisst, sagte sie. Und ich hatte sie auch vermisst.

Als ich nach dem Krankenhaus in der Rehaklinik war, rief sie mich jeden Abend an, obwohl ich nicht reden konnte und nur unverständliche Laute hervorbrachte. Sie rief trotzdem an und erzählte einfach. Danach sind wir, zusammen mit meiner Schwester, nach Thailand in den Urlaub gefahren. Das war eine schöne Zeit, eine sehr schöne Zeit. Das hat mir in der ersten Zeit massiv Halt gegeben. Bis sie dann Schluss machte, nach anderthalb Jahren. Ohne mir zu sagen warum. Da bin ich wieder abgestürzt. Und das ziemlich heftig. Drei Tage am Stück. So habe ich wieder angefangen, regelmäßig zu konsumieren. Trotz des Hirnschlags, der – wie der Arzt mir sagte – wegen des Kokains passiert sei.

Obwohl ich wusste, dass mich das mein Leben kosten könnte, trotzdem habe ich weitergemacht. Als sie mit mir Schluss gemacht hatte, sah ich einfach keine Perspektive mehr. Das kam aus heiterem Himmel. Es war alles gut gewesen. Wirklich. Von einem Tag auf den andern war sie weg. Irgendetwas muss gewesen sein. Ich konnte sie nie fragen, warum eigentlich? Das hat mich sehr belastet. Ich bin eigentlich ein extremer Familienmensch, liebe Kinder über alles. Besonders meinen Neffen und meine Nichte. Ayla ist jetzt sieben und Deniz ist vier Jahre alt. Ich liebe diese Kinder, als wären sie meine eigenen. Darum hat mir das wahnsinnig wehgetan, dass Sabine auf einmal weg war.

So ging ich wieder auf die Straße und begann zu dealen. Ich hatte ja keine Arbeit mehr, nichts. Ich wohnte mal hier, mal dort. Mal auf der Straße, manchmal auch im Keller eines Hauses, dessen Tür nicht verschlossen war. Immer wieder fand die Polizei etwas bei mir, und ich wurde zu vielen Bußen verurteilt. Kann man diese Bußen nicht bezahlen, muss man ins Gefängnis. So sind eben die Regeln. Da ich oft nicht bezahlen konnte, saß ich immer wieder einen Monat, drei, manchmal vier Monate ein. Im Bezirksgefängnis, also in der U-Haft, war es zwar schwer, an Drogen zu kommen, aber in der Schweiz ist es so, dass dir die Ärzte ein Ersatzmittel wie zum Beispiel Methadon geben. Das hilft gegen Entzugserscheinungen.

Dieser Absturz dauerte Jahre. So lange, bis ich meinen Körper wieder spürte. Das war letztes Jahr im Mai: Ich war im Drogenraum und spürte plötzlich meine rechte Seite nicht mehr. Ich erschrak und ging ins Krankenhaus. Dort behielten sie mich vier Tage, fanden aber nichts. Obwohl ich doch kurz vorher Kokain geraucht hatte. Zuerst sagte ich den Ärzten nichts, doch später überwand ich mich: »Hören Sie, ich habe Kokain geraucht. Daraufhin habe ich meine rechte Seite nicht mehr spüren können.« Natürlich war es das Kokain, das verengt die Venen und verstärkt den Puls. Jedenfalls war klar, dass das wieder vom Konsum kam. Da wusste ich: Ich bin nicht mehr zwanzig, auch nicht mehr 25 oder dreißig, ich bin jetzt bald 43 Jahre alt. Wenn ich so weitermache, dann sterbe ich, oder ich verliere alles, was ich mir bis jetzt aufgebaut hatte – meine Familie zum Beispiel. Ich hatte meine Verhältnisse ja wieder gerichtet ... Es hatte sich alles normalisiert: mit der Mutter, mit der Schwester, den Kindern der Schwester, meinem Schwager. Davor habe ich immer nur auf mich geschaut. Wirklich nur auf mich. Jetzt wollte ich das ändern.

Kürzlich ist ein Kollege gestorben, der gleichzeitig angefangen hatte zu konsumieren wie ich. Sein Hirn hätte nicht mehr mitgemacht, haben sie gesagt. Das hat mir viel zu denken gegeben. Ich kann nicht sagen, ich hätte keine Lust mehr, oder ich denke überhaupt nicht mehr an jene Tage oder an den Konsum. Das kann man wohl nie sagen. Ab und zu passiert es, dass ich wieder Lust bekommen könnte – oder auch tatsächlich habe. Aber ich möchte das, was ich mir bis jetzt aufgebaut habe, einfach nicht wieder gefährden. Ich habe Angst, dass ich behindert werden könnte, wenn ich wieder konsumiere. Außerdem: Je älter man wird, umso weniger tut es einem gut. Mit zwanzig habe ich nur an die geile Party gedacht. Jetzt aber merke ich, dass es mir wirklich schadet.

Die Gefahr für mich ist das Kokain. Das Heroin war ein Nebeneffekt, um runterzukommen. Nach dieser Einsicht habe ich mit dem Kokain aufgehört. War viel bei der Familie. Bei der Mutter, bei der Schwester, bei den Kindern der Schwester. Das hat mir damals sehr geholfen.

Meine Familie hat mir nie Vorwürfe gemacht. Wir haben das immer so gesehen: Was gewesen ist, ist vorbei. Im Türkischen gibt es ein Sprichwort, das besagt: »Egal an welchem Punkt eines Irrwegs man umkehrt, es ist immer ein Gewinn.« Genau so betrachte ich jetzt mein Leben. Dass ich meine Familie nicht mehr enttäuschen darf, ist einerseits ein Druck, aber nicht so ein großer Druck, dass ich nervös bin oder etwas im Verborgenen machen würde. Meine Mutter weiß, wie sie mit mir umgehen kann, und ich weiß, wie ich mit ihr umgehe. Ich bin froh, dass ich hier bei ihr wohnen kann.

Zuerst war ich im Methadonprogramm, mittlerweile bin ich seit zwei Jahren im Programm der Heroinabgabestelle. Das Methadon war nichts für mich. Man hat keine Freude mehr, ist wie ein Roboter ohne Emotionen. So ist es mir zumindest ergangen. Du bist monoton – du existierst einfach. Mehr nicht. Das Schlimmste beim Methadon war dieses verdammte Schwitzen. Man schwitzt extrem, extrem, extrem! Wenn man eine Substanz so sehr rausschwitzen muss, dann muss es ja wohl ein krasses Gift sein, nicht?

Im Heroinabgabeprogramm ist das anders: Mit dem Heroin spürt man trotzdem Freude, hat Gefühle. Einmal täglich gehe ich hin, jeweils morgens. Heute war ich schon dort. Dann bekomme ich für den Abend die Dosis mit nach Hause. Ich bin etwa eine halbe Stunde, maximal eine Stunde dort. Nach dem Konsum lese ich die Zeitung, trinke Kaffee und gehe dann heim. Das gibt keinen Rausch, das ist einfach nur etwas Körperliches: Ich habe dank dem Heroin keine körperlichen Beschwerden mehr.

Wenn man mit Drogen zu tun hat, hat man keine Freunde. Es gibt viele Kollegen, Frauen wie Männer, bei denen ich mich wirklich entschuldigen müsste. Mit denen ich Dinge gemacht habe, die nicht in Ordnung waren. Die ich beklaut oder verarscht habe. Da gäbe es einige Personen, bei denen ich mich entschuldigen müsste. Ja. Nur im Moment kann ich das nicht. Ich getraue mich einfach noch nicht. Denn wenn diese Person noch irgendetwas mit Drogen zu tun hätte, hätte ich Angst, dass ich wieder in Versuchung kommen könnte.

Und mit neuen Freunden, das ist so eine Sache: Ich arbeite ja nicht. Gestern habe ich über die Heroinabgabestelle eine Broschüre bekommen für eine Informationsveranstaltung am Hegibachplatz: zweieinhalb Tage in der Woche ein bisschen arbeiten, im Betreuungsdienst oder so. Dort will ich am 6. Dezember vorbeischauen. Vielleicht ist das ja etwas. Denn das Schwerste überhaupt ist, einen neuen Freundeskreis aufzubauen. Das ist so schwer. Wie findet man ein neues Umfeld? Je älter man wird, desto schwieriger wird es. Im Moment habe ich fast keine Kumpel. Ich habe keine Leute, mit denen ich weggehen oder etwas unternehmen könnte. Ich bin immer zu Hause oder bei der Schwester, oder ich mache mit den Kindern etwas. Aber Freunde habe ich keine, wirklich keine. Das fehlt mir. Ich habe mir überlegt, dass man beim Arbeiten am besten Freunde findet, darum gehe ich jetzt zu dieser Veranstaltung.

Wenn ich jemanden kennenlerne, dann erzähle ich meine Geschichte nach einiger Zeit durchaus, klar. Sollte sich jemand mit mir anfreunden, möchte ich, dass derjenige über mich Bescheid weiß. Trotz meiner Vergangenheit habe ich nicht das Gefühl, dass ich mich besonders beweisen müsste: Ich weiß, was ich kann. Ich bin nicht dumm. Ich weiß, wer ich vor dem Hirnschlag war. Ich denke nicht, dass ich mich doppelt oder dreifach beweisen muss, nur weil ich mit Drogen zu tun hatte.

Von früher übrig geblieben sind vor allem viele Schulden. Wir reden da von etwa 150 000 Franken in Form von Verlustscheinen, weil ich das mit meiner IV-Rente nicht bezahlen kann. Die Sucht hat mir extreme Steine in den Weg gelegt, für das Leben, das jetzt kommt. Ich bekomme bestimmt nie einen Kredit. Natürlich spiele ich Lotto.

Wenn ich an früher denke, merke ich, dass die Sucht – wie soll ich sagen: Ich hatte nie etwas, das es wert gewesen wäre, dass ich aufhöre. Ich habe nie einen Ersatz dafür gefunden. Heute lese ich viel, schaue fern. Wenn die Kinder meiner Schwester Ferien haben, unternehme ich manchmal vor allem mit der Größeren etwas. Ich hocke viel am Rechner. Vielleicht sollte ich meine Erfahrungen aufschreiben? Andererseits würde ich gerne wieder einmal wie ein Zwanzigjähriger feiern gehen. Doch irgendetwas bremst mich.

Wenn ich heute an den Orten von damals vorbeikomme, dann ist das kein Problem für mich; das ist nicht mehr dasselbe Gefühl wie damals. Noch vor ein paar Jahren hätten wir uns nicht am Limmatplatz treffen können. Ich hätte dort diverse Leute getroffen, die ich von früher kenne. Es hätte nur einer sagen müssen: »Komm doch, wir haben uns schon so lange nicht mehr gesehen, ich lade dich ein.«, und dann wäre es bereits passiert. Heute ist dieser Sog nicht mehr da. Ich weiß nicht, ob das mit dem Alter zusammenhängt, oder warum das so ist.

Treffe ich heute Leute von damals, die mich ja als Dealer kennen und daher fragen: »Hast du etwas? Weißt du, wo...?«, dann sage ich: »Ich habe einen Schlussstrich gezogen, und ich möchte, dass du mich nie mehr darauf ansprichst.« Das funktioniert erstaunlich gut. Das wird respektiert. Allerdings auch belächelt. Denn auf der Straße passiert es oft, dass einer beschließt, aufzuhören. Dann steht er nach zwei Wochen wieder da, und man schaut ihm beim Folienrauchen zu oder dabei, wie er sich einen Schuss setzt. Aber das lasse ich alles nicht so an mich heran. Überhaupt gehe ich heute vieles ganz anders an als früher. Das beginnt schon bei der Einstellung zu Drogen.

Wenn ich heute in den Spiegel sehe, sehe ich zuerst einmal, dass ich älter geworden bin. Wenn ich daran denke, wie ich mit dreizehn ins Leben gestartet bin – ja, was sehe ich dann? Ich sehe, dass vieles an Erfahrungen nicht hätte sein müssen. Der Hirnschlag zum Beispiel. Im Vergleich zu früher sehe ich mich als viel ruhigeren, geduldigeren Menschen, als Familienmenschen. Früher hat mich das kaltgelassen. Nur ich, nur ich, ich. Und dann kam lange nichts, dann wieder ich und dann vielleicht mal jemand anderes. Und heute bin ich einfach nicht mehr so. Ich bin ein völlig anderer Mensch. Ich gehe ganz anders auf Leute zu.

Wert war es das nämlich nicht. Nicht einmal der Flashs wegen. Das sage ich jetzt nicht, weil ich das Gefühl habe, ich müsste das so sagen. Sondern: Nein! Allein die Gesundheit so zu riskieren ist es einfach nicht wert. Vielleicht hätte ich mit zwanzig, fünfundzwanzig ganz anders geredet. Aber jetzt, in meinem Alter und heute: Es war's einfach nicht wert! Wenn ich ehemaligen Klassenkameraden begegne, die unterdessen Familie haben, ein Haus... Einer zum Beispiel hat vom Vater die Metzgerei unten am Platz übernommen. Manchmal sehe ich ihn, wenn ich dort Fleisch kaufe. Dann reden wir ein paar Worte miteinander. Heute Morgen, als ich nach der Heroinabgabestelle dort war, habe ich ihn wieder gesehen. Er grüßt mich dann zwar: »Hallo, Taner.« Aber ich sehe in seinen Augen, wie er über mich denkt.

Oder Susanne, eine Klassenkameradin, die ich manchmal im Viertel antreffe: Wir waren sechs Jahre lang zusammen auf der Grundschule. Ich war ein ganzes Jahr bei ihrer Familie zum Mittagessen, weil meine Mutter mittags gearbeitet hat. Dass ich, der Türke, Klassenbester war, das hat sie, die Schweizerin und Tochter eines damaligen Regierungsrates, sehr gewurmt, das hat sie überhaupt nicht vertragen. Ja, und heute hat sie studiert und ist irgendwie, ich weiß auch nicht was geworden. Jedenfalls ist sie etwas geworden. Wenn ich sie treffe, dann muss ich sagen: All das habe ich verpasst!

Ich erinnere mich, wie ich manchmal noch vor der Arbeit oder danach, noch in Krawatte und Mantel, am Letten war. Einmal, es muss Mitternacht gewesen sein, es war kein Mensch mehr dort, da kam ein Pärchen und sagte: »Hör doch auf, du machst dich kaputt.« – »Lasst mich in Ruhe«, sagte ich. Das Blut lief nur so an meinem Arm herunter. Ich erinnere mich, als ob es gestern gewesen wäre.

Viele Dinge, die deswegen passiert sind, bereue ich, andere nicht. Zum Beispiel nicht, dass ich einmal Kokain ausprobiert habe. Das bereue ich nicht. Warum? Ja, das ist eine gute Frage.

Weil es eine interessante Erfahrung war? Ich bereue es nicht, diese Erfahrung gemacht zu haben. Ich bewundere jene, die damit umgehen können. Die nur für eine Party etwas nehmen und dann nicht auf der Straße landen. Das könnte ich nicht. Ich bin der extreme Typ. Wenn ich wieder damit anfangen würde, dann gleich wieder massiv. Bei mir gibt es keinen Mittelweg. Entweder extrem nehmen oder extrem aufhören. Das weiß ich jetzt.

Als wir zusammen auf den Balkon gehen, wo Taner eine Zigarette rauchen möchte, frage ich ihn nach seinen Träumen. Er schaut mich überrascht an. »So alt bist du ja noch nicht. Mit vierzig kannst du davon ausgehen, dass du vielleicht noch mal genauso viele Jahre erlebst, nicht?« Taner lacht. So hat er sein Leben noch nie betrachtet. Er denkt nach. Denkt an seinen Vater, schweift ab. Findet den Faden wieder und erzählt vom Freundeskreis, den er gerne hätte. Von der Frau, die er sucht, die mit ihm vielleicht, irgendwann, wer weiß, eine Familie gründen würde. Von der Arbeit, die er gerne hätte, damit er wieder ein bisschen unter die Leute käme.

Als wir ein halbes Jahr später erneut zusammen einen Kaffee trinken, erzählt Taner bestgelaunt von seinem Urlaub in Thailand (»Ich habe mir eine 125er gemietet, obwohl ich dafür gar keinen Fahrausweis habe.«) und wie aus der Informationsveranstaltung ein Praktikum wurde und daraus demnächst eine richtige Anstellung. Stolz zieht er eine Visitenkarte aus seinem Portemonnaie, die ihn als Mitarbeiter eines »Betreuungsdienstes« ausweist, der Menschen wie Taner in den Arbeitsmarkt integriert. Zweimal pro Woche besucht er einen Patienten, um sich mit ihm zu unterhalten, aufzuräumen oder spazieren zu gehen – was er sich gerade wünscht. Er verdient damit zwar nur wenig, aber »ich sehe es so: Ich kann damit etwas zurückgeben«. Schließlich bekomme er seit Jahren eine Invalidenrente und hätte den Staat genug gekostet. Und gestern hätte sein Patient sogar Tränen in den Augen gehabt: »Ich dachte, ich hätte etwas falsch gemacht. Aber nein: Er freute sich so sehr über meinen Besuch!«

»Früher war alles Wut.«

Der Jugendliche, der seinen Opfern vor Gericht begegnete

Bevor ich Dave treffe, weiß ich schon recht viel über ihn: zig Raubüberfälle, sechs Jahre Haft, einige Jahre davon im berüchtigten Thorberg-Gefängnis, knapp der kleinen Verwahrung entkommen, heute 32 Jahre alt. Nicht, dass ich eine klare Vorstellung davon hätte, wie jemand mit einer solchen Vergangenheit aussieht, aber ich übersehe den jungen, eher schmächtigen Mann in Herzogenbuchsee vor dem Bahnhofskiosk zuerst einmal. In Jeans, weißem T-Shirt, einer Ray-Ban-Sonnenbrille im V-Ausschnitt des grauen Merino-Jäckchens und dem Autoschlüssel in der Hand steht er dort und lächelt freundlich. Kein Problem, dass wir uns an einem Samstagmittag treffen, schmunzelt er aufgeräumt, er besuche sowieso nur noch selten Partys.

Wir setzen uns also in die Pizzeria gegenüber und bestellen Kaffee. Dave B. sieht zehn Jahre jünger aus und erzählt von einem Leben mit dem Erfahrungsschatz eines 300-Jährigen: Wie er mit neun Jahren in ein Heim kam, weil Eltern und Lehrer mit ihm überfordert waren, und wie er mit achtzehn zuerst einmal seine Freiheit genoss. Er mietete eine kleine Einzimmerwohnung in Solothurn, wurde bei der Arbeit als Koch über den Tisch gezogen, suchte und fand auf Partys neue Freunde, probierte Drogen aus. Natürlich ging das schief, nach nur zwei Jahren hatte er weder Arbeit noch Geld für die Miete, und so kam es zum ersten Raubüberfall, danach zu weiteren. Schließlich war er der Anführer einer ganzen Bande, die er jeweils auf Tour schickte, während er sich um die Hehlereien kümmerte. Anfangs hatte er noch Glück, kam nach einer ersten Verhaftung auf Bewährung wieder ins freie Leben (»Sie haben gesagt: Das ist ein junger Mann, den wollen wir nicht sofort in eine Anstalt bringen.«), wurde jedoch später von einem Bandenmitglied verraten. Nach einem Jahr in Untersuchungshaft begann er in einem offenen Maßnahmenzentrum für junge Straftäter eine Ausbildung zum Schreiner. Von dort floh er, nachdem er relativ schnell gemerkt hatte, »dass das nichts für mich ist, denn das war wie früher im Heim«. Zusammen mit einem anderen Häftling lief er eines Tages einfach davon, »danach war ich zwei oder drei Monate auf der Flucht und bin – natürlich als Geldbeschaffung – wieder kriminell geworden«. Bis er in Biel in der Fußgängerzone verhaftet wurde.

Am Ende der Untersuchungshaft wurden mir über siebzig Anklagepunkte angelastet, ich war gerade mal 21 Jahre alt. Erst als ich in den Verhören hörte, wie es den Opfern ergangen war, was ich eigentlich alles in all diesen Jahren angerichtet habe, und als ich meine Schwester nicht einfach so besuchen konnte, als sie ein Kind bekam, machte es plötzlich klick bei mir, und ich realisierte: So kann ich nicht weitermachen, ich habe einen riesengroßen Bock geschossen. Tatsächlich – von einem Tag auf den andern setzte ich mir in den Kopf: Ich will das nicht mehr, und fertig. Doch wie ändert man sein Leben, wenn man im Gefängnis sitzt? Viele Möglichkeiten gibt es nicht, man kann ja auch am Wochenende nicht nach Hause, sondern ist dort täglich 23 Stunden hinter Mauern eingesperrt und darf nur für eine Stunde in den Hof an die frische Luft.

Regelmäßig besuchte mich ein Sozialarbeiter, der mich anfänglich unheimlich nervte. Er brachte mir das mit den Gefühlen bei, fragte mich: »Was fühlst du jetzt?« Und ich sagte ihm: »Ich bin wütend.« Er fragte nach, wollte wissen, ob ich traurig, enttäuscht oder wütend sei. Ich konnte mit dem Thema Gefühle überhaupt nicht umgehen. Gar nicht. Ob traurig oder enttäuscht, am Ende habe ich immer alles in Wut umgewandelt. Dieser Sozialarbeiter half mir, gewisse Dinge anders zu sehen, zum Beispiel mich einmal in die Opferrolle der anderen hineinzuversetzen.

Während eines Überfalls geschieht alles wie in einem Film. Das dauert zwei, drei Minuten, nicht länger. Angst hatte ich immer. Wenn er vorbei ist, ist man vor allem erleichtert, dass alles gut gelaufen ist und dass man jetzt das Geld hat. Danach dachte ich nie darüber nach, was eigentlich vorher passiert war. Dass das vielleicht dumm und womöglich ein Fehler war. Höchstens kurz vor dem Einschlafen kommt es noch mal hoch ... doch am nächsten Tag ist es bereits wieder vergessen. Ich konnte das recht gut verdrängen. Ich habe auch nie daran gedacht, wie es wohl den Leuten hinter der Kasse erging. Es gab Leute, die konnten später nicht mehr arbeiten, die waren davon so sehr traumatisiert. So etwas habe ich mir nie überlegt.

Ein Geschäft zu überfallen war zuerst nur so eine Idee. Ich brauchte Geld, um die Miete zu bezahlen. Einem meiner Kollegen ging es genauso. Also organisierten wir Masken und Kleider, die wir nachher fortwerfen konnten, wegen der Spuren. Waffen hatten wir auch, eine Spielzeugpistole und ein Messer. Und wir haben zwei Mopeds gestohlen, um danach zu fliehen. Diesen ersten Raubüberfall machten wir auf einen Supermarkt bei Recherswil, im Kanton Solothurn. Viel haben wir dort nicht herausgeholt: vielleicht 3000, 4000 Franken. Aber es hat gereicht, um die Wohnung zu bezahlen, die monatlich um die 1200 Franken kostete. Natürlich waren wir nervös, extrem. Da war viel Adrenalin im Spiel. Ich war einmal beim Bungeespringen, aber so viel Adrenalin wie bei jenem Überfall hatte ich noch nie gespürt. Auch weil ich im Hinterkopf hatte, dass ich zwar das Geld wollte, aber nicht beabsichtigte, dass etwas passiert. Ich wollte ja niemanden verletzen. Schlussendlich war ich an über 25 Raubüberfällen beteiligt. Zum Glück ist nie etwas Schlimmeres passiert.

Ich ging jeweils in das Geschäft, sagte: »Es passiert euch nichts, ich will das Geld, gebt es raus.« Bei einem Überfall sind die Leute überrascht: Manche Angestellte erstarrten und bewegten sich gar nicht mehr, andere reagierten sofort. Es gab auch Leute, die sagten: »Was ihr da macht, ist nicht gut.« Es gab Leute, die sind schreiend davongerannt. Jede Situation war anders. Es hat nie jemand versucht, uns zu überwältigen. Nur einmal, als ich nach draußen wegrannte, kam mir eine Verkäuferin nach und rief: »Ein Räuber, ein Räuber!« Worauf sich mir ein Passant entgegenstellte. Doch ich hatte eine Waffe, zielte auf ihn, und er lief sofort weg. Das war allerdings keine echte. Wir benutzten Gaswaffen, die wie richtige Pistolen aussehen.

Als ich schließlich Anführer einer ganzen Gruppe war, die regelmäßig Einbrüche verübte, war da ein extremes Machtgefühl: Ich hatte große Macht über diese Leute. Ich konnte einem sagen, hey, los, ich habe etwas ausfindig gemacht. Du, du und du, ihr geht jetzt dorthin und macht den Einbruch. Danach mussten sie mir alles bringen. Ich entschied, was damit passierte, wer welchen Anteil bekam. Ein eigentlich krass krankes Gefühl, denn man fühlt sich mächtig und groß.

Insgesamt war ich knapp sechs Jahre in Haft, lange Zeit davon ohne Urteil. Ich begann zwar eine Ausbildung zum Schreiner und bekam dank guter Führung stufenweise mehr Freiheiten. Ich hielt mich an die Regeln: Bin immer vom Ausgang sauber heimgekommen, nie mit Drogen, immer pünktlich, nicht alkoholisiert und gar nichts – … das heißt, einmal ist es passiert, dass ich alkoholisiert war, das war das Geburtstagsfest gewesen. Aber sonst habe ich mich immer sehr an die Regeln gehalten. Mein Betreuer war sehr zufrieden, wie ich mich entwickelt hatte. Trotzdem wurde ich eines Tages plötzlich von der Arbeit ins Büro der Abteilungsleiterin gerufen. Dort legte mir die Polizei Handschellen an und sagte: »Herr Brisbane, Sie müssen mitkommen.« Sie brachten mich in ein Untersuchungsgefängnis, ohne dass ich wusste warum. Auch mein Anwalt wusste von nichts, nicht einmal mein Sozialarbeiter. Erst nach ein paar Tagen hielten sie mir ein Gutachten unter die Nase, das mich als Psychopathen auswies. Das darf man zwar nicht, und es wurde später auch vom Gericht zurückgewiesen. Doch da war es zu spät: Die Lehrstelle und die neu errungenen Freiheiten hatte ich bereits verloren.

Ich habe das gegoogelt, dieser Psychopathietest ist sehr umstritten: Mit 31 Punkten gilt man als Psychopath. Ich hatte genau 31 Punkte. Geprüft werden Themen wie promiskes Sexualverhalten. Dass ich zeitweise ein ausschweifendes Sexleben hatte, wurde mir also schlecht angerechnet. Andere Aspekte passen auf das Profil eines Managers, doch der Test bezog sich auf jugendliche Straftäter. So kam es, dass ich nach Artikel 64 hätte verwahrt werden sollen. Das hätte 25 Jahre Gefängnis bedeutet. Ich war 24 Jahre alt. Die Behörden hatten wahrscheinlich nach meinen Vorgeschichten Angst, dass ich nach der Entlassung rückfällig werden könnte und die Medien das auf sie zurückführen.

Zum Glück vertrat mich ein sogenannter Staranwalt. Das war Zufall: Meine Pflichtverteidigerin ließ sich während ihrer Babypause von ihm vertreten. Andere hatten Anwälte, die hielten Plädoyers von einer halben Stunde, meiner sprach zwei Stunden lang, um die Behörden zu überzeugen, dass sie mich am Ende doch nicht verwahrten. Als ich endlich verurteilt wurde, gaben mir die Richter siebzig Monate. Für die letzten Monate verlegten sie mich in den Thorberg. Das ist ein Hochsicherheitsgefängnis, wo nur die ganz harten Leute einsitzen. Ich habe dort recht happige Dinge erlebt. Die Behörden dachten wohl, es passiere bestimmt etwas, womit sie danach im Recht wären. Vielleicht werde ich angegriffen und ich wehre mich, vielleicht greife ich jemanden an. Doch das war mir bewusst, ohne dass mich mein Anwalt und Sozialarbeiter extra hätten warnen müssen, und ich hielt mich wieder konsequent an die Regeln.

Am meisten hat mir während dieser Zeit im Gefängnis der Kontakt zur Familie geholfen. Meine Schwester besuchte mich bald. Sie war natürlich sehr enttäuscht. Meine Mutter hat sich mehr Zeit gelassen. Sie sagte mir ganz klar: »Wenn wieder etwas passiert, brauchst du mit mir nicht mehr rechnen.« Natürlich war mir das auch ein Ansporn, mein Leben zu ändern. Und ich konnte zum Glück in der Schreinerei arbeiten. Andere arbeiteten für einen Uhrenhersteller, packten dort Uhren zusammen. Außerdem half ich meinen Mithäftlingen bei rechtlichen Sachen. Ich schrieb für sie Briefe oder Beschwerden ans Gericht, vor allem für die ausländischen Häftlinge, die nicht richtig Deutsch konnten. In meiner Zelle las ich immer wieder das Gesetzbuch und Bundesgerichtsentscheide, sodass ich den anderen erklären konnte, was die Briefe bedeuteten. So habe ich mir mit der Zeit ein kleines juristisches Wissen angeeignet, um die anderen zu unterstützen. Das wurde zu einem Hobby, damit ich dort auch etwas zu tun hatte. Denn im Gefängnis hast du *nichts*. Einmal täglich durften wir draußen spazieren, also im Kreis laufen, mehr nicht. Abends, solange die Zellen geöffnet waren, spielte ich mit den Mithäftlingen Karten, wir redeten miteinander, telefonierten. Man konnte Tischkicker spielen, fernsehen – trainieren, Krafttraining, aber das war weniger mein Ding.

Nach den sechs Jahren Haft wohnte ich vorübergehend bei meiner Schwester und meinem Schwager. Das war sehr schön. Anstrengend auch, denn mein Neffe war noch klein, und es war zuweilen recht laut. Anfangs war das eine rechte Reizüberflutung, ich war ja davor immer alleine in der Zelle. iPhones, Facebook, das habe ich alles verpasst, das kannte ich nur aus dem Fernsehen. Im Gefängnis gab es lediglich eine Telefonkabine, für die man Telefonkarten kaufen musste. Handys konnte man zwar reinschmuggeln, aber das war immer ein Risiko, weil sie Handyfinder hatten. Und damit fanden sie die auch immer.

Aus meinem alten Leben habe ich fast nichts in die neue Wohnung mitgenommen. Während der Zeit im Gefängnis hatte ich alles zwischengelagert. Aber danach wollte ich davon nichts mehr wissen. Ich ging in das Lager und habe praktisch alles weggeschmissen, auch den Waffenhalter, auf den ich so stolz war. Die Sachen erinnerten mich zu sehr an jene Wohnung, die mit diesen kriminellen Taten und allem zusammenhing… Stattdessen sparte ich ein wenig Geld von der Arbeit im Gefängnis und kaufte mir damit eine komplett neue Wohnungseinrichtung.

Den Kontakt zu alten Freunden und Kollegen habe ich noch während der Haft von heute auf morgen abgebrochen – und bis heute nicht wiederaufgenommen. Manchmal begegne ich einem von ihnen zwar in der Stadt. Dann sage ich ganz normal Hallo. Aber ich würde mich nie mehr wieder mit ihnen verabreden. Auch wenn sie vielleicht ebenso ihr Leben geändert haben. Das sind zu viele Erinnerungen. Ich habe kein Problem, über meine Vergangenheit zu sprechen, aber ich mag nicht mit einem darüber reden, mit dem ich diesen Scheiß gemacht habe.

Es ist interessant: Ich erlebe oft, dass viele Leute nicht nachvollziehen können, wie man damit einfach so abschließen kann. Vielleicht ist das aber auch eine Gabe, die ich habe? Wie ein Schalter, der umgelegt wird. Das ist schwierig zu erklären. Ich stelle mir vor, das ist irgendwo im Gehirn, und plötzlich fällt das einfach nach hinten. Es klingt blöd, es macht zack, und es fließt so aus dem Kopf, und ich will davon nichts mehr wissen.

Beim Gerichtstermin viele Jahre später passierte etwas, das mich extrem faszinierte: Einige der Opfer der Raubüberfälle waren auch beim Prozess. In der Pause entschuldigte ich mich persönlich bei ihnen. Ich sagte: »Es tut mir sehr leid, was passiert ist.« Woraufhin jeder im Wesentlichen dasselbe sagte: Dass es wichtig sei, dass ich begriffen habe, was ich getan hätte, und dass ich mein Leben geändert habe. Nur das. Doch das war mir viel wert. Nach dem Urteil sagten einige Opfer zu meiner Mutter, die auch dort war: »Der hat etwas gelernt, der will damit nichts mehr zu tun haben.« Sie würden nicht verstehen, warum die Behörden mich so hart bestrafen wollten, warum sie mich am liebsten verwahren würden. Das konnte ich überhaupt nicht nachvollziehen: Ich hatte angenommen, sie wünschten mir das Schlimmste vom Schlimmen!

Das hat mich sehr bewegt, das fand ich krass. Denn ich schämte mich sehr vor den Opfern. Als ich damals ins Gericht kam, konnte ich ihnen kaum in die Augen sehen. Nicht weil sie mir scheißegal gewesen wären, sondern weil ich mich einfach so sehr schämte. Sie aber kamen derart offen auf mich zu... Ich habe die Welt hinten und vorne nicht mehr verstanden. Das war mir fremd. Wenn ich früher Scheiß gebaut hatte, wurde ich immer sofort bestraft. Im Heim, in dem ich aufgewachsen bin, wussten wir ganz genau: Wenn du dich nicht entschuldigst, dann bekommst du eine Woche Zimmerarrest. Wir lernten nicht, dass eine Entschuldigung von sich aus kommen und ehrlich sein muss: »Es tut mir leid, dass ich dir ein Bein gestellt oder dass ich dich angespuckt habe.« Stattdessen hieß es: »Du entschuldigst dich jetzt, sonst gibt es Zimmerarrest.« Jetzt aber hatte ich einen Riesenbock geschossen, und trotzdem stellen sich diese Leute auf meine Seite, weil der Staatsanwalt will, dass ich jahrelang weggesperrt werde. Das hat mich ziemlich berührt.

Die Opfer dieser Raubüberfälle waren ganz verschiedene Menschen. Das waren junge Frauen, junge Männer, ältere Frauen, Männer. Über meinen Anwalt nahm ich Kontakt zu ihnen auf. Manche kamen nicht zum Prozess. Manche wollten auch nichts von mir wissen, wollten nicht, dass ich sie anschreibe. Andere nahmen meine Entschuldigung an. Jeder Mensch reagiert anders auf das, was ihm passiert. Das merkt man auch in solchen Situationen.

Schwierig war die Arbeitssuche nach der Haft: Anfangs ging ich offen mit meinem Lebenslauf um. Bis ich merkte, dass ich so keine Chance habe. Nicht einmal bei den temporären Stellenvermittlungen. Dort sagte mir sogar einer: »Geben Sie besser nicht an, wo Sie die letzten sechs Jahre waren.« Ich fragte ihn, was ich stattdessen reinschreiben sollte? Er wusste keine Antwort. Ich überlegte lange und wusste schnell, dass ich mich nicht mit einem falschen Lebenslauf bewerben wollte. Und da ich immer im Gefängnis gearbeitet hatte, schrieb ich einfach Dorfschreinerei Krauchthal und meinte das Gefängnis Thorberg sowie Dorfschreinerei Arxhof, Dorfschreinerei Uitikon usw. Tatsächlich arbeitete ich ja auch in einer Schreinerei, aber eben nicht in der Dorfschreinerei, sondern in der jeweiligen Gefängnisschreinerei. Auch in den Vorstellungsgesprächen sagte ich besser nichts, das merkte ich bald. Das funktionierte, ich bekam schließlich Arbeit. Meine Erfahrung ist, dass man den Wiedereinstieg nur schafft, wenn man sorgfältig mit der Wahrheit umgeht. Zum Glück weiß mein jetziger Chef unterdessen über meine Vergangenheit Bescheid. Er geht damit sehr locker um, obwohl er überrascht war und solch negative Erfahrungen überhaupt nicht kennt. Er sagt: »Weißt du, mir geht es darum, wie du arbeitest und wie gut wir es miteinander haben. Der Rest interessiert mich nicht.«

Auch mein Kollegenkreis kennt meine Vergangenheit. Mir ist es lieber, man weiß von mir direkt, was war, als dass sie das über sieben Ecken erfahren und einer plötzlich verblüfft dasitzt, weil er damit nicht umgehen kann. Gerade in der älteren Generation gibt es Leute, die mit mir keinen Kontakt haben wollen. Einfach weil sie wissen, was ich getan habe. Die das eben sehr engstirnig sehen: einmal kriminell, immer kriminell. Mein Kollegenkreis dagegen nimmt das relativ locker. Sie interessieren sich natürlich auch sehr dafür. Sie fragen nach, wollen wissen, wie das war. Ja, wie war das denn? Megakrass. Hast du dich jetzt geändert? Es gibt da viele Fragen. Dass ich offen darüber spreche, schätzen sie. Und sie sehen auch, dass ich sauber bin und keinen Mist mehr baue. Dass ich sehr umgänglich bin und nicht mehr aggressiv. Es überwiegt das Positive, ich habe einen sehr guten Freundeskreis.

Viele habe ich durch die Musik kennengelernt. Elektronische Musik ist mein Hobby. Früher war ich recht unmotiviert und faul, heute bin ich das totale Gegenteil: Ich mache sehr viel. Ich habe einen Job, arbeite Akkord, und ich habe mit Freunden ein eigenes Musiklabel gegründet. Wir fördern und produzieren junge, talentierte DJs. Damit verdiene ich praktisch nichts, das ist mein Hobby. Ich investiere sehr viel Zeit dafür, aber das ist genau das, was ich brauche. Ich habe viel Energie, und die muss irgendwo raus. Das war sicher früher auch ein Problem. Dass ich anfing zu kiffen und rumgehangen habe, lieber zu Partys ging und Drogen eingeschmissen habe, statt etwas Sinnvolles zu machen.

Wenn ich jetzt zurückdenke, war mein größter Fehler, dass ich nach der Ausbildung alleine eine Wohnung genommen habe. Ich war achtzehn Jahre alt, ich war immer nur im Heim gewesen, selbst in der Ausbildung bin ich in einer Institution aufgehoben gewesen. Vom Leben draußen hatte ich schlicht keine Ahnung. Zwar bot mir das Heim betreutes Wohnen an, aber das habe ich ausgeschlagen. Ich genoss die Freiheit, ging nur noch auf Partys, konsumierte Drogen und vergaß die Arbeit. So habe ich den Bezug zum realen Leben, den ich ja sowieso nicht hatte, noch mehr verloren. Dadurch, dass ich immer im Heim war, hatte ich draußen keine Freunde. Heimfreunde sind keine echten Freunde, jeder hat dort seine eigenen Probleme. Ich kann mich noch gut erinnern, wie ich zum ersten Mal einen Rave in Roggwil besuchte. Ich ging allein hin, am Schluss war ich mit zehn, fünfzehn Leuten zusammen und feierte eine riesige Party. So begann sich das zu entwickeln. Dass man mich einfach mal in Ruhe ließ, das habe ich extrem genossen. Ich stand morgens auf, wann immer ich wollte, hatte keine Regeln, keine Strukturen – ich konnte machen, was ich wollte. Und ging ich auf eine Party, war ich niemandem Rechenschaft schuldig.

Was ich auch bereue: Wieso habe ich immer studieren wollen, es aber nie getan? Wieso habe ich mir nie in den Arsch gekniffen und angefangen zu studieren? Früher wollte ich Anwalt werden. Gut, ich könnte immer noch – doch ich müsste die Matura nachholen ... und ich habe schulisch ein solches Manko, ich wäre unendlich lange damit beschäftigt. Ich bin zufrieden, wie es ist: Ich gehe arbeiten, bin glücklich mit dem Job, kann meine Musik nebenbei machen, habe meinen Kollegenkreis. Einfach genießen, ohne unnötigen Stress oder zusätzliche Probleme.

Was passiert ist, hat meine ganze Einstellung zum Leben im positiven Sinn sehr verändert: Ich will nicht mehr kriminell sein. Früher dachte ich, dass ich einmal viel Geld haben würde, einen Ferrari, dies und das. Ich dachte, ich *bräuchte* das. Ich wollte im Mittelpunkt stehen und dachte, nur mit viel Geld sei man etwas wert. Geld war mir wichtiger als Freunde und alles zusammen. Ich habe gut gelebt und an einem einzigen Tag mit einem Überfall vielleicht so viel verdient wie ein mittelständischer Arbeiter. Doch wenn ich hätte wirklich reich werden wollen, dann hätte ich sowieso etwas viel Größeres machen müssen.

Heute ist mir Geld nicht mehr wichtig. Ich fahre einen uralten Golf und bin völlig zufrieden damit. Das ist wahrscheinlich das Positive am Gefängnis: der Freiheitsentzug und dass du im Knast nichts mehr selbst entscheiden kannst. Ich wollte viel vom Leben, aber ich habe das mit völlig falschen Mitteln zu erreichen versucht.

Jetzt bin ich seit über fünf Jahren aus der Haft, aber noch nicht ganz durch damit. Ich habe viele Schulden, die ich abbezahlen muss. Eigentlich gehe ich arbeiten, damit ich diese offenen Rechnungen bezahlen kann: die Gerichtsverfahren, die Wohnung, die ich hatte, die Handyrechnungen, alles, was noch offen war, weil ich es damals nicht mehr bezahlen konnte. Das hat sich ja nicht alles einfach von selbst erledigt. Alles in allem hatte ich Schulden von etwa 50 000 Franken, jetzt sind noch ungefähr 30 000 Franken offen. Wobei mein größtes Problem die Lohnpfändung ist. Denn wenn man hohe Schulden hat, kann man vom Amt gepfändet werden. Das heißt, von meinem Lohn bekomme ich das sogenannte Existenzminimum ausbezahlt, die Steuern werden aber auf den vollen Lohn berechnet.

Mit dem Existenzminimum kann ich gut leben, ich kann trotzdem ab und zu sogar etwas auswärts trinken oder essen oder auf ein Konzert gehen. Das kann man alles. Aber man kann zu wenig Geld für die Steuern zur Seite legen. Und zwar viel zu wenig. Wenn jemand arbeitet und Schulden hat, dann ist er mit diesem System der Lohnpfändung am Arsch. Gerade letzte Woche habe ich mit dem Steueramt telefoniert, um zu fragen, wie ich dieses Problem lösen könne. Denn das ist die letzte Last, die ich noch habe. Doch sie bestätigten lediglich meine Erkenntnis: »Ja, Herr Brisbane, das ist leider so. Das ist unser System.«

Wäre ich ein paar Monate arbeitslos, dann würden die Steuerschulden zu Verlustscheinen. Damit könnte ich ohne Lohnpfändung wieder anfangen zu arbeiten, könnte eine Schuldensanierung machen und mir die Verlustscheine herauskaufen. Doch das ist nicht mein Stil. Lieber wäre mir, jemand würde die Pfändungen vorschießen und ich würde sie ihm danach abbezahlen. Mein Chef würde das tun, doch er steckt gerade mitten in einer Scheidung und muss Geld nachzahlen. Die ganze Situation ist ein großer Mist, denn ich will da raus, schaffe es aber nicht so schnell.

Ich verstehe jeden, der damit irgendwann nicht mehr klarkommt. Ich bin sehr glücklich, wie es jetzt ist. Die Schuldentilgung ist das Einzige, was ich noch brauche, um diese

Geschichte abzuschließen. Seit mittlerweile fünf Jahren verdiene ich gut, lebe aber vom Existenzminimum – trotzdem habe ich erst die Hälfte abbezahlt. Diesbezüglich habe ich eine große Wut auf den Staat.

Wut auf meine Eltern oder auf das Heim, auf all die Leute, die mich nicht vorbereitet haben auf das, was »draußen« ist, habe ich keine, nein. Das bringt mir ja nichts. Ich sehe das an meinem Bruder. Er ist 41 und schaut immer nur zurück, darauf, was gewesen ist. Aber wenn du nicht irgendwann einen Cut machst und das Früher einfach mal sein lässt, dann klappt das nicht. Man muss ja nicht vergessen, was war, aber wenn man die Fehler immer nur in der Vergangenheit sucht, kann man nie abschließen und neu anfangen.

Mein Cut war das Gefängnis. Doch obwohl ich eine schwere Kindheit hatte, kann ich meinen Eltern oder dem Heim nicht die Schuld dafür geben, dass ich dort gelandet bin. Auch nicht, dass ich dahin gekommen bin, wo ich heute stehe. Schließlich habe ich mich selbst dafür entschieden, was ich getan habe. Ich hätte es ja auch anders machen können. Auch wenn es in meiner Situation vielleicht schwierig war, ein besseres Leben zu führen. Böse bin ich trotzdem auf niemanden.

Dass ich es geschafft habe, mit meiner Wut besser umzugehen, hat sicher mit meinem Umfeld zu tun. Dass ich wieder guten Kontakt zu meinen Eltern habe, zu meiner Schwester. Die Freunde, die ich habe. Die Einstellung, die ich habe. Dass ich alles runtergeschraubt habe, die Ansprüche und alles. Dass ich zufrieden bin, so wie es jetzt ist. Das sind mehrere Faktoren, die mich glücklich machen. Das kannte ich früher nicht. Das begann erst mit dem Sozialarbeiter, der mir die verschiedenen Gefühle erklärte. Unterdessen kann ich unterscheiden, ob ich glücklich bin, enttäuscht, wütend oder verletzt. Denn früher war für mich alles nur Wut.

Mittlerweile habe ich auch wieder Kontakt zu meinen Eltern, zu meiner Mutter und meinem Stiefvater. Zu ihm hatte ich zehn Jahre lang keinen Kontakt. Dass wir uns jetzt wieder sehen, ist mir sehr wichtig. Mein Stiefvater war früher ein sehr sturer Bock. Er hat sich extrem verändert. Mit ihm habe ich heute das beste Verhältnis, das ich jemals hatte. Ich habe gelernt, ihnen zu sagen, dass sie Dinge getan haben, die sie nicht hätten tun sollen, besonders meine Mutter. Wir sprechen nicht viel darüber, aber es ist gut, das auszusprechen. In unserer Familie wird nicht über Gefühle gesprochen. Ich kann das unterdessen, aber meine Familie nicht. Die hat sich ja nicht geändert.

Heute weiß ich, dass Fehler dazu da sind, dass man über sie nachdenkt. Warum ist das passiert und wie kann ich es das nächste Mal anders machen? Letztendlich habe ich die Strafe durchgemacht, die mir das Gericht gegeben hat. Damit war ich auch immer einverstanden. Ich sagte stets: Egal wie viel sie mir geben, ich habe es verdient. Denn ich bin immer auch der Meinung: Wer Scheiße baut, muss auch bestraft werden. Es geht nicht anders. Ohne Bestrafung funktioniert das System nicht.

Nach meiner Entlassung wurde ich zwei Jahre lang beobachtet. Zog ich um, fiel den Nachbarn auf, dass plötzlich regelmäßig die Polizei patrouillierte. Selbst wenn es eine abgelegene Straße war. Bis ich einmal meinen ehemaligen Fahnder zufällig in der Kneipe traf. Ich erzählte ihm davon. Er sagte: »Du warst kein kleiner Verbrecher.« Das brauche halt Kontrolle. Doch seit wir darüber gesprochen haben, ist nichts mehr. Ich habe nie mehr die Polizei in meiner Straße gesehen.

Was mich immer noch stresst, sind Verkehrskontrollen. Bei jeder Kontrolle werde ich gefilzt und wie ein Straftäter behandelt. Wenn ich meinen Ausweis zeigen muss, bekommen sie am Telefon »BT« für Betäubungsmittel gemeldet, das heißt: aussteigen, kontrollieren. Alkohol? Drogen? Waffen? Das passiert auch, wenn ich Leute im Auto habe. Ich verstehe, dass die Polizei ihren Job machen muss, aber das finde ich nach mehr als fünf Jahren so nicht in Ordnung. Denn es ist ja nichts mehr gegen mich offen. Irgendwann ist auch mal gut.

Ich habe übrigens vor etwa zwei Monaten auch den Gerichtspräsidenten angerufen, der meinen Fall betreute, und ich habe mich bei ihm bedankt, dass er mich damals nicht in Verwahrung genommen hat. Er fiel aus allen Wolken, sagte, das sei ihm noch nie passiert. Ich habe diese Leute immer so betrachtet, dass die einfach ihre Jobs machen. Die sind ja nicht böse – im Gegenteil, ich bin froh, dass sie mich geschnappt haben. Und jetzt sollte ich einfach mit allem normal umgehen, so wie jeder andere auch. Dann komme ich gut klar damit.

Meine Freundin hat mir einmal vorgeworfen: »Du genießt es, wenn du davon erzählst.« Es stimmt, dass ich gern davon erzähle. Aber nicht, weil ich das cool finde. Sondern weil ich weiß, dass mein Gegenüber das nicht kennt. Das hat niemand sonst so erlebt. Nur ich. Ich weiß, wie es war. Das ist schwierig zu beschreiben, denn ab und zu mache ich auch mal Witze über jene Zeit. Meine Freundin mag das nicht.

Dass die Freiheit im Gefängnis weg ist, dass man nichts selbst entscheiden kann, das ist happig. Trotzdem denke ich, braucht es kein Gefängnis, um einzusehen, ob man einen Fehler gemacht hat, ob man sein Leben ändern möchte. Dass man sich danach tatsächlich ändert, das passiert allein im Kopf. Erst wenn man sich sagt, du willst es ändern, und das wirklich in seinem Hirn einbrennt, dann schafft man das auch.

Dave blinzelt in die späte Herbstsonne und schaut auf die Uhr: Er will sich jetzt um einen Tisch für die neue Wohnung kümmern. Er und seine Freundin ziehen bald um. Nächste Woche hat er dafür Urlaub genommen, für die Vollendung des Tischs und damit er die Wohnung streichen kann.

Dass er nicht mehr so sehr auf Partys geht, hat auch damit zu tun, dass er nicht in brenzlige Situationen geraten möchte. Bisher ist das nur einmal passiert: Mehrfach angepöbelt von einem Betrunkenen, war Dave schneller, als der andere ihn von hinten schlagen wollte. Er habe sich gewehrt, sagt er. Und gleichzeitig habe es ihm unendlich leidgetan, dass er ihn erwischte. Auch wenn das Notwehr war: »In solchen Situationen bekomme ich immer Angst. Ich will mich nicht schlagen, aber wenn mich jemand angreift, dann wehre ich mich.«

Als er mir den Ablauf eines Raubüberfalls schildert, plärrt gleichzeitig lautstark Falcos »Out of the Dark« aus den Radiolautsprechern direkt über uns. Ich frage ihn, was er sich mit seiner Vergangenheit für die Zukunft definitiv abschreiben könne.

Er erzählt, dass er sich vor drei Jahren bei der Polizeischule beworben hätte. Und muss über sich selbst lachen, als er sagt: »Sie haben mich abgelehnt, weil die Straftaten zu hart seien.« Sobald seine Schulden getilgt sind, möchte er die Welt sehen. Besonders Brisbane: »Weil ich so heiße. Ich habe viele Freunde, die dort gewesen sind, nur ich bin noch nie dort gewesen. Das muss eine sehr schöne Stadt sein. Für zwei, drei Wochen möchte ich einmal hin – obwohl mir die Freunde gesagt haben, dass das nicht reichen würde. Man brauche mindestens einen Monat. Doch mir würden auch zwei Wochen genügen.«

> »Wie soll man eine solche Tat
> entschuldigen?«

Der Mann, der lebenslänglich
im Gefängnis war

Eine halbe Stunde früher als verabredet solle ich kommen, warnt mich Simone lachend, Kai werde sowieso zu früh da sein. Und tatsächlich: Obwohl ich sogar satte 35 Minuten zu früh an die Glastür eines Büros in Schöneberg klopfe, wartet Kai bereits im Vereinslokal des Gefängnistheaters, das mit Inhaftierten Stücke einstudiert und diese im Gefängnis für die Öffentlichkeit aufführt.

Wir setzen uns nach hinten in die Küche, sinnigerweise mit Gitterstäben vor dem Fenster. Simone stellt uns einen Krug Kaffee hin, Milch und einen Aschenbecher. Kai ist starker Raucher und sichtlich leidenschaftlicher Kaffeetrinker. Es ist achtzehn Uhr an einem Montagabend im Januar und draußen beißend kalt. Kai ist charmant: Er erzählt seine Geschichte, so tragisch sie ist, herzhaft, lustig, selbstbewusst, auch ein bisschen protzig, zumindest stellenweise.

Als wir unser Gespräch beginnen, habe ich keine Ahnung, was sich dieser sympathische, kräftige 53-jährige Mann hat zuschulden kommen lassen, sodass er mir jetzt gegenübersitzt und etwas zu Fehlern, Schuld und Verantwortung zu erzählen hat. Zuerst sagt er lebenslänglich, spricht vom Knall, dann vom Unglück, schließlich erzählt er schonungslos die Details, von denen ich nicht weiß, ob sie sich tatsächlich so zugetragen haben oder zu seinen Gunsten oder Ungunsten geschönt sind:

Dass ich lebenslänglich im Gefängnis gelandet bin, dafür fallen mir noch immer nicht die richtigen Worte ein: ob das ein Fehler war, ein Unglück oder der größte Mist. Denn das ist ein riesiges Unglück für viele Menschen, nicht nur für mich.

Um davon zu erzählen, muss ich sehr weit ausholen: Mit 25 Jahren war ich Ende der Achtzigerjahre der jüngste Meister für Elektromechanik in Berlin, ich war ein sehr erfolgreicher Mensch. Geworden bin ich das auf normalem Schulweg, was fast nicht machbar ist – entsprechend war ich der Stolz der Elektro-Innung vom Land Berlin und wurde sehr protegiert. Was bei mir auf sehr fruchtbaren Boden fiel, denn ich wollte Karriere machen. Das habe ich auch geschafft: Mit 29 war ich im Vorstand der Elektro-Innung, einer von zwölf weisen Meistern, und hatte meinen eigenen Betrieb. Ich war, wie man so schön sagt: karrieregeil. Damals gab es für mich keine Grenzen, null. Ich habe viel gearbeitet, hab viele Geschäfte gemacht, hab meinen eigenen Betrieb aufgebaut. Und ich war gierig: Zehn Prozent jährlicher Zuwachs hat nicht gereicht. Im ersten Jahr machte ich 500 000 DM Umsatz, im zweiten eine Million, bis ich 1994 bei bereits knapp fünf Millionen gewesen bin. Ich stellte Mitarbeiter ein, und wir arbeiteten nicht mehr nur deutschlandweit, sondern international, machten Spezialmontagen. Morgens setzte ich mich ins Büro, danach zog ich die Arbeitshose über und erschien auf der Baustelle. Zehnstundenschichten waren nichts, im Nachhinein weiß ich gar nicht, wo ich überhaupt die Energie hergenommen hatte.

Ich habe diese Energie zwar immer noch, allerdings hat sich das jetzt nach fünfzehn Jahren Tegel und zwei Jahren in der Freiheit auch mit einer ganz großen Portion Vernunft gepaart. Das ist eine Lektion, die man durchaus lernt, wenn man während der Therapie aufgepasst hat. Um sich zu sagen: Ich bin einmal wegen ähnlichen Sachen gescheitert in meinem Leben. Der Schaden, der da entstanden ist, den kann ich nicht mehr gutmachen, mein ganzes Leben lang nicht. Das brauche ich nicht zweimal.

Denn vor dem großen Unglück geschahen noch ein paar

andere Unglücke: 1996 verlor ich meinen Betrieb nach drei schweren Einbrüchen im Abstand von ungefähr je sechs Wochen. Das war Pech, aber die Versicherung weigerte sich zu zahlen. Ich war 33 Jahre alt, kurz darauf war ich pleite – mit 1,5 Millionen DM Schulden. Das war ein Scheißgefühl. Dass ich nach Hause gehen und meiner Frau beichten musste, dass jetzt gleich der Gerichtsvollzieher kommt. Ich hatte ihr von meinen Sorgen nichts erzählt, weil ich sie nicht noch mehr verunsichern und Ängste schüren wollte: Denn unser Sohn war da gerade erst zur Welt gekommen, nachdem wir unser erstes Kind, eine Tochter, unmittelbar nach der Geburt im Krankenhaus verloren hatten. Wir waren froh und glücklich, dass unser Sohn gesund und alles dranne war. Meine Frau litt an schweren Schwangerschaftsdepressionen, das volle Programm, mit allem, was dazugehört. Und weil sie auch noch im Betrieb mit drinhing, habe ich mir gesagt, ich werde über die Situation unseres Betriebs zu Hause kein Wort verlieren.

Bis ich den Moment, endlich mal reinen Tisch zu machen, vollends verpasst hatte. Und ihr dann innerhalb von zehn Minuten klarmachen musste, dass unser Lebenstraum und unsere ganze Energie gerade im Steilflug den Bach runtergehen. So richtig. Und dass danach für lange, lange Zeit nichts mehr sein wird. Es galt noch das alte Insolvenzrecht. Das war ein großer sozialer Absturz. Dass ich nicht eher zugeben wollte, dass ich gescheitert bin, hat mich letztlich meine Ehe gekostet. Es dauerte nicht mehr lange, und ich zog aus.

Warum ich mich nicht traute, ihr die Wahrheit zu sagen? Scham, Angst, da waren tausend Sachen, die mitgespielt haben. Ich hatte abends keine Lust mehr, zu reden oder Probleme zu diskutieren. Ich habe einfach zu Hause mit meinem Sohn gespielt, und schon sein Lächeln war viel angenehmer, als Probleme zu wälzen.

Weil wir gemeinsam in dem Betrieb veranlagt waren, dauerte es Ewigkeiten, bis wir eine rechtskräftige Scheidung einreichen konnten. Ich hatte viel zu kämpfen, sie aus allen Bürgschaften und allen Unterschriften rauszuholen. Weil ich mir gesagt habe: Die Schulden können mich, aber sie dürfen nicht Nicole treffen. Das wäre zusätzlich unfair. Und der zweite Gedanke war: dass unser Sohn wenigstens einen Menschen hat, mit dem er sorgenfrei leben kann. Danach hatten wir ein recht freundschaftliches Verhältnis miteinander: Sie hatte ihre Geschichten, ich die meinen, gemeinsam kümmerten wir uns um Silvan, unseren Sohn.

Schon als wir beschlossen, Kinder zu haben, war klar, dass ich kein Freizeitpapi sein wollte. Ich habe mich immer mit meinem Sohn beschäftigt. Und da Nicole als Krankenschwester im Schichtdienst arbeitete, hatte ich unseren Sohn zwei Wochen im Monat bei mir. Die Verantwortung fürs Kind ist auch beim Mann komplett da. Und natürlich gehört es dazu, dass ich ihn von der Kita abhole, zur Schule bringe, Schulaufgaben mit ihm mache, mit ihm spiele und alles, was dazugehört. Ich genoss das sehr. Wir hatten ihn ja auch nicht nur fürs Wochenende in die Welt gesetzt.

Das große Unglück geschah ein paar Jahre später: Weil Nicole einen Unfall mit ihrem Auto hatte und nicht fahrbereit war, holte ich sie von zu Hause ab und fuhr sie frühmorgens, es muss fünf oder sechs Uhr gewesen sein, zu ihrer Arbeit. Sie war aus irgendwelchen Gründen, die ich nicht verstand, sehr aufgebracht, sehr wütend und machte mir Vorhaltungen. Ziemlich zickig sogar. Ich wurde laut, irgendwann brüllte ich sie nur noch an: »Wenn du nicht sofort Ruhe gibst, raste ich gleich aus. Dann kannst du zusehen, wie du zur Arbeit kommst.« Doch sie gab keine Ruhe. Nun bin ich nicht der Mensch, der irgendetwas nur sagt. Sondern ich tu das dann auch. Ich fuhr zum nächsten Lidl-Parkplatz und sagte ihr: »Aussteigen.« Sie wollte nicht. Ich versuchte, sie aus dem Auto zu schubsen, doch das ging nicht, sie war noch angeschnallt. Also bin ich ausgestiegen, habe den Gurt geöffnet und sie rausgezogen.

Draußen stritten wir weiter. Als ich mich wegdrehte, berührte sie mich von hinten. Dazu muss man wissen, dass ich ein Neukölln-Kreuzberger Kind aus Berlin SO36 bin: Als ich in den Achtzigern dort aufgewachsen bin, war das eine heiße Drogengegend. Als Jugendlicher habe ich damals gelernt, mich reflexartig zu wehren. Jeder, der in Neukölln von hinten kam, war ein Gegner. Egal wie, den musste man so schnell wie möglich zu Fall bringen.

Aus den Spuren und dem Obduktionsbericht ist ziemlich schnell klar geworden, dass ich nicht mehr an Nicole gedacht hatte, als ich zurückschlug. Ich muss komplett in der Vergangenheit gewesen sein und reagierte automatisch. Ich schlug zu, sie fiel und blutete. Ich half ihr wieder hoch, noch immer machte sie mir Vorwürfe. Ich schüttelte sie und schubste sie ins Gebüsch. Stieg in mein Auto, hab sie einfach liegen lassen und bin weggefahren.

Erst später an jenem Tag begann ich, mich zu sorgen. Zusammen mit ihrer Mutter ging ich zur Polizei und formulierte vorsichtig eine Suchanzeige. Vom Morgen erzählte ich natürlich nichts. Am frühen Abend besuchte mich schließlich die Kripo und teilte mir mit, dass Nicole tot sei. Damit hatte ich nicht gerechnet. Auch wenn ich mich ganz genau zu erinnern versuche, habe ich noch heute den Eindruck, dass ich sie lebend verlassen hatte.

Doch vor Gericht wurde ich von der Rechtsmedizin eines Besseren belehrt, auch wenn mein Eindruck durchaus richtig war. Denn zum Tod geführt hat erst das, was danach passiert ist: Nicole trug an jenem Tag ein Seidenhalstuch. Und beim Anpacken, Schütteln und Rumschubsen habe ich das Ding wohl richtig zugezogen. Nun hat Seide leider eine fatale Eigenschaft: Wenn der Knoten zu ist, dann bleibt er auch zu. Seide hat ganz viele kleine Häkchen im Gewebe, mit denen die Knoten zugezogen bleiben. Im Gegensatz zu Knoten bei Baumwolle – die dehnt sich, und die Knoten lösen sich irgendwann wieder.

Bereits am ersten Prozesstag wusste ich, dass ich lebenslänglich kriegen würde: Als die Dame von der Gerichtsmedizin erklärte, wie Nicole gestorben ist, wurde ich immer kleiner. Seide ist ein relativ festes Gewebe. Und so wurde Nicole nicht, wie man annehmen könnte, von mir erdrosselt, sondern sie ist jämmerlich erstickt – und zwar nachdem ich gegangen war. Sie hatte nicht mehr die Kraft, den Knoten zu lösen. Das muss ein böser Todeskampf gewesen sein, den sie erlitten hat.

Nicht schön. Wär ich auch nur drei Minuten länger dort geblieben und hätte das gemerkt, dann wär das nicht passiert. Doch ich war so im Dampf, ich wollte nur weg, wollte sie nur aus den Augen haben.

Meine Erinnerungen daran sind nach wie vor klar. Was damals passiert ist, ist eingebrannt in mein Hirn. Das ist auch die größte Warnung, die ich habe. Die kann ich nicht vergessen, mit dieser Schuld muss ich leben. Jetzt, draußen in Freiheit blende ich das im Alltag relativ gut weg. Aber an Tagen wie Weihnachten, an ihrem Todestag oder am Geburtstag meines Sohnes, den er ohne seine Mutter verbringen muss – da kommt, was ich getan habe, jeweils wieder hoch. Das kann man nicht vergessen. Und darf man auch nicht vergessen. Später in der Therapie im Gefängnis habe ich gelernt, dass das, was da passiert war, vorhersehbar gewesen wäre. Wäre ich in dieser Krise rechtzeitig zu einem Psychologen gegangen, hätte der das wahrscheinlich erkannt und mich ausgebremst. Selbst aber habe ich nichts gemerkt, für mich war dieser Dampf normal.

Einen Tag später wurde ich verhaftet. Die Spurenlage war klar, ich war der Letzte am Tatort.

Sie taten gut daran, mich daraufhin nicht aus den Augen zu lassen. Einen Prozess hätte ich gar nicht gebraucht, ich wollte mein eigener Richter sein. Obwohl ich nichts gesagt hatte, müssen sie das wohl geahnt haben: Wenn die mich nur einmal länger als zehn Minuten alleine gelassen hätten, dann hätte ich mich aufgehängt. Ich wollte mit dieser Schuld nicht leben. Bis irgendwann ein Psychologe mir die eigentlich wichtigsten Worte sagte, die meinen Lebenswillen, meine Verantwortung wieder weckten: »Du bist der einzige Mensch, der deinem Sohn erklären kann, was passiert ist.« Er war damals sieben Jahre alt. Erst da realisierte ich, wie feige es wäre, wenn ich mich jetzt aus dem Leben stehlen würde. Dass ich dieses Recht nicht hatte. Dass nur ich und niemand sonst meinem Sohn irgendwann erklären könnte, was passiert ist.

Mit dem Tag der Verurteilung waren die Brücken zu ihm allerdings komplett abgebrochen. Wir haben seither keinen Kontakt mehr. Wenn er es möchte, werde ich Rede und Antwort stehen. Aber wenn er das nicht möchte, muss ich auch damit leben können.

Ich habe damals das komplette Fürsorgerecht an die Oma abgetreten, an Nicoles Mutter. Weil bereits zu dem Zeitpunkt feststand, dass ich mindestens eine zweistellige Zahl Haftjahre kriege. Damit bin ich aus der ganzen Erziehungsnummer komplett raus gewesen. Ich wusste, dass ich die Verantwortung für meinen Sohn beim besten Willen nicht mehr tragen konnte. Ob ich wollte oder nicht. Ich hätte es gern gewollt, aber das wäre eine Illusion gewesen. Und letztendlich habe ich seine Mutter getötet. Allein deswegen hatte ich kein Recht mehr, mich da in irgendwelche Erziehungsfragen einzumischen. Und die Oma hat einen hervorragenden erzieherischen Job mit einem traumatisierten Kind gemacht. Er ist tough, der Kleene, er studiert zwei Studiengänge. Macht sein Ding – auf Facebook sehe ich ab und zu ein paar Bilder von ihm. Er wird dieses Jahr 23, Ende Oktober, er hat sein Leben im Griff. Und das ist auch das Verdienst seiner Oma, ihn dahin gebracht zu haben. Sie hat ihn großgezogen. Und dafür kann ich nicht genug Danke sagen. Was sie gemacht hat, ist nicht selbstverständlich. Solche Leute haben ein Bundesverdienstkreuz verdient, finde ich. Das sind die wahren Helden dieser Welt. Und nicht Hochleistungssportler, die sowieso für ihre Leistungen trainiert haben.

Die Zeit war damals zu knapp, als dass ich mich meiner Schwiegermutter gegenüber hätte erklären können. Mich zu entschuldigen, das habe ich gar nicht erst versucht. Denn wie soll man eine solche Tat entschuldigen?

Meinem Sohn schicke ich seither über meinen Anwalt regelmäßig Briefe – zum Geburtstag, zu Weihnachten, zu Ostern. Allerdings nur, na ja: die Höflichkeitsfloskeln. Denn das ist so eine Sache: Ich kann ihm ja letztlich nur schreiben, damit er immer weiß, wo ich zu erreichen bin. Das ist der einzige Sinn. Alles andere geht nur in einem persönlichen Gespräch. Vor dem Moment, wenn sich mein Sohn meldet, habe ich einen Heidenrespekt. Oft wünsche ich mir, es wäre schon so weit. Und manchmal wünsche ich mir, es würde nie passieren.

Wobei er einmal im Gefängnistheater war, als ich gespielt

habe – unangemeldet. In der Regel wissen wir, wer kommt, damit wir Freunde oder Verwandte nicht anspielen. Weil... die meinen es nur gut, wenn sie uns anlächeln, weil sie sich freuen, uns zu sehen. Deswegen ändern wir beim Spielen die Positionen immer so, dass wir sie nicht im Blickfeld haben. An jenem Tag hatte ich allerdings keine Gäste. Ich bin unruhig gewesen. Normalerweise konzentrieren wir uns in der Stunde vor der Vorstellung auf uns selbst. Gehen unsere Texte noch mal durch, spielen unsere Rollen im Kopf durch, die Schlüsselpositionen. An jenem Tag gelang mir das nicht. Das muss wohl der berüchtigte siebte Sinn gewesen sein. Als ich zum Fenster ging, sah ich ihn. Ich habe ihn sofort erkannt. Ich bekam Panik, wollte nicht mehr spielen.

Auch weil ich ausgerechnet in jenem Stück die Rolle spielte, die ganz am Schluss den Juden tötet. Also die harte Linie. So richtig hart und grob. Er sitzt im Publikum, und ich leg auf der Bühne einen um. Großartig. Die Bühnentechnik und die Requisite sprachen mir Mut zu, ich hatte solch riesige Angst, vor meinem Sohn zu spielen. Glücklicherweise saß an jenem Tag zufällig die Obertherapeutin im Zuschauerraum. Nach dem Stück bin ich sofort zu ihr und habe sie um Hilfe gebeten. Sie verstand und begleitete mich nach draußen. Doch mein Sohn war bereits hinter dem Zaun, vor dem ich stehen bleiben musste. Er drehte sich um und schaute mich kurz an. Mich hat überrascht, dass sein Blick nur traurig war. Nicht wütend. Nur traurig. Ich hatte abgrundtiefen Hass erwartet, weil ich ihm doch die Mutter genommen habe. Danach schrieb ich ihm einen Brief. Den längsten meines Lebens. Bestimmt zwei, drei Wochen habe ich drangesessen. Auch, um der Oma bloß kein Unrecht zu tun. Man kann ja auch manchmal durch ein einziges Wort einen Haufen Scheiße bauen. Ich bin der Oma wirklich dankbar, dass sie sich Silvans angenommen hat. Und ich habe sogar eine Antwort gekriegt: Er schrieb, dass er mich nicht sprechen, sondern mich nur sehen wollte. Mehr nicht.

Ob ich meinen Sohn vermisse? Ja und nein. Ich vermisse ihn als Siebenjährigen, so, wie ich ihn damals verlassen habe, das war sehr schwer. Ich wäre stolz gewesen, ihn groß werden zu sehen. Jetzt ist er 23 Jahre alt. Er wird immer in meinem Kopf bleiben und er wird immer mein Sohn sein, und so liebe ich ihn auch. Aber das ist eine andere Form von väterlicher Liebe geworden als in einer gängigen Vater-Sohn-Beziehung.

Wenn irgendetwas sein sollte, wenn er irgendetwas braucht von mir, ob es nun Rückenmark oder sonst etwas wäre, ich gäbe es ihm sofort, keine Frage. Er aber hat nicht die Verpflichtung zu sagen, das ist mein Vater oder ich möchte Kontakt mit ihm haben. Wenn er das will: ja. Aber ich muss damit rechnen, dass er bis zu meinem Tod keinen Kontakt haben möchte.

Wer glaubt, dass sich mit fünfzehn Jahren Knast die Schuld erledigt, liegt völlig falsch. Für die Gesellschaft ginge das vielleicht, aber für das eigene Herz und den eigenen Kopf geht das nicht. Denn die Schuld, mit der geh ich ins Grab. Die kann ich unmöglich vergessen. Ich weiß auch gar nicht, ob es vor Gericht Gerechtigkeit geben kann. Das Lebenslänglich war nicht ungerecht, denn das Sterben war grausam. Aber dass mich der Richter schlussendlich wegen Mordes und nicht wegen Totschlags im Affekt verurteilte, das fand ich ungerecht. Während des Prozesses stellte sich nämlich heraus, dass meine Exfrau und mein Bruder ein Verhältnis miteinander hatten. Offenbar wussten nur ich und meine Schwägerin nichts davon. Woraufhin für den Richter klar war, dass ich aus Motiven der Eifersucht gehandelt hatte, doch das hatte mit dem Sachverhalt nichts zu tun. Er hielt mir vor, ich sei aufgrund meiner Meisterschule rhetorisch geschult – sei mir meiner Macht über Worte bewusst. Und deswegen dürfe man mir keinen Glauben schenken.

Was aber passiert ist, war eine Verkettung vieler doofer Umstände, die da zusammengetroffen sind. Und hatte nichts mit irgendeinem Plan im Kopf zu tun. Den habe ich nicht gehabt. Was im Übrigen auch dieser Gutachter bestätigte: Meine Wut war an diesem Tag einfach von Anfang bis Ende die gleiche. Überhaupt war meine Wut damals phasenweise so groß, dass ich gesagt habe: Jetzt den roten Knopf haben, und ich jage die Welt in die Luft. So sauer war ich auf alles. In jenem Streit hatte mir Nicole nämlich unter anderem vorgeworfen, dass ich die

Maschine unserer verstorbenen Tochter hatte abstellen lassen. Wobei ich eigentlich davon ausgegangen war, dass wir uns an dem Punkt einig seien. Weil wir für uns beide schon vorher beschlossen hatten, dass wir die Maschinen abschalten lassen würden, wenn einer von uns im Koma daläge.

Als unsere Tochter zur Welt kam, kam sie sofort in den Brutkasten, vier Stunden lang. Das war die Hölle: Sie wurde drei Mal reanimiert und die Ärzte hatten Nicole nicht mehr fragen können. Stattdessen fragten sie mich. Und ich entschied: »Schalten Sie die Maschine ab.« Das hat sie mir später vorgehalten. Dass ich das eigenmächtig entschieden habe. Obwohl ich doch im guten Glauben, dass wir das für uns genauso gemacht hätten, entschieden habe. Ich dachte tatsächlich, sie hätte das genauso entschieden. Und tausend andere Sachen. Unzuverlässigkeiten… da war eine ganze Menge Frust und Wut.

Schon aufgrund dieser Wut war es das Beste, dass sie mich eingesperrt haben. Die ersten sechs, sieben Jahre in Haft waren sowieso auch sehr vom Hass erfüllt. Das hat eine ganze Weile gedauert, bis ich irgendwann mal… ausgerechnet in der Kirche – und ausgerechnet einer katholischen! – einen seltenen Moment erlebte: Ich blieb nach dem Gottesdienst sitzen, hab komplett alles abgeschaltet und hab mit dem – wer auch immer der dort oben ist – Zwiegespräche geführt. Ich habe ihm gesagt, was mein Bruder für ein Arsch ist. Und die ganzen Leute, die mich all die Jahre auf die Palme gebracht haben. Auf die ich wirklich einen abgrundtiefen Hass hatte. Die hätten mir auch die ersten fünf Jahre nicht begegnen dürfen. Ich war schon ziemlich sauer. Auf alle, teilweise auch auf Zeugen.

Die einzige wahre Aussage kam ausgerechnet von meiner Schwiegermutter. Der hätte ich, weil sie ihre Tochter verloren hatte, das Recht zu lügen zugestanden, alleine nur, um mich zu verurteilen. Aber sie war eine ehrliche Zeugin. Sogar die ehrlichste von allen. Die meisten Anderen haben gelogen und gebogen und gemacht. Nur um ihre eigene Haut zu retten.

Unabhängig von der Schuld lernt man im Knast nämlich seine wahren Freunde und Feinde kennen. Meine Mutter und

Sandra, eine alte Freundin, blieben. Ansonsten habe ich mit meiner Familie nichts mehr zu tun. Weil sie erst neidisch auf meinen Erfolg waren und sich später köstlich gefreut haben, dass ich gescheitert bin. Unterdessen will ich auch gar keinen Kontakt mehr, denn ich möchte nicht, dass sie wissen, dass ich trotz des ganzen Pechs auch immer wieder Glück hatte. Gerade durchs Theaterspielen, das mich während der Gefängniszeit nicht hat verrückt werden lassen.

Das Leben im Gefängnis ist streng reglementiert. Morgens, kurz nach sechs Uhr, kommen die Beamten. Dann hat man eine halbe Stunde Zeit, um zu duschen und um sich mit heißem Wasser für seinen Kaffee zu versorgen, denn in der Zelle hat man nur kaltes Wasser. Danach kann man Anträge für irgendwelche Sachen abgeben, es muss ja alles genehmigt werden, dann kurz vor sieben zur Arbeit. Zuerst arbeitete ich in der Desinfektion, später wieder als Elektromechaniker. Erst da habe ich gemerkt, wie sehr ich meine Arbeit vermisst hatte. Das ist mein Traumberuf. Immer noch.

Ich habe mein Abitur nachgeholt. Und irgendwann geriet ich in den Kulissenbau des Gefängnistheaters. Bis der Regisseur sagte: »Du hast eine schöne große, kräftige Stimme: Du spielst.« Beim ersten Mal habe ich mir fast in die Hose gemacht. Ich musste im Chor mitlaufen und viel Text auswendig lernen. Daran werde ich scheitern, glaubte ich und übernahm anfangs nur ganz kleine Textteile bei den Anfängen. Bis ich am Ende Einzelcharaktere spielte. Allerdings immer meinen Charakterzügen entsprechend: der harte, unnahbare General. Das hat immer viel Spaß gemacht, heute vermisse ich das.

Im Gefängnis haben mir viele Menschen Halt gegeben. Meine Freunde, das Theater, teils die Beamten, teils die Gruppenleiter, meine Therapeuten. Ein paar gute Menschen seitens der Inhaftierten, die mir da auch begegnet sind. Auch wenn man weiß, dass das Zweckgemeinschaften sind. Und in dem Moment, in dem man entlassen wird, heißt es: aus den Augen, aus dem Sinn. Die Summe dieser Menschen hat mich eigentlich zu dem gemacht, der ich hier heute bin.

Wo die Wut hin ist? Die ist in der Kirche verpufft. Tatsächlich: Ich kann nicht mal sagen, wie das funktioniert hat. In jenem Moment war ich einfach nicht auf dieser Welt. Ich war woanders. Und hab eine ganze Menge Frieden gefunden. Ich will jetzt nicht behaupten, dass ich ein Oberheiliger bin. Das bin ich nicht. Aber ich habe irgendeine geistige Verwandtschaft da gefunden. Frieden oder was auch immer. Und als ich wieder in meiner Zelle war, konnte ich nicht mehr hassen. Konnte meinen Bruder loslassen, der Teil der Familie, der mich enttäuscht hat, meine Exfreundin. Und viele andere Menschen, die ich wirklich gehasst habe. Verzeihen möchte ich nicht sagen. Verzeihen kann ich vieles nicht. Genauso wenig, wie man mir meine Taten verzeihen kann. Aber ich konnte nicht mehr sauer sein. Die werden ihre Gründe gehabt haben. Und auch wenn einige von ihnen so richtig Kacke an den Hacken haben: Ich habe einen entscheidenden Vorteil. Ich habe meine Strafe verbüßt. Ich bin frei. Ich kann auch drüber reden. Die anderen haben ihr Gefängnis da oben. Sie können nicht so frei leben, wie ich das heute kann.

Bevor man schließlich aus der Haft entlassen wird, darf man als Ausgänger in Begleitung ziviler Beamter stundenweise raus, danach alleine als Freigänger, und schließlich wird man beurlaubt. In den zwölf Jahren Haft ist viel passiert: Lidl funktioniert zum Glück immer noch gleich, aber Kaufland kannte ich zum Beispiel nicht. Als ich das erste Mal dort war, habe ich die Obst- und Gemüseabteilung gerade noch geschafft. Danach musste ich raus. Das war einfach zu groß, eine irrsinnige Dimension. Im Knast in Tegel gab es keinen Kaufladen, sondern einen Zettel, auf dem wir ankreuzen konnten, was wir kaufen wollten. Ich bin Einkaufen gar nicht mehr gewohnt gewesen. Oder auch irgendwelche Menschenansammlungen auf der Straße oder in einer Schlange stehen, das habe ich auch überhaupt nicht vertragen.

Als es dann endlich so weit war, dass ich draußen wieder arbeiten konnte, hatte ich Glück und fand schnell wieder eine Stelle als leitender Mitarbeiter: Es gibt von der Innung einen Ausschuss, der sich um die Wiedereingliederung straffällig gewordener Gesellen kümmert. Dort kann man anrufen und um Hilfe bei der Vermittlung eines Jobs bitten. Vor meiner Haft hatte ich diesen Ausschuss sogar einmal selbst geleitet. Das ist eine unbeliebte Aufgabe, die meisten Meister machen das nicht unbedingt freiwillig. Ich hatte mir damals gesagt, dass jeder Mensch auch eine zweite Chance verdient. Ja, und dann schickte ich selbst eine Blindbewerbung mit der Bitte um Hilfe. Natürlich kannten sie mich. Meine Bewerbung wurde auf die Innungsversammlung weitergeleitet. Und vier Kollegen meldeten sich. Das ist das kleine Glück, das ich habe.

Und Nadine. Ein paar meiner Freunde beschlossen – ohne dass ich es wusste –, in der *Zitty* eine Kontaktanzeige für mich zu schalten: »Ungebunden, aber nicht ganz frei« umschrieben sie mich als Inhaftierten. Meine Freunde, die alle ihre Partner draußen gefunden hatten, waren der Meinung, dass auch ich mal jemanden an meiner Seite haben sollte. Eine einzige Person antwortete. Nämlich Nadine. Sie schickte mir ihre Telefonnummer. Mir war da schon klar, dass das eine Kontaktanzeige gewesen war, und ich rief meine Freunde an. »Hast du denn Briefe bekommen?«, fragten sie aufgeregt. »Ja, einen«, sagte ich. »Ja, dann ruf doch da an!« – »Nein, da ruf ich nicht an!« Solange ich im Knast war, wollte ich keine Beziehung. Ich sagte mir: Das tust du keiner Frau dieser Welt an, dass die hier in den Knast kommen muss. Sich dann vielleicht noch ganz groß verliebt in dich. Denn was hat sie dann von dir? Irgendwann scheitern wir beide, dann klebt drinnen an der Mauer ein Herz und draußen an der Mauer auch. Das wollte ich nicht.

Zufällig wurde meine Haftstrafe aber nur wenige Tage später gelockert. Erst da realisierte ich, dass ich irgendwann wieder ein Leben draußen haben werde. Vorher hatte ich darüber gar nie nachgedacht. Ich hatte Sehnsucht, aber ich machte mir keine Gedanken darüber, wie mein Leben in Freiheit würde aussehen können. Das war der Moment, um Nadine anzurufen. Allerdings war der Brief bereits ein paar Tage alt, als ich spätnachmittags von der Lockerung erfuhr. Da war keine Chance mehr, um zu telefonieren. Als ich sie dann endlich anrufen konnte, klärte ich sie gleich auf. Auch, warum ich einsaß. Dadurch, dass unsere Kennenlernphase so lange dauerte, haben wir uns anders kennengelernt. Viel intensiver. Wir haben fast ein Jahr warten müssen, bis wir zum ersten Mal miteinander... intim geworden sind. Wir haben viel reden können, das hat manches erleichtert. Wir tolerieren einander – sie hat ihre Hobbys, ich habe meine Hobbys.

Ich wollte keine Spielchen mehr spielen. Denn das war unter anderem ein Punkt, der in meinem vorherigen Leben so problematisch gewesen war – dass ich mir die Wahrheit jeweils so zurechtgebogen hatte, wie ich sie gerade brauchte. Dem einen erzählte ich die eine Hälfte der Wahrheit, dem anderen die andere. Gelogen habe ich nicht! Aber... ich hatte dem einen nur den ersten Teil des Satzes erzählt, dem anderen die andere Hälfte des Satzes. Das meine ich mit Spielchen. Heute sage ich alles. Was mir den Ruf eingebracht hat, ich sei undiplomatisch...

Was passiert ist, hat meinen Blick aufs Leben verändert. Bei wichtigen Entscheidungen, die ich früher aus dem Bauch heraus getroffen hätte, ob gut oder nicht gut, lasse ich mir heute Zeit. Wenn ich mich heute im Spiegel betrachte, dann sehe ich einen Menschen, der nach wie vor ein bisschen arrogant und überheblich ist. Das bin ich schon immer gewesen. Aber ich sehe auch teilweise einen sehr weichen Menschen. Ich bin bei Weitem nicht mehr so hart, wie ich es früher war. Auch mir gegenüber selbst nicht mehr. Also erstens hätte mich früher niemand ins Kino gekriegt – und ich hätte im Kino auch nie geweint. Nie. Heute kann ich das. Und ich schäme mich dessen nicht mal.

Früher hat man Dinge gemacht, die eigentlich selbstverständlich waren. Ich habe mir zum Beispiel nichts dabei gedacht, wenn ich meine vier, fünf Zigarren im Monat geraucht und mein Gläschen Wein dazu getrunken habe. Nach dem Knast sieht man Freiheit anders.

Als ich entlassen wurde, fuhr ich als Erstes mit meiner Freundin an die Ostsee. Ich sagte ihr: »Sobald wir können, gehen wir sofort zum Strand. Und es ist mir scheißegal, was für ein Wetter gerade ist. Wir nehmen einen Regenschirm mit, wenn es regnet, oder suchen uns irgendwas. Und dann trinken wir eine schöne Flasche Dornfelder, und ich rauche eine Zigarre dazu. Und werde es genießen, mit jedem Zug und mit jedem Tropfen, den ich trinke.« Und das habe ich dann auch gemacht. Meine Freundin hat irgendwann nur gefragt, was die Flasche Wein gekostet habe. »Das sage ich dir nicht.« Und was hat die Zigarre gekostet? »Das sage ich dir erst recht nicht.« Es war ein Genuss! Und so geht es mit vielen Sachen. Ich will heute ins Kino, ich will dieses machen, ich mach jenes. Das ist Freiheit. Aber mit einer anderen Wahrnehmung. Selbst auf der Couch einschlafen beim Fernsehen, das passiert auch öfter mal, wenn man viel arbeitet – selbst das ist Freiheit.

Wenn ich jemanden besser kennenlerne, erzähle ich meine Geschichte. Bei der Arbeit kursierten zum Beispiel Gerüchte über mich. In solchen Momenten fange ich nicht an, Spielchen zu spielen, sondern sage klipp und klar, was gewesen ist. Viele schlucken dann, klar – würde ich auch. Aber viele finden das auch mutig, dass ich da nicht drum rumrede. Ich habe die Erfahrung gemacht, dass Männer in der Regel ablehnender reagieren als Frauen. Einmal habe ich eine Freundin gefragt, warum das so ist. Warum sie nicht einfach aufgestanden ist, als ich ihr davon erzählt habe? Sie sagte: »Dass ein Mensch dabei umgekommen ist, das ist Scheiße. Aber die Wut, um so weit zu kommen, die kenn ich auch. Ich hab nur Glück gehabt.« Und diese Antwort habe ich erstaunlicherweise ein paarmal gehört in meinem Leben.

Zum Beispiel auch einmal nach einer Theatervorstellung, als ich noch im Knast war: Nach der Vorstellung durften wir jeweils eine Stunde lang mit Besuchern aus dem Publikum reden. Ein älteres Ehepaar sprach mich an, fragte, was passiert sei. Ich habe mir für solche Situationen eine Kurzversion angeeignet, denn man kann ja in einer Stunde nicht alles erzählen. Sie waren beide sehr wach und sehr weise. Danach guckte er mich an, schaute seine Frau an, gab ihr einen Kuss und meinte: »Siehste. Siehste eigentlich, wie viel Glück ich in meinem Leben gehabt habe?« Ich verstand nicht, was er meinte. Da blickte er mich an und meinte: »Ich hatte jemanden, der mich aufgehalten hat. Dieses Glück hatten Sie nicht. Das tut mir unendlich leid für Sie.« Solche Momente, dass auch andere Menschen einmal in eine ähnliche Situation gekommen sind, die zum Tod eines anderen Menschen hätte führen können, wenn nicht dieses kleine Quäntchen Glück dabei gewesen wäre...

Ein Freund bedankte sich sogar einmal bei mir. Er sagte: »Weißt du, Kai, wenn ich dein Schicksal nicht gekannt hätte, mir wär vielleicht auch irgendwann die Hand ausgerutscht. Du hast mich davor behütet. Und jetzt bin ich glücklich.« Wenn meine Geschichte hilft, dass so etwas nicht mehr passiert, dann ist das immerhin ein kleiner Trost.

Dass ich erst nach zwanzig Minuten erfahre, dass Kai seine Frau umgebracht hat, hilft: Hätte ich vorher gewusst, wofür er lebenslänglich bekommen hat, hätte ich ihm nicht so unbefangen gegenübergesessen. Nicht, dass ich vor ihm Angst gehabt hätte – davon war trotz der Gitterstäbe keine Spur –, aber das Unwissen über seine Tat half, zuerst den Menschen zu sehen. Danach den lebenslang Verurteilten – und erst später den verurteilten Mörder. Auch wenn ich am Ende nicht weiß, wie viel Wahrheit in seiner Geschichte steckt: Durch Kai erfahre ich, wie schmal der Grat im Leben sein kann, von dessen Höhe man in die Tiefe stürzen kann.

Am Schluss frage ich ihn, was nach einer solchen Tat Verantwortung bedeute? Kai überlegt lange und erzählt mir schließlich stolz von einer Ampel: wie er und ein anderer Autofahrer sich in die Haare geraten seien, wie sie ausgestiegen seien, sich angeschrien hätten. Wie er sich aber auch gesagt habe: »Du willst die Uhr in dir nicht um zwanzig Jahre zurückdrehen!« Wie er sich dann doch nicht habe provozieren lassen und den anderen einfach stehen ließ, als die Ampel grün wurde. »Das ist die Verantwortung. Denn in Altkreuzberger Zeiten, vor dreißig Jahren, wäre es anders gelaufen«, erzählt er zufrieden. Wobei er sich nicht habe verkneifen können, dem anderen einen Vogel zu zeigen.

Lieber aber erzählt Kai vom Glück, das ihm nach wie vor häufig begegne. Vor Kurzem etwa hätte der Richter seine Reiseein-

schränkung aufgehoben, weil er wusste, dass er eine sterbende Freundin im Nicht-EU-Ausland habe. Annette sei zu einer großen Schwester geworden, im Kopf und im Herzen: »Die hat mich irgendwann adoptiert, per Wort. Seitdem sind wir Bruder und Schwester. Und sie wird demnächst an Krebs sterben. Sie kämpft seit drei Jahren dagegen an. Aber den verliert sie. Sie ist jetzt 56.« *Mittlerweile, erzählt Kai, lebe sie im Hospiz und habe ihn gebeten, ihn zu besuchen, um sich zu verabschieden. Kai schluckt leer, davor habe er eine Heidenangst. Schweigt und sagt danach:* »Aber da hat mich das Leben wieder, das normale.«

Verliebt, vertraut, verdrängt

*Über die Neugier auf der Suche
nach Liebe und Lebenssinn*

*»Eines Tages entschied ich:
Heute missioniere ich
zum letzten Mal.«*

Der Zeuge Jehovas, der plötzlich Fragen stellte und sich mit den Antworten nicht mehr zufriedengab

»Ich erwarte Sie auf dem Bahnhofsvorplatz. Vermutlich in einer orangen Windjacke«, schreibt Herr Staiger, den ich über eine Beratungsstelle für Sektenfragen kennengelernt habe. Ich antworte ihm, dass er mich an meiner dunkelblauen Jacke erkenne und dass ich groß sei. »Ja, das sind Sie tatsächlich«, begrüßt er mich. Er steht vor einem Infostand von Longo Maï, einem selbstverwalteten Kollektiv, zusammen laufen wir, orange neben blau, die Bahnhofstraße durch Biel. Wir setzen uns an ein Marmortischchen im Café Odeon, eines der ältesten Cafés in der Stadt. Draußen herrscht geschäftige Vorweihnachtsatmosphäre. Ruhig erzählt der dreifache Familienvater von seinen Erfahrungen mit den Zeugen Jehovas, die mehr als zwanzig Jahre seines Lebens prägten. Einer religiösen Gemeinschaft, die in der Schweiz und in Deutschland als Sekte gilt. Doch das Wort Sekte höre er nicht gerne, sagt Staiger, auch nach seinem Austritt. Das stigmatisiere und provoziere bloß eine Blockadehaltung gegenüber kritischen Nachfragen. Er selbst bevorzuge den neutraleren Begriff »Kult« – und definiert damit »eine Gruppe, die bestimmte Handlungen durchführt, – ob diese nun richtig sind oder falsch«.

Meine Frau und ich haben unsere drei Kinder nach der Ideologie der Zeugen Jehovas erzogen, mit Werten, die mir damals wichtig waren. Als die beiden älteren Kinder um die zwanzig waren, begannen sie sich von dieser Religionsgemeinschaft zu distanzieren. Das tat zuerst einmal weh. Es half mir aber auch, dass ich selbst zu hinterfragen begann, wie wir eigentlich lebten. Beide Kinder merkten damals – aus unterschiedlichen Gründen –, dass sie so nicht leben wollten. Damit geriet etwas aus dem Gleichgewicht. Plötzlich bekam auch ich Zweifel und stellte mir andere und auch ganz neue Fragen.

Der ältere Sohn hatte früh, bereits mit achtzehn Jahren, eine andere Zeugin geheiratet und mit ihr zwei Kinder bekommen. Doch nach wenigen Jahren verspürte er einen wahnsinnigen Freiheitsdrang, brach aus, war als DJ nächtelang unterwegs und ließ die beiden kleinen Kinder alleine zu Hause, wenn sie bei ihm waren. Bis zur Trennung kümmerte sich seine Frau um die Kinder, doch danach kam es vor, dass mitten in der Nacht bei uns das Telefon klingelte, weil die Kinder alleine zu Hause waren. Er wurde später von der Gemeinschaft ausgeschlossen, weil er sich nicht mehr um seine Pflichten als Mitglied kümmerte. Gleichzeitig outete sich der jüngere Sohn als schwul. Homosexualität aber hat in solchen Gruppen wie den Zeugen Jehovas keinen Platz. Das war für mich ein Schlüsselmoment. Denn auch innerhalb einer Familie wird verlangt, dass man den Kontakt zu denen, die ausgeschlossen wurden, abbricht.

Unser Sohn, das war sehr rührend, schrieb uns einen Brief. Er kannte ja die Regeln der Gemeinschaft und wusste, was von uns verlangt wurde. Er schrieb, er würde uns ein paar Wochen, wenn nötig auch Monate, allein lassen, nicht besuchen und nicht anrufen, weil ihm klar sei, dass wir jetzt keinen Kontakt mehr mit ihm haben sollten. Damit gab er uns zu verstehen, dass er für unser Dilemma Verständnis hatte. Ich merkte schnell: Ich werde den Kontakt zu ihm nicht abbrechen können, niemals!

Und ich dachte auch darüber nach, wie verrückt es war, dass unser Sohn nicht mit uns darüber sprechen konnte, dass er seine Neigung wahrscheinlich lange verdrängt hatte, weil er um unsere Überzeugung wusste. Das als Vater zu realisieren ist der Hammer. Dass er das vor uns verheimlichte und nicht mit uns darüber zu sprechen wagte, nur weil wir eine solche Ideologie hatten ...! Das zu merken war heftig, aber es war für mich auch ein wichtiger Impuls.

Wer sich von der Gruppe entfernt, ist für die Zeugen verloren und hat zum Beispiel keinen Anspruch mehr auf das ewige Leben. Anfänglich verfolgte mich immer noch der irrige Gedanke, dass meine Kinder für immer verloren seien. Die Überlegung war absurd: Meine Kinder sollen verloren sein, während meine Frau und ich ins Paradies gehen?! Wenn das wirklich so wäre: Wie wäre das dann für uns? Aus der heutigen Sicht ein ganz blöder Gedanke. Doch damals dachte ich ernsthaft darüber nach, weil man derart stark von dieser Lehre geprägt ist.

Aus diesem ersten Zweifel ergaben sich andere Fragen. Fragen, die den engen Denkrahmen dieser Gemeinschaft schnell sprengten. Zu weit hinausdenken darf man nicht. Wird man kritisch und äußert das auch noch, wird man komisch angesehen, gemieden und schnell einmal von den Aufsehern darauf angesprochen. Das führt zu einer Atmosphäre, die nicht schön ist. Als kritischer Mensch Teil einer solchen Gemeinschaft zu sein, das geht eigentlich nicht. Das merkt man schnell.

Langsam reingerutscht bin ich 1983: Ich hatte das Ingenieurstudium durch, hatte Fragen ans Leben und habe Antworten darauf gesucht. Obwohl ich keine Probleme hatte, weder Alkohol- noch Beziehungsprobleme, noch sonst etwas. Was ja viele Leute haben, wenn sie sich in so etwas hineinbegeben. Ich hatte das nicht. Meine Frau suchte damals lediglich eine Bibel für unsere Kinder, die sie ihnen als Gutenachtgeschichte vorlesen konnte. So kam sie mit zwei Frauen in Kontakt: »Ja, wir haben eine schöne Kinderbibel.« Meine Frau war happy, sie haben die Bibel vorbeigebracht, und so sind Gespräche entstanden. Anfangs dachte ich, diese Lehre sei Blödsinn, und wollte sie widerlegen. So begann ich, mich damit überhaupt zu beschäftigen. Doch statt sie zu widerlegen, begann sie, mich zu beeindrucken.

Ich fand Antworten auf Fragen, die sich viele andere Menschen auch stellen: Nach dem Sinn des Lebens, warum wir auf der Welt sind. So entstehen leicht Suggestivfragen wie: Möchtest du denn nicht, dass dein Familienleben harmonisch ist? Möchtest du denn nicht ein ehrlicher Mensch sein? Fragen, die man sofort bejaht. Mit der Bibel konnte man alles beantworten. Fragen, die ich bereits hatte, aber auch neue Fragen, die auftauchten.

Getauft war ich zwar katholisch, aber meine Eltern waren nicht religiös. Der Austritt aus der katholischen Kirche war eine Formsache, ein Brief, und fertig. Wenn ich mich richtig erinnere, war nicht einmal eine Antwort des Pfarrers notwendig – es traten ja so viele aus. Das sprach natürlich für die Zeugen Jehovas, sie kümmern sich um dich. Auch das beeindruckte mich damals.

1986 wurde ich zusammen mit meiner Frau als Zeuge Jehovas getauft. Nach biblischem Vorbild wird man bei der Taufe untergetaucht, ganz unter Wasser. Komplett, auch der Kopf. Das kann in einem Freibad sein, in einem Hallenbad, in einem Pool – auch in einem mobilen Pool, den man extra aufstellt; jedenfalls an einem Ort, wo sich alle versammeln können. In Freibädern nahmen wir jeweils Kontakt mit der Leitung auf, damit sie uns das Becken für eine Stunde zur Verfügung stellten. Meine eigene Taufe fand im Frühling statt und deswegen in einem Hallenbad in Kloten. In Badehose, ja. Fragen Sie ruhig alles: Das ist ja nicht immer klar.

Die Taufe wird nicht speziell inszeniert. Sie findet eher in einer stillen, nachdenklichen Art statt: Der Getaufte hat sich Gott hingegeben, ganz offiziell, und er zeigt allen, dass er ab jetzt diesen Weg, den Gott vorgibt, gehen will. Die Taufe wurde aufmerksam von den Teilnehmenden verfolgt, alle freuten sich. Gezweifelt habe ich nicht. Das stimmte für mich damals.

Unser Familienleben spielte sich mit der Zeit komplett innerhalb dieser Gemeinschaft ab. Wir pflegten viele Freundschaften, waren untereinander sehr gesellig. Wir fuhren mit anderen Zeugen in die Ferien, verbrachten die Freizeit gemeinsam, trafen uns mindestens dreimal die Woche. Wir lasen zusammen die Bibel, um uns auf die Zusammenkünfte vorzubereiten, wo man zum Beispiel Vorträge hält. Außerdem haben wir viel Zeit ins Missionieren investiert. Das prägt über die Jahre enorm.

Gemäß der Lehre geht es beim Missionieren vor allem darum, anderen die Botschaft der Bibel zu überbringen. Damit ist eigentlich der »Auftrag« erledigt. Also Menschen darauf aufmerksam zu machen: Hey, es gibt Gott, der steht über allem, und der hat auch Regeln, Gesetze und Gebote, und die sollten wir einhalten. Wir sind die, die sie einhalten, wir haben die Wahrheit – die Tür ist offen, zu uns zu kommen. Manchmal war ich zusammen mit meiner Frau unterwegs, manchmal mit einem Mitglied aus der Gemeinschaft, mit einem anderen Mann, manchmal auch mit einer anderen Frau. Auch die Kinder machten mit. Oft geht die Tür relativ schnell wieder zu. Mit dem Kommentar: Ich habe keine Zeit oder kein Interesse. Das ist die normale Reaktion. Bis man jemanden trifft, der Probleme hat im Leben und dann womöglich ein Gegenüber sucht, das ein wenig mit ihm spricht, um seine Sorgen loszuwerden. Bei solchen Menschen gingen wir meistens mehrmals vorbei, das gilt dann als ein »Erfolg«. Oder wenn man Zeitschriften mit biblischen Botschaften hinterlassen kann.

Vergnügungen gibt es, aber nicht überbordend. Was man bei den Zeugen Jehovas nicht macht: Man feiert keine Weihnachten. Man singt keine Weihnachtslieder unter dem Weihnachtsbaum, denn das ist heidnisch. Auch Ostern wird nicht gefeiert und auch keine Geburtstage. Das geht nicht gegen das Feiern, sondern weil das religiöse Feiern sind, die biblisch nicht begründbar sind. Der Tannenbaum, die Lichter, der Osterhase oder die Eier sind heidnische Einflüsse, die diese Feierlichkeiten ausmachen. Die Zeugen Jehovas glauben, dass die Urchristen den Missionierten diese heidnischen Symbole gelassen haben, um sie für ihre Religion zu gewinnen. Andere Feste darf man natürlich feiern. Wir haben zum Beispiel auch Waldfeste organisiert oder haben zusammen Wanderungen unternommen.

Als die Kinder zur Schule kamen, war das nicht immer einfach, obwohl mich der Gesetzgeber mit der Religionsfreiheit in der Schweiz unterstützte: Ich darf meine Kinder so erziehen. Die Schule kann meine Kinder nicht zwingen, einen Tannenbaum oder ein Osternest zu basteln. Wir waren diesbezüglich nicht stur, versuchten, das gemeinsam mit den Lehrern zu lösen – ohne dass wir in unseren religiösen Gefühlen verletzt wurden und ohne dass wir jemanden aus der Lehrerschaft brüskierten. Und auch so, dass wir unsere Kinder nicht gerade an den Rand der Klasse stellten.

An anderen Kindergeburtstagen haben sie nicht teilgenommen. Wir wollten das nicht und sie auch nicht. Das heißt: Ich glaube, ein Kind will das durchaus, aber wenn die Eltern – ohne dass sie streng sind – argumentieren, dass das nicht richtig sei, weil es Gott nicht gefällt, dann wird das Kind am Ende sowieso nicht gehen wollen. Nie. Die Persönlichkeit eines Kindes ist noch so sehr im Werden begriffen – letztlich will es von seinen Eltern akzeptiert sein. Kinder stellen sich nicht dagegen. Und da mache ich natürlich heute ein Fragezeichen: Wie weit darf religiöse Erziehung gehen? Nicht nur bei den Zeugen, sondern ganz allgemein.

Nach außen pflegten wir kaum Kontakte. Meine Eltern fanden das nicht so toll, was wir taten; mit ihnen war auch eine Zeit lang Funkstille deswegen. Danach arrangierten wir uns: Wir führten unser, sie ihr Leben. Schlussendlich hatte ich sie vor Tatsachen gestellt: Ich gehe jetzt dorthin. Ich hatte ihnen keine Gelegenheit gegeben, meine Entscheidung zu diskutieren. Sie wollten das auch nicht. Sie hätten meinen Argumenten nicht folgen können. Sie hätten nicht mitreden können, dafür kannten sie sich zu wenig mit Religion aus. Wobei ich glaube, dass man dem Anhänger einer solchen Gemeinschaft sowieso nicht so begegnen kann: Du, das und das ist falsch an deiner Religion. Das geht nicht. Man kann nur auf die Auswirkungen aufmerksam machen, wie du dich veränderst, indem man zum Beispiel die Frage stellt: Willst du das wirklich? Die Situation mit meinen Eltern beruhigte sich dann auch wieder. Das heißt, wir nahmen an Familienfeiern teil, die keinen religiösen Hintergrund hatten.

Zu unserem alten Freundeskreis gab es ganz allmählich wie von selbst eine Distanz. Wir haben den Kontakt nicht mehr gesucht, und die Freunde den mit uns auch nicht mehr. Wenn wir davon erzählten, was wir machen, kamen keine bösen Worte, aber verständlicherweise distanzierten sie sich von uns. Und bei der Arbeit fragte kaum jemand nach. Der eine oder andere wusste vielleicht etwas, hat uns beim Missionieren auf der Straße gesehen. Aber ich habe nie erlebt, dass jemand aktiv auf mich zukam und fragte: Was machst du da eigentlich?

Die Möglichkeiten, sich über die Zeugen zu informieren, sind heutzutage viel besser als damals, viel breiter. Anfang der Achtzigerjahre gab es vielleicht ein, zwei Bücher auf dem Markt – von Aussteigern. Oder vielleicht auch drei, ich weiß es nicht, jedenfalls konnte man nicht aus dem Vollen schöpfen. Damit will ich mich nicht entschuldigen, aber tatsächlich war es nicht so einfach wie heute: Geht man ins Netz, tut sich einem eine riesige Welt auf mit allerhand Pro und Kontra. Das Internet aber war verpönt, genauso wie es verboten war, sich mit Ehemaligen auszutauschen: Die, die gegangen sind, sind gegangen. Das sind unsere Feinde, mit denen unterhält man sich nicht.

Die Lehre der Zeugen Jehovas geht auf jene von Charles Taze Russell zurück: Er interpretierte die Bibel Ende des 19. Jahrhunderts anders als die Mormonen, Neuen Täufer und andere Glaubensgemeinschaften, die damals ebenso entstanden sind. Jehova ist der Name von Gott. So wie Allah oder Jahwe. Um sich abzugrenzen, nannte sich die Gruppe um Russell zuerst »Ernste Bibelforscher«, später dann Zeugen Jehovas. Russell deutete biblische Aussagen fast buchstabengetreu, sodass er zum Beispiel voraussah, dass es 1914 große Probleme auf der Welt geben würde. Mit dieser Ideologie wuchs die Gemeinschaft an, er fand Jünger und gab seine Lehren heraus.

Liest man die Bücher und Zeitschriften von damals, merkt man schnell, dass die Übereinstimmung mit der Katastrophe von 1914 eher ein Zufall war. Vor allem aber ist 1914 gar nicht passiert, was er vorausgesagt hatte: Das Ende der Welt – Jesus werde zurückkommen, wie es die Bibel sagt, er wird aufräumen auf der Erde und sozusagen das Paradies auf Erden herbeiführen. Nachträglich hat man das umgedeutet: Es wäre ja mit dem Ersten Weltkrieg durchaus so geschehen – aber einfach, um noch mehr Probleme zu schaffen, damit sich die Spreu vom Weizen trennt.

Trotzdem werden noch immer biblische Aussagen als Gesetz oder Gebot formuliert, die über die Zeitschriften *Wachtturm* oder *Erwachet!* und in Vorträgen bei den Zusammenkünften kommuniziert werden. Diese werden von momentan sieben bis zwölf Männern in den USA beschlossen. Sie haben nach eigener Aussage dank dem Heiligen Geist einen speziellen Zugang zur Erkenntnis, die direkt von Gott kommt. Und sie beziehen sich natürlich auf die Bibel. Gesetze und Gebote werden bei den Zeugen allerdings sehr einseitig ausgelegt. Es passiert durchaus, dass Gesetze beziehungsweise Erkenntnisse nach Jahren plötzlich revidiert werden. Doch kritische Fragen nach den Gründen werden nicht beantwortet. Es herrscht eine Kultur nach dem Motto: »Was wir nicht verstehen, wird Gott bald offenbaren.« Bei meinen Nachforschungen habe ich viele solcher Beispiele gefunden: Organtransplantationen zum Beispiel. Sie waren lange erlaubt, man hatte nichts dagegen. Bis die Leitung Organtransplantationen mit Kannibalismus in Verbindung brachte und entschied, dass man Transplantationen keinesfalls gutheißen könne. Wer sich dennoch einer Organtransplantation unterzog, wurde ausgeschlossen. Wieder zehn Jahre später entschied die Leitung, dass man das so nicht sagen könne. Also waren Organtransplantationen wieder erlaubt. Oder Impfungen: Sie wurden während der Pocken in den Zwanziger- bis Vierzigerjahren als etwas Satanisches angesehen. Impfen lassen müsse sich nur, wer Gottes Willen nicht folge. Alle anderen bräuchten keine Angst vor Krankheiten zu haben.

Solche Meinungsänderungen waren für mich Wahnsinn. Ich meine: Wenn mir meine Religionsgemeinschaft sagt, ich dürfe mein Kind nicht impfen lassen, und ich verliere dadurch vielleicht mein Kind – zehn Jahre später aber sagt sie: Doch, Impfen ist okay, dann habe ich dennoch mein Kind verloren. Dasselbe gilt für Organtransplantationen. Irren ist menschlich, ja. Aber das muss man auch zugeben können. Meiner Meinung nach darf man nicht aufgrund von solchen Ansichten und Interpretationen Menschen steuern oder über sie urteilen.

Als ich nach zwanzig Jahren merkte, dass ich so nicht leben will, dauerte es nochmals mehrere Jahre, bis ich davon loskam. Schlicht weil ich merkte, dass ich viel verlieren würde. Die Beziehung zu meiner damaligen Frau stand durch meinen Gesinnungswandel auf der Kippe. Sie wollte nichts von meiner Kritik hören, sie verschloss sich mir komplett. Worüber sollten wir also noch sprechen? Wenn ich mit meinem Partner nicht mehr darüber reden kann, was mich beschäftigt, dann geht das für mich irgendwann nicht mehr. Sie hatte ihre Wertvorstellungen, und ich hatte angefangen, andere zu entwickeln.

Meine Zweifel thematisierte ich nicht in der Runde anderer Zeugen. Trotzdem merkten sie natürlich, dass in mir etwas vorging. Bei engeren Freunden fragte ich ab und zu nach: Dürfen wir das wirklich so sehen? Sie haben versucht, mir mit Nähe und Hilfsbereitschaft zu begegnen, um mich dennoch mitzutragen. Denn jene, die voll drin sind, können solche Fragen nicht verstehen oder an sich heranlassen.

Ich habe auch vieles verdrängt. Die Begegnungen mit den Zeugen waren anfangs freundlich, zuvorkommend, lieb und nett. Im Englischen spricht man von ›Love bombing‹. Beim Missionieren werden die Leute mit Aufmerksamkeit überschüttet. Man redet dann auch nicht ausschließlich über Religion. Sondern über alltägliche Sachen, über die Familie, den Arbeitsplatz. Irgendwelche Themen. Wenn ich das heute betrachte und solchen Leuten begegne, dann schaudert es mich. Nicht die Zeugen Jehovas speziell, sondern Leute, die so überfreundlich und besonders hilfsbereit sein wollen. Das kommt mir heute so vor, als ob sie nicht sie selber sind. Als ob sie von etwas getrieben sind.

Dass ich mit niemandem darüber sprechen konnte, auch nicht mit meiner Frau, machte mich einsam. Ich suchte mir andere Dinge, begann, in einem Verein Billard zu spielen. Mit Meisterschaften und allem. Begann mit Sport, ging vier Jahre lang intensiv ins Fitnessstudio. Einfach auch, um etwas anderes zu tun, mich mit etwas anderem zu beschäftigen. Ich kaufte mir ein Mountainbike, ging viel biken und während der Mittagspause schwimmen. Dinge, die ich vorher nicht gemacht hatte und mit denen ich etwas kompensieren wollte.

Als ich mich endlich getraute, ins Internet zu gehen – man muss sich das einmal vorstellen! –, fand ich Foren, wo ich mich mit Ausgeschlossenen und Kritikern austauschen konnte. Es gibt Interessensgruppierungen von Ex-Zeugen, die von ihren Erlebnissen erzählen. Durch den Austausch mit anderen merkt man, dass man nicht allein ist. Dass auch andere diese Gedanken haben, die einen plagen und wehtun. Da tut sich einem eine ganz neue Welt auf. Anfangs dachte ich, ich sei damit allein, mit mir stimme etwas nicht. Ich hatte niemanden, mit dem ich mich hätte austauschen können. Bis ich im Netz zufällig jemanden traf, den ich persönlich kannte. Jahrelang hatten wir nämlich unsere Skiferien in der Lenzerheide in Graubünden verbracht. Die Vermieter des Ferienhauses waren ebenfalls Zeugen Jehovas. Wir hatten damals nur lose Kontakt. Obwohl die Vermieterin unter einem anderen Namen schrieb, erkannte ich ihre Schilderungen. Wir trafen uns, und so entstand ein regelmäßiger Kontakt.

Ich erzählte meiner Frau davon und sagte: Ich treffe mich mit einer Ehemaligen, mit der ich mich austauschen kann. Ich verheimlichte meine Zweifel und meinen Austausch mit anderen nicht vor ihr. Dennoch wollte sie nicht darüber sprechen. Weil ich ihr mit meinen kritischen Gedanken etwas wegnehmen würde, worauf sie nicht verzichten wolle.

Auch nachdem sich meine Söhne von den Zeugen distanziert hatten, besuchte ich noch lange die Zusammenkünfte – obwohl ich immer inaktiver wurde. Eines Tages entschied ich: Heute gehe ich zum letzten Mal missionieren. Ich wusste also, nächste Woche habe ich noch einen Termin mit einem »geistigen Bruder«, gehe mit ihm predigen, aber danach gehe ich heim. Das war seltsam, als das plötzlich so klar war: Jetzt stimmt es überhaupt nicht mehr.

Die sogenannten Vorsteher, die »Ältesten«, in der Gemeinschaft baten mich zum Gespräch. Sie versuchten, mich mit ihren religiösen Argumenten wieder auf den richtigen Weg zu bringen. Um mir zu zeigen, dass ich hier auf dem falschen sei. Denn es war aufgefallen, dass ich mich zurückgezogen hatte. Das wird bemerkt und rapportiert, wenn einer nicht mehr so aktiv ist.

Doch da hatte ich bereits eine Anlaufstelle für Sektenfragen gefunden, wo ich mich einer Selbsthilfegruppe angeschlossen hatte. Und hatte nachgeforscht, was in der Vergangenheit der Zeugen eigentlich alles schiefgelaufen ist. Worüber bei den Zeugen nicht gesprochen wird. Was ich dort gelesen hatte, brachte ich in den Gesprächen zwar als Argumente an, aber da läuft man sofort gegen eine Mauer. Mit solchen Argumenten kann man ihnen nicht kommen. Das zieht bei ihnen nicht. Denn sie sagen: »Es wechselt eben ständig alles. Die Führung muss auch zuerst erkennen, wenn etwas falsch ist.« Und das geistige Licht der Erkenntnis – so sagt man –, das wachse eben. Entsprechend habe man früher auch Dinge gemacht, die unbiblisch gewesen seien. Heute hätte man das erkannt und korrigiere es nun.

Ich haderte lange mit mir, ob ich meinen Ausschluss mit Argumenten provozieren sollte oder ob ich aktiv austreten wollte. Erst gut sieben Jahre nach meinen ersten Zweifeln war ich so weit und trat offiziell aus der Gemeinschaft aus. Just in der Zeit, als es mir am allerschlechtesten ging. Ich schrieb einen Brief mit all meinen Argumenten und Gedanken, die mich beschäftigten. Ich erklärte, dass mir die Lehre fremd geworden sei, aber dass ich sie, die anderen Zeugen, nach wie vor als Menschen willkommen heißen wolle – wie ich es im Übrigen auch von ihnen erwarte. Worauf lediglich die trockene Frage zurückkam: Willst du noch Zeuge sein oder nicht? Also schrieb ich einen zweiten Brief, dieses Mal einen Einzeiler: »Nein. So kann ich nicht mehr ein Zeuge Jehovas sein.«

Worauf in der nächsten Zusammenkunft mein Austritt bekannt gegeben wurde. Das war 2010. Seither kreuze ich auf Formularen an: konfessionslos. Ab da wurde ich gemieden. Die anderen Zeugen sprachen nicht mehr mit mir, grüßten mich nicht einmal mehr auf der Straße. Man wollte mit mir nichts mehr zu tun haben. Meine Frau grüßten sie, mich behandelten sie wie Luft, wichen meinem Blick aus. Natürlich war das absurd, wenn ich mit meiner Frau auf der Straße spazierte und wir Zeugen Jehovas antrafen. Ein paar Monate später trennte ich mich dann auch von meiner Frau. Das ging von mir aus. Der Gedanke, dass meine Frau mit Leuten verkehrt, die mich ablehnen, war für mich unerträglich geworden.

Kurz vor meinem Austritt ließ sich unser drittes Kind, Simone, zehn Jahre jünger als unsere beiden Söhne, taufen. Obwohl ich die Versammlungen schon lange nicht mehr besuchte, reiste ich zur Taufe an. Einfach um ihr zu zeigen: Ich akzeptiere deinen Schritt. Natürlich hatten wir davor diskutiert, sie stellte mich infrage, sagte: »Weißt du, Papi, jetzt hast du mir fünfzehn Jahre lang gesagt, das ist richtig. Und jetzt, wo ich mich taufen lasse, willst du mir sagen: Es ist alles falsch gewesen?« Das war für mich zwar heftig, doch ihre Sichtweise imponierte mir auch. Und so war es für mich tatsächlich in Ordnung, dass sie sich taufen ließ. Ich habe versucht, möglichst sachlich darüber zu diskutieren. Wenn sie das will und wenn das ihre Entscheidung ist, dann rede ich nicht dagegen.

Gut anderthalb Jahre nach ihrer Taufe trat auch sie aus. Weil sie mit ihrem Bruder, der da bereits ausgeschlossen war, für ein paar Monate nach Alaska reisen wollte, wurde sie mehrmals gerügt: »Du weißt, mit Ausgeschlossenen sollte man sich nicht treffen und sich nicht mit ihnen abgeben, auch wenn das dein Bruder ist...« Doch sie ließ sich das nicht nehmen. Und diesbezüglich muss ich meiner Exfrau ein Kränzchen winden. Als sie das gehört hat, sagte sie schlicht: »Bitte lasst meine Tochter in Ruhe. Das ist ihre Entscheidung, da braucht ihr euch nicht einzumischen.« Alle unsere drei Kinder sind unterdessen ausgeschlossen oder ausgetreten.

Meine Frau hätte trotzdem weiterhin mit mir zusammenleben können. Vielleicht hat sie das sogar gewollt. Das war für mich aber ausgeschlossen. Es war für mich nicht mehr lebbar. Wie sie mit dem Gedanken klarkommt, dass ihre Kinder das Paradies nicht erreichen werden und sie selbst ohne ihre Kinder im Paradies leben wird, weiß ich nicht.

Anfangs, nach meinem Ausschluss, dachte ich noch, dass

das verlorene Lebensjahre gewesen seien, ja. In der ersten Phase war da viel Wut und Trauer. Scham und Schuld, ganz große Schuldgefühle. Vor allem gegenüber meiner Familie: dass man etwas vertreten hatte, was total schräg ist und was man heute als falsch ansieht. Diese Schuldgefühle haben mich viele Jahre, bevor ich ausgetreten bin, geprägt – bis zur Erschöpfung. 2009 war ich am Boden zerstört. Anfang 2010 habe ich mich in eine Klinik einweisen lassen. Etwa zwei Monate war ich dort. Das gab mir Raum und Distanz, um nachzudenken.

Früher habe ich unbedingt Antworten gebraucht. Das hat sich richtiggehend umgekehrt: Überhaupt haben sich meine Wertvorstellungen teilweise um 180 Grad gedreht. Heute kann ich mit offenen Fragen leben. Gibt es keine Antwort oder noch keine, dann finde ich das bereichernd. Und es gibt oft keine Antworten auf Fragen in der Wissenschaft oder auch in der Religion und in anderen Bereichen des Lebens.

Heute begreife ich mich als Atheist. An ein Leben nach dem Tod glaube ich nicht mehr – obwohl ich es natürlich nicht weiß. Doch das ist für mich auch nicht mehr erstrebenswert. Meine Partnerin glaubt, wir kämen wieder. Ich aber denke: Was macht es für einen Sinn, wenn wir wiederkommen und gleichzeitig nicht wissen, dass wir schon mal da gewesen sind...?

Vorsichtig frage ich Leo Staiger nach unserem Gespräch, ob ihm die Kinder jemals Vorwürfe gemacht hätten? »Überhaupt nicht. Sie sagen heute noch, dass sie doch eine schöne Zeit gehabt hätten: Wie wir mit anderen zusammen waren, gewandert seien und vieles gemacht hätten. Sie sagen, sie seien in der Gemeinschaft gut aufgehoben gewesen. Alle drei sagen das. Wer am meisten Mühe damit hat, das bin ich.« *Ich gestehe ihm, dass ich zu denen gehöre, die ihm ruppig die Tür vor der Nase zugeschlagen hätten. Er fragt sofort nach:* »Also auch keine Diskussion?« – »Nein«, *sage ich*, »ich bin in solchen Situationen wirklich nicht gesprächsbereit.« *Er wirkt enttäuscht. Leo Staiger hat Jahre nach seinem Ausstieg bei den Zeugen sichtlich Gefallen an Fragen und Diskussionen gefunden: Unterdessen ist er im Vorstand eines philosophischen Cafés und liest viel.* »In die Veranstaltun-

gen des Cafés geht man mit Fragen hinein und kommt mit noch mehr Fragen wieder heraus«, sagt er strahlend und unterstreicht: »Die Philosophie deckt mir das ab.« Ich frage ihn, ob er sich als Ingenieur nicht exakte Antworten wünsche? »Es gibt interessante Vergleiche zwischen Wissenschaft und Religion: Religion ist jeweils absolut. Gott hat gesagt, peng, so ist es, man muss. In der Wissenschaft aber sagt man: Wir forschen. Heute wissen wir dies und das, morgen aber kann das anders sein. Entsprechend ist in der Wissenschaft Kritik gewünscht und zugelassen.« Nach dem Gespräch blickt Leo Staiger zum Fenster hinaus und sagt, es gäbe Leute, die sich deswegen, nach solchen Erlebnissen, das Leben nehmen würden. Dachte er auch daran? »In jener Zeit: ja.« Einmal habe er vor dem Bahngleis gestanden. Warum er den Schritt nicht getan hätte? »Ich weiß es nicht. Ich bin wieder umgekehrt. Zum Glück.« Wir blicken beide zum Fenster hinaus ins Weihnachtsgewusel. Bis der Kellner kommt und kassieren möchte, weil seine Schicht zu Ende ist.

*»Ich dachte jedes Mal,
dass es mich nicht trifft.«*

Der Mann, der sich mit HIV ansteckte

Punkt fünfzehn Uhr ruft Johann an und fragt besorgt, ob wir uns denn erkennen würden, ob ich überhaupt schon da sei? Ups, nein, noch nicht da, antworte ich, und ich trüge ein grünes Kleid. Er steht mit weißem Hemd an der Theke, trägt Shorts und Schürfwunden: Er sei vom Fahrrad gefallen. Wir lachen. Wir setzen uns nach draußen in die Hitze, der Schatten ist uns während des längeren Gesprächs immer wieder um Meter voraus. Am Ende ziehen wir auf eine nahe Parkbank unter Bäumen um, neben uns der latent aggressive Feierabendverkehr. Johann ist ein schöner, gesund aussehender Mann, 42 Jahre alt. Das dichte graue Haar wirft er im Gespräch immer wieder mit anmutigen Bewegungen nach hinten über die Schulter. Mit kräftiger Stimme erzählt er offen und stellenweise laut lachend von seinem Leben. Er schämt sich sichtlich nicht, wenn Gäste am Nebentisch bei bestimmten Reizwörtern verstummen, um neugierig mitzuhören.

Als das Telefon vor dem Wochenende das erste Mal klingelte, ging ich nicht ran, weil ich die Nummer nicht kannte. Gleichzeitig bekam ich Schiss, dass das Testergebnis schon da ist. Am Montagmorgen klingelte es erneut, im Halbschlaf hörte ich den Arzt, der meinte, ich solle noch mal in die Praxis kommen. Er sagte nicht, was los war. Mir ist das Herz in die Hose gerutscht. Denn ich wusste, jetzt ist passiert, wovor ich mich immer gefürchtet hatte. Ich ging nicht zur Arbeit, blieb zu

Hause und räumte zuerst alles auf. Ich machte meine Wäsche und brachte alles so gut wie möglich in Ordnung. Ich wusste nicht warum, vielleicht, damit ich es besser ertrage. Am frühen Nachmittag fuhr ich in ein Labor, um den gleichen Test zu wiederholen. Abends um sechs wusste ich Bescheid: Ich bin HIV-positiv. Das war ein Scheißmoment. Das war so eine richtige Bauchlandung.

Angesteckt habe ich mich Mitte der Neunzigerjahre bei einem Typen, der an der Garderobe in einem Schwulenclub in Berlin arbeitete, in dem ich oft war. Dieser Mann gefiel mir nicht einmal richtig. Wir verabredeten uns, um einfach nur Sex zu haben. Wenn ich mich richtig erinnere, haben wir uns sogar auf meine Initiative hin getroffen – unter der Woche und explizit für Sex. Ich weiß noch, dass er mich abholte und wir in einer Bar etwas tranken. Er kam mir ein bisschen schräg vor, so wie jemand, der zu viel LSD genommen hatte. Er war sehr seltsam, aber ich dachte: Das macht ja nichts, das Intellektuelle ist in diesem Fall schließlich nicht das Wichtigste. Für mich ging es nur um Sex. Wir fuhren zu ihm nach Hause. Er war sehr nett und machte mir einen Tee. Der Sex war ein bisschen aggressiv, aber ganz in Ordnung. Ich schlief dort und ging am nächsten Tag wieder nach Hause. Beim Verlassen der Wohnung dachte ich noch, jetzt wäre es mal wieder Zeit für einen Test ... Doch man muss jeweils drei Monate abwarten, bis man einen Test machen kann, und es braucht stets einen Folgetest. Dieses Warten war schlimm. Denn Verdrängen ging nur bis zu einem bestimmten Grad.

Als ich ein paar Wochen später wieder in den Club ging, arbeitete der Typ nicht mehr an der Garderobe. Stattdessen erhielt ich einen Handzettel, der vor Simon, so hieß jener Mann, warnte, weil er andere aktiv mit HIV anstecken würde. Ich dachte nur: Scheiße. Gefühlt habe ich in jenem Moment nichts, ich dachte nur: Das musste ja so weit kommen – der Krug geht zum Brunnen, bis er bricht. Einen Gummi zu benutzen ist mir wohl eingefallen – die Leidenschaft und das Feuer des Moments waren aber auch dieses Mal stärker. Und ohne Gummi ist es einfach besser.

Wütend auf ihn war ich nicht, nein. Eher gab ich mir selbst die Schuld. Obwohl ich da noch nicht wusste, ob es mich erwischt hat oder nicht. Aber ich wusste: Ich bin das größtmögliche Risiko eingegangen. An jenem Abend ging ich sofort nach Hause, die Party war vorbei, die Lust ziemlich vergangen.

Gewissheit, dass ich mich infiziert hatte, bekam ich erst ein paar Jahre später. Denn der Test, den ich nach drei Monaten machte, war zwar negativ, aber ich verdrängte, dass ich einen Folgetest hätte machen müssen. Zuerst einmal war ich wahnsinnig erleichtert, dass ich ein negatives Resultat hatte. Ich dachte, ich hätte doch noch mal Glück gehabt. Obwohl ich insgeheim wusste, dass es mich dieses Mal womöglich erwischt hatte. Ab und zu hatte ich danach zwar noch die eine oder andere Sache am Laufen. Aber seit jenem Flugblatt benutzte ich immer Kondome. So, wie ich es auch von Simon erwartet hätte.

Zwei Jahre später schlug mir der Arzt bei einem Gesundheits-Check-up einen HIV-Test vor. Weil ich wusste, dass ich jenen Folgetest damals aus lauter Angst nicht gemacht hatte, willigte ich ein. Ich hätte ihn nicht machen müssen, aber ich wusste, dass das irgendwann anstand. Die geschwollenen Lymphknoten an meinem Hals sind mir zwar aufgefallen, aber sie schwollen auch wieder ab, und ich bin in keinem Moment auf die Idee gekommen, dass sie etwas damit zu tun haben könnten.

Der Arzt rief an jenem Montag also an und bestellte mich für den nächsten Tag noch einmal in seine Praxis. Ich ahnte, warum. Stattdessen und meiner Ungeduld wegen fuhr ich in ein privates Labor, um einen zusätzlichen Test zu machen. Dort sagten sie nicht viel zu meinem positiven Ergebnis, lediglich, dass ich mich im Krankenhaus beraten lassen solle. Am Abend rief ich den Arzt an und sagte ihm, dass ich Bescheid wisse.

Ein immun-kompetenter Mensch verfügt über genügend Helferzellen, CD4 nennt man diese. Ein intaktes Immunsystem hat einen Wert von 500 bis 1400. Fällt der Wert unter 200, wurde einem damals eine Therapie empfohlen – unterdessen beginnt man mit einer Therapie unabhängig von den Blutwerten. Damals, Ende der Neunzigerjahre, gab es bereits Kombinationstherapien, die aus ganz vielen verschiedenen Medikamenten bestanden, die man mehrmals am Tag nehmen musste. Mein Wert bewegte sich zwischen 500 und 700, er war also gerade noch okay.

Mein Alltag veränderte sich anfangs überhaupt nicht. Ich machte weiter wie bisher. Fatalistisch dachte ich: Jetzt erst recht. Ich fühlte mich gesund und gut. Ich merkte gar nichts. Aids, das waren für mich diese Bilder, die man aus den Anfängen kennt: eingefallene, magere Gesichter und hagere Körper. Man weiß nicht genau, was passiert, und es verändert sich ja zuerst einmal auch gar nichts. Trotzdem muss man einen Umgang damit finden.

Von Anfang an ging ich offen damit um: Ich sagte meinen Freunden Bescheid, meinem Arbeitgeber auch. Das war mir wichtig, falls ich später öfter zum Arzt müsste. Bei der Arbeit war das kein Problem. Meine Freunde aber reagierten bestürzter als ich. Vielleicht auch, weil man zwar diese Krankheit, aber kaum jemanden persönlich kennt, der HIV-positiv ist.

Aufgewachsen bin ich auf dem Land, in Bayern, katholisches Umfeld, nicht extrem, aber dennoch so, dass es einen prägt. Als ich jung war, wollte ich so schnell wie möglich weg und eigenständig sein. Mit achtzehn ging ich von zu Hause weg und direkt in die Partyszene. Das war Mitte der Neunziger – der Techno war frisch, es war toll. Klar, ich ging wegen der Musik und dem Tanzen aus, aber wenn ich ehrlich bin, war ich auch auf der Suche nach Liebe. Ich war jung, draufgängerisch und leichtgläubig, ich habe vieles ausprobiert, um herauszufinden, ob es das ist oder eher nicht. Anfangs war ich noch zurückhaltender, mit der Zeit kamen erste Ecstasy-Erfahrungen dazu. Waghalsig, wie ich war, dachte ich, dass mir schon nichts passieren würde. Denn selbst wenn ich auf Drogen war, wusste ich, dass ich mich schützen sollte: In der Schule hatten wir zur Aufklärung einen Comic bekommen. Und ich erinnere mich auch an die ersten TV-Spots, die erklärten, dass Aids nicht ansteckend sei, wenn man aus demselben Glas trinkt oder dasselbe Besteck benutzt. Das wusste ich alles. Auch, dass man sich schützen muss. Was ich dennoch nicht tat. Aber ich kam immer heil davon. Natürlich habe ich die Liebe so nicht gefunden.

Als junger Typ war ich sehr wild. Ich war einer, der nichts verpassen konnte, ich wollte immer überall voll rein. Ich habe in WGs gewohnt und war stets der Letzte, der ins Bett ging. Ich hatte keine Zeit für mich, hätte mich nie alleine ins Zimmer zurückgezogen, um ein Buch zu lesen. Ich habe immer diesen *drive* gesucht.

Mir erging es wie wahrscheinlich vielen anderen auch: Trotz des Wissens, dass ich einen Fehler riskiere, machte ich ihn. Ich dachte jedes Mal, dass es mich nicht trifft. Und tatsächlich kam ich immer wieder davon. Der Test danach war immer wieder negativ. Wieder und wieder nahm ich mir vor: Jetzt passiert es mir nicht mehr – und dann passierte es doch wieder. Regelmäßig machte ich Tests, denn natürlich war die Angst da. Wenn man ungeschützten Sex hat, weiß man es schließlich nie. Aber ich ging immer davon aus, dass ich selbst – wäre ich positiv – einen Gummi benutzen würde. Dass andere auch so denken, davon kann man offensichtlich nicht ausgehen. Ich war naiv.

Trotz dieses ausschweifenden Partylebens behielt ich immer den roten Faden. Für mich war die Grenze, wenn mein Job und damit meine Unabhängigkeit darunter leiden würden. Der Job war heilig. Ich habe höchstens zwei- oder dreimal wegen einer Party blaugemacht. Ich bin der Meinung: Wer feiern kann, kann auch arbeiten. Zuerst machte ich eine normale Banklehre, dann war ich im Privatkundengeschäft bei einer großen Bank. Die Arbeit in der Bank gefiel mir, aber ich wusste, dass ich nicht mein Leben lang Zahlen verschieben und den Leuten mit Geld zu noch mehr Geld verhelfen will. Dann ging ich an die Kunsthochschule. Doch als mir beim Studieren das Geld ausging, arbeitete ich erneut bei der Bank. Über ein Temporär-Büro landete ich im Investment-Banking. Das war durchaus interessant, und ich verdiente sehr leicht

Geld. Dort musste ich aber auch Geld verbuchen, von dem ich nicht wusste, woher es kommt und wohin es geht. Ich war 24 und verdiente mehrere Tausend im Monat. Ich ging auf Partys und genoss das Leben.

Das hat sich nach jenem positiven Testergebnis sehr stark verändert: Ich fing an, mich zu sammeln, ich fragte mich, wie ich jetzt damit umgehe. Suchte nach Erklärungen. Als ich verstanden hatte, dass das ein Fehler war, ganz eindeutig und irreversibel, fragte ich mich: Was will mir das sagen? Warum ist mir das passiert?

Party war immer von Freitagabend bis Sonntag. Oft durchgehend. Anfangs war alles gut, ich lernte viele neue Leute kennen. Man ist auf Drogen und tanzt. Nach der Party ist Chillout, und nach dem Chill-out ist Party. Das war alles wunderbar. Missen will ich das auch gar nicht, aber irgendwann wiederholt sich das immer gleiche Muster von Wochenende zu Wochenende, und irgendwann ist auch die Illusion zerstört, dass dieser Sog irgendwohin führt. Man ist immer noch auf der Suche, aber man weiß eigentlich, dass wahrscheinlich nichts Neues passieren wird.

Noch vor der Ansteckung war ich in einer Art Trance gefangen. Mein Leben begann mich zu langweilen. Die Wochenenden liefen immer nach dem genau gleichen Muster ab. Klar war es zwischendurch auch wieder lustig. Und dieses Partyleben war ein Ausgleich zur öden Bankenwelt, so konnte ich mich von ihr abgrenzen.

Doch irgendwann sah ich keinen Sinn mehr darin. Gleichzeitig hatte ich keinen konkreten Plan, um etwas zu ändern. Kunst wäre ein Weg gewesen, aber ich war damals zu wenig mutig. Es braucht Mut, sich hinzustellen und zu sagen: »Das ist eine Arbeit von mir.« Das traute ich mir nicht zu. Im Kopf schon – in Gedanken hatte ich schon einige Ausstellungen gemacht, auch während der Partys beim Tanzen. Cool wäre gewesen, ich hätte sie wirklich gemacht. Auch wenn mir meine Intuition sagte, dass ich mein Leben vergeudete, dass ich mehr Potenzial hätte – ich schaffte es nicht. Ich denke manchmal, es war ein Fehler, dass ich meiner Intuition nicht gefolgt bin. Damals konnte ich es nicht oder wusste nicht wie. Darum ist es kein richtiger Fehler. Jeder lebt nach seinem Vermögen.

Die Ansteckung änderte alles. Ich fing an, nach Gründen zu suchen. Und wusste: Das ist jetzt der berühmte Kick in den Arsch. Will ich jetzt wirklich so weitermachen oder nicht? Sofort war klar, dass ich diese Medikamente so lange nicht nehmen würde, bis ich mehr über mich herausgefunden hätte.

Ich kann nicht über Jahre Drogen und Pillen schlucken und dann – kaum habe ich ein echtes Problem – dieses mit noch mehr Pillen lösen. Auch wenn es auf der Hand liegen würde. Aber es war mir vorher schon zu viel geworden, und ich fragte mich, wohin es führt, wenn ich da einfach weitermache. Langsam begann ich, mich um meine Gesundheit zu kümmern. Ich hörte auf zu rauchen. Mittlerweile rauche ich wieder, aber das war eine der ersten Maßnahmen. Ich ernährte mich gesund und recherchierte Alternativen. Ich suchte auch Hilfe von außen, besuchte etwa einen Schamanen in Burma, eine Akupunkteurin in Leipzig und viele andere. Ich habe verschiedenste Sachen ausprobiert. Ein Jahr lang lebte ich konsequent vegan und ohne Zucker – übrigens das einzige Jahr, in dem sich mein Wert nicht verschlechterte! Ich aß viel Wurzelgemüse und Getreide. Das habe ich ein Jahr lang durchgezogen – was allerdings auch etwas lustfeindlich ist. Allein geht das gut, aber Einladungen und Restaurantbesuche wurden so ziemlich kompliziert. Dann gab ich es auf. Ich habe mich auch verrannt in diesen vielen Möglichkeiten. Ich wollte diese Krankheit nicht, ich wollte am liebsten alles rückgängig machen, wollte, dass sie mir wieder weggenommen wird.

Es gibt übrigens auch Verschwörungstheorien. Es gibt Leute, die sagen, HIV gäbe es gar nicht. Diese Krankheit sei eine Erfindung der Pharmaindustrie. Und die Kraft des Geistes ist wirklich erstaunlich. Wenn ich jeden Tag hören muss: »Du hast jetzt HIV und stirbst«, glaube ich das irgendwann tatsächlich. Also redete ich mir das Gegenteil ein: dass mir nichts passiert, dass ich nicht krank werde. Halbjährlich machte ich beim Arzt Check-ups. Meine Werte verschlechterten sich langsam, aber stetig. Trotzdem habe ich mir eingeredet, dass mir nichts passiert.

Langsam kam ich an die 200er-Grenze. Alle um mich herum meinten, ich solle endlich die Tabletten nehmen, der Arzt auch. Das wollte ich aber nicht. Ich dachte, ich hätte das im Griff, ich sei der, der das schafft. Ich hatte den totalen Tunnelblick. Ich habe mich auf eine Art mächtig gefühlt. Denn abgesehen davon, dass die Werte nicht mehr gut waren, hatte ich keine körperlichen Beschwerden. Als der Wert weiter fiel und bei zwei lag, meinte der Arzt, ich müsse jetzt mit den Tabletten beginnen. Das nervte mich. Ich wollte mir noch immer nichts sagen lassen.

Bis ich eine Mittelohrentzündung auf dem einen Ohr bekam. Medikamente nützten nichts, und dann kam alles gleichzeitig. Zuerst ein hartnäckiger Husten, dann das zweite Ohr. Und ich hatte sehr abgenommen, am Schluss wog ich noch vierzig Kilo.

Dass mein Leben zu Ende ging, war mir egal. Ich hatte nicht wirklich Angst, dachte, wenn es so nicht geht, dann ist das eben das Ende. Mein Umfeld wurde immer kleiner, ich unternahm kaum noch etwas, sah nur noch die besten Freunde. Sie waren verzweifelt. Realisiert habe ich das nicht. Bis mich eine Freundin anrief. Ich wohnte damals bei Sybille, meiner treusten Freundin. Die gemeinsame Freundin rief mich an, als ich bei Sybille auf dem Sofa lag, und sagte: »Du entscheidest selbst, ob du dir hilfst oder nicht. Aber eins machst du nicht: Du stirbst nicht bei Sybille zu Hause, bei deiner besten Freundin.« Da fiel es mir wie Schuppen von den Augen. Erst da habe ich begriffen, wie sehr die Leute um mich herum litten. Das hat mich aufgeweckt. Ich habe unmittelbar darauf meine Sachen gepackt und bin ins Krankenhaus.

Sie untersuchten mich. Ich hustete und hatte Auswurf. Ich wusste, da ist etwas mit der Lunge, das ist nicht mehr gut. Eine Woche lang war ich in einer Art Delirium. Ich hörte Hörbücher, *Der Zauberberg* etwa, bekam Besuche nur halb mit und tauchte immer wieder weg. Mir war alles egal. Eines Nachts erwachte ich, weil ein paar Ärzte und Schwestern mit Mundschutz mein

Bett den Gang hinuntergeschoben, das klassische Bild, das man aus Filmen kennt. Ich erinnere mich an das Licht an der Decke. Ich kam in ein Einzelzimmer in Quarantäne. Erst dort, in jenem Zimmer, habe ich das erste Mal richtig Angst bekommen. Ich dachte: Jetzt ist es wirklich so weit. Davor habe ich es einfach laufen lassen, ich dachte: Jetzt stirbst du tatsächlich! Vor dem Sterben hatte ich noch nicht einmal so sehr Angst – sterben tut man ja sowieso an irgendetwas. Aber ich hatte richtige Angst vor dem nächsten Leben. Das war abgefahren.

Denn in der Zeit des Suchens hatte ich irgendwann ein Buch gelesen, ein etwas esoterisches. Darin stand, dass man sich vor jedem neuen Leben selber für eine nächste Erfahrung entscheide. Man werde dann exakt in die entsprechenden Umstände hineingeboren, in welchen die Voraussetzungen für ebendiese ausgewählte und zu machende Erfahrung optimal seien. Der Gedanke gefiel mir, weil er die eigene Sichtweise erheblich verändert. Plötzlich wäre man für alles selber verantwortlich. Neigen wir doch dazu, Fehler und Schuld eher im Außen zu suchen als bei uns selbst. Nach meiner Loslösung vom Katholischen schien mir das buddhistische Gedankengut am zugänglichsten. Wiederkehrend leben, um »reale« Erfahrungen zu machen, und zu gehen, um wiederzukommen und in neuem Kontext andere Erfahrungen zu machen – an anderen Orten und neuen Umständen –, ist irgendwie beruhigend. Ob das alles wirklich so ist, weiß niemand.

Als ich nun in jenem Zimmer lag, erinnerte ich mich an die Passage dieses Buches. Was allerdings auch bedeutete, dass ich mir nach dem Sterben und vor einem nächsten Leben wieder ein anderes Thema suchen müsste. Ich fragte mich plötzlich, was nachher käme, wenn ich jetzt alles hinter mir ließ? Es war heftig, ich bekam große Angst. Da wurde mir bewusst, dass ich in diesem Land, in Berlin, mit meinen Freunden alles hatte. Ich wusste, dass ich weiterhin dieses Leben als Johann leben wollte.

Ich fragte nach Medikamenten. Sie behandelten mich akut gegen Tuberkulose, einige Monate später begann ich mit der HIV-Therapie. Ich hatte zwischenzeitlich den Arzt gewechselt.

Er ließ mir die Wahl: Er meinte, er würde mich auch bis zum Tod begleiten, wenn ich das wollte. Er hatte mir die Wahl gelassen. Das war für mich wichtig.

Anfangs waren es zwei Medikamente täglich, zwei Wirkstoffe in der einen Tablette, ein dritter in der anderen. Innerhalb eines Monats ging es mir wieder viel besser. Nach nur wenigen Monaten gab es bereits die nächste Generation Tabletten, wovon ich nur noch eine täglich nehmen muss. Anfangs litt ich unter starken Nebenwirkungen: Tagträumen und dem Gefühl, hackedicht zu sein. Das ist jetzt vorbei. Unterdessen haben sich meine Werte bei 700 bis 800 stabilisiert. Der Arzt meinte, es sei ein Wunder, dass der Wert überhaupt wieder so hoch sei.

Ich konnte mit der Therapie erst beginnen, nachdem ich die Krankheit akzeptiert hatte und sie nicht länger verdrängte. Ich musste an den Nullpunkt kommen. Das war mein persönlicher Weg. Seither hat sich extrem viel getan – bezüglich meiner Denkweise, meiner Haltung und meiner Art, wie ich mit mir selbst umgehe. Von dieser Rastlosigkeit zu dieser Dankbarkeit, wenn ich Zeit für mich alleine habe. Ich habe eine neue Sicherheit mir selbst gegenüber – auch wenn ich natürlich genauso Probleme wie eh und je habe. Es geht im Leben auch darum, sich mit den Problemen auseinanderzusetzen, sie auf die eigene Weise zu lösen, sich ihnen zu stellen, die Erfahrungen zu machen und sie zu durchleben. So sehe ich das.

Diese draufgängerische Phase der Suche bereue ich nicht. Sie war notwendig. Der Sex, die Drogen. Das war eine sehr intensive, spannende Zeit. Die Neunzigerjahre waren toll, man hat Partys gemacht, weil man Party machen wollte. Wir waren eine Gemeinschaft.

Die Liebe, nun: Als ich langsam wieder fit wurde, habe ich mich auch wieder verknallt. Aber ich verknalle mich stets in die falschen Leute. Schwule interessieren mich weniger, sie sind mir oft »zu schwul«, wenn ich das so sagen darf. Ich mag nicht einmal Schwulenpartys besonders. Lieber verabrede ich mich mit Heteros. Ich hatte auch Beziehungen zu Frauen – ich definiere mich nicht als ausschließlich schwul. Auch wenn ich eher auf Männer zugehe, weil ich glaube, dass es mit ihnen einfacher ist. Wahrscheinlich ein Irrglaube. Ich wünsche mir, dass jeder das macht und dem nachgeht, was sie oder er fühlt. Wir sollten uns grundsätzlich in möglichst vielen Bereichen befreien, insbesondere im Umgang mit unserer Sexualität. Egal ob mit Mann oder Frau. Jeder soll dem nachgehen können, wohin und zu wem es ihn zieht. Vielen gelingt das nur schwer, glaube ich. Andererseits bin ich selber noch sehr beziehungsunerfahren.

Dass ich auch auf Männer stehe, habe ich meinen Eltern irgendwann erzählt. Lange führte ich vor ihnen eine Art Doppelleben. Ich belog sie zwar nicht, aber erzählte auch nichts von mir. Als mich ein Dokumentarfilmer anfragte, vor der Kamera über Sexualität zu sprechen, war das endlich ein Grund, meinen Eltern davon zu erzählen. Das war ein Vehikel, um mich zu zwingen, mich bei meinen Eltern zu outen. Ich brauchte einen solchen Kick, das war irgendwie seltsam.

Sie reagierten klassisch. Meine Mutter jammerte: »Was habe ich falsch gemacht?« Und mein Vater sagte erst lange nichts, um dann auf den Tisch zu hauen: »Du Sauhund.« Das fand ich immerhin ehrlich. Und es war für mich okay, denn ich wusste, sie sind einfach überfordert.

Die beiden sind nicht gerade Gefühlsmenschen. Oder sie sind es vielleicht schon – gerade mein Vater ist sehr sensibel, macht aber auf Haudegen. Als Kind hat es mir an nichts gefehlt, weder emotional noch körperlich. Dass man auch anders miteinander umgehen kann, habe ich erst bei Freunden an deren Umgang mit ihren Eltern gemerkt. Ich merkte auch, wenn ich das mit meinen Eltern auch möchte, dann muss das von mir aus kommen, weil sie es von sich aus nicht können. Das mache ich jetzt auch. Früher ging ich nach Hause und habe meiner Mutter die Hand gegeben. Jetzt nehme ich sie in den Arm, und ich merke, sie findet das eigentlich auch schön, hatte aber am Anfang auch Hemmungen, das zu zeigen, weil sie es schlichtweg nie gelernt oder selbst nicht bekommen hat.

Schlimm war, als ich krank wurde. Denn damit lieferte ich

genau das, was sie wahrscheinlich schon immer befürchtet hatten. Mir erschien es unfair, wenn ich ihnen von meiner Krankheit erst am Schluss erzählen würde, wenn es mir gar nicht mehr gut ginge. Ich dachte immer, sie verstehen das sowieso nicht. Aber dem war überhaupt nicht so, sie waren über HIV, Aids und den Verlauf gut informiert. Meine Mutter sagte, sie habe gehofft, dass ich nie damit nach Hause käme. Doch sie hat mir sofort ihre Hilfe angeboten und erklärt, dass wir das zusammen durchstehen. Das hat uns einander sehr viel näher gebracht.

Mein Vater reagierte sehr verzweifelt, als ich kurz vor dem Ende war und keine Medikamente nehmen wollte. Ich erinnere mich, wie ich neben ihm auf dem Sofa hing, völlig am Arsch, und er meinte: »Jetzt nimm diese Medikamente, du magst ja nicht mal mehr zum Wald hochspringen.« Er sagte das auf eine harsche, aber auch verzweifelte Art. Wie er das gesagt hat, hat mich das sehr berührt. Das war seine Art, seine Sorge um mich auszudrücken.

Noch einmal wirft sich Johann das lange Haar über die Schultern und zündet sich eine Zigarette an. Was mit dem Typ passiert sei, der ihn angesteckt habe, frage ich ihn, und er erzählt von der Sammelklage, die ein Exfreund des Infizierers angestrengt hatte. Im Zuge der Ermittlungen wurde auch er befragt, und mit seinen Aussagen hätte er automatisch jene Klage unterschrieben. Was ihm nicht bewusst gewesen sei: »Allein von mir aus hätte ich ihn nicht angezeigt. Auch wenn es überhaupt nicht in Ordnung ist, wenn jemand bewusst andere ansteckt. Aber ich war genauso mitverantwortlich.« *Der Prozess, erzählt er, war einer der frühen Fälle – heute wäre eine solche Klage wahrscheinlich nicht mehr möglich, weil HIV teilweise nicht mehr als tödliche, sondern als chronische Krankheit gilt.*

Ich staune über seinen Optimismus, den er als Todgeweihter an den Tag gelegt hat. »Ich bin als Sieger aus dieser Sache herausgekommen – oft frage ich mich: Woher kommt das?« *Er denkt laut nach und erwähnt seine Mutter, die von Natur aus grenzenlos optimistisch sei:* »Das ist eine interessante Frage:

Wie viel Optimismus kommt von außen, ist anerzogen und erlernt, wie viel davon ist vererbt oder Eigenschaft der Persönlichkeit?«

*» Wir haben das Geld ausgegeben
wie Wahnsinnige. «*

Die Millionärin, die einem Hochstapler vertraute

Trotz mehrfachem Klingeln bleibt die Tür verschlossen. Offensichtlich gibt es keinen automatischen Türöffner. Es ist bitterkalt, als ich an diesem Januartag vor der städtischen Alterswohnsiedlung stehe. Die Siedlung stehe kurz vor der Sanierung, wie mir die ehemalige Millionärin, die ich hier besuchen will, später erzählen wird. Die Architektur hat viele charmante Details aus den Fünfzigerjahren, doch glamourös ist anders.

Nach gut fünf Minuten winkt Nina Dobrolyubova durch die Glastür. Innerhalb weniger Augenblicke ist klar: Nicht in dieser Siedlung und auch nicht im Quartier ist die elegante 72-Jährige aufgewachsen. Sie führt mich mit dem Glanz einer Tänzerin in den Lift und von dort in ihre Wohnung. Ihre Bewegungen: leichtfüßig und geschmeidig, ihre Garderobe: von Welt.

Mit einem goldenen Löffel im Mund sei sie geboren, erklärte sie mir vorher am Telefon und erzählte von einer Biografie, wie sie nur im 20. Jahrhundert möglich war: Zwei Monate nach dem Zweiten Weltkrieg in Zagreb geboren, mit den Eltern nach Italien geflohen. Der Vater, Ingenieur, arbeitete danach zuerst in Argentinien, dann in Kenia und schließlich in der Schweiz. Selbst musste sie nie arbeiten, es sei immer Geld vorhanden gewesen, denn der Großvater habe sein Vermögen zuerst mit Hühnern in Österreich gemacht, später mit Zement in Afrika. Die Zeit in Afrika sei ihre glücklichste gewesen, jäh abgebrochen durch eine unsäglich strenge Ballettschule in England, wohin sie ihre

Eltern schickten. Es folgten Jahre der Depression und Verlorenheit, einige davon verbrachte sie bei ihren Eltern in der Schweiz, später lebte sie viele Jahre in New York und studierte dort Kunst. Die Mutter kaufte ihr eine wunderschöne Wohnung in der 340 West, 57. Street, »sie war voller Art déco: Ich erinnere mich an die rote Seide an den Wänden des living rooms.« Seit ihre Eltern 2001 gestorben sind, lebt sie in Zürich.

Jetzt ist ihre Wohnung ein Zimmer mit Miniküche. Wir stehen uns auf den Füßen, als wir die Jacken ablegen. Der Küchentisch ist fast so groß wie die Grundfläche des Raums, und im Zimmer nebenan steht ein großes Bett, das ebenfalls den ganzen Raum einnimmt. Ein großer Fernseher läuft, Trump wettert in einem amerikanischen Fernsehkanal, sie macht das Gerät aus. Nina bietet mir einen Hocker an, von dem sie zwei Kissen wegnimmt und den sie mit Brokat ein bisschen aufgehübscht hat – dem gleichen Stoff, aus dem auch die Vorhänge sind: orange, glänzend, edel. Überall hängen und liegen Kleider, an den Wänden Spiegel und Fotos, auf den Kommoden stapeln sich Bücher, Keramikhunde (besonders Doggen), stilvolle Parfümflakons und edle Schalen aus Rauchglas.

Sofort beginnt Nina Dobrolyubova zu erzählen. Immer wieder lacht sie über sich selbst, ständig schleichen sich englische Wörter in ihre Erzählungen und Lakonie in ihre Stimme.

In meinem Leben habe ich viele Fehler gemacht. Der größte aber war sicher, dass ich einem Hochstapler den Rest meines Vermögens anvertraut habe.

Als meine Mutter starb, erbte ich elf Millionen Schweizer Franken. Ich war 56 Jahre alt und die schlimmste Geschäftsfrau der Welt. Meine Eltern haben mir nie etwas beigebracht, schon gar nicht, was Geld betrifft. Ich bin wahnsinnig kindlich. Immer noch. Sehr naiv. Ich habe mein Leben lang in meiner eigenen *bubble* gelebt. Ich musste ja nie wirklich arbeiten! Und alles, was ich wollte, das mit Geld zu bezahlen war, habe ich immer bekommen: Meine Mutter konnte keine Gefühle zeigen, konnte nie etwas Positives sagen. Was ich machte, war nie gut genug. Das Einzige, was sie konnte, war, mir Geld zu geben.

Wollte ich in die Ferien, ein Appartement in New York, eine schöne Wohnung in Zürich – das habe ich alles bekommen. Erst kurz bevor sie starb versuchte sie, vieles, was zwischen uns war, wiedergutzumachen. Sie lobte mich plötzlich als die Schönste, Beste, Intelligenteste. Und sie tröstete mich mit dem Geld, mit dem ich mir ein Haus in jedem Land und 600 Pferde und weiß der Teufel was alles leisten könne.

Die Pferde erwähnte sie, weil ich damals wegen eines Pferdes untröstlich war. Als ich nämlich in Amerika gelebt hatte, mietete ich eine Zeit lang ein Haus *upstate*. Die Vermieter hielten neben Hunden und Katzen auch sechs Pferde. Die Frau zeigte mir, wie man auf Pferde aufpasst. Davor hatte ich noch nie mit Pferden zu tun gehabt, liebte einzig Hunde. Doch dort verliebte ich mich in eines. Und es sich auch in mich! Das war die beste Beziehung, die ich je in meinem Leben hatte – fünf wahnsinnig glückliche Jahre. Dieses Pferd machte Sachen mit mir, das war verrückt. Dann aber sind die Pferde gestorben, eins nach dem andern. Sie waren schon sehr alt.

Als mir meine Mutter danach eröffnete, ich würde unendlich viel Geld erben, glaubte ich ihr und meinte, ich könne all meinen Freunden helfen. Ich dachte, ich sei jemand wie Donald Trump oder Rockefeller. Sogar ein eigenes Flugzeug wollte ich mir kaufen, um mit meinem Hund nach Amerika fliegen zu können …! Erst da habe ich langsam realisiert: Ich bin doch nicht so reich, dass ich mir alles leisten könnte. Auch wenn elf Millionen zweifelsohne sehr viel Geld sind.

In den letzten fünfzehn Jahren habe ich das gesamte Geld verloren. Ich half, wann immer ich darum gebeten wurde: Freunde von mir fragten, ob ich in ihr Weingut investieren könne. Ich schlug ihnen eine Million vor. Sie fragten, ob ich nicht etwas mehr geben könne? Ich fragte: Wie viel mehr? Am Ende waren es 1,2 Millionen, von denen ich – und auch die anderen Investoren – trotz Dividendenversprechen bis heute keinen einzigen Cent wiedergesehen habe. Ich habe anderen Leuten viel Geld geliehen. Geld, das ich nie mehr wiedergesehen habe. Und ich hatte laufende Kosten: Alleine der Treuhänder und die Firma, die mit meinem Geld kaufte und verkaufte, kosteten insgesamt jährlich 120 000 Franken. Außerdem ging es mir nach dem Tod meiner Eltern und nach 9/11 sehr schlecht. Ich musste jemanden anstellen, der monatelang bei mir war, weil ich nicht mehr allein sein konnte. Auch das kostete.

Meine Freundinnen schlugen mir vor, wegzufahren. In die Ferien, das würde mir guttun. Und sie würden mich begleiten. Allerdings musste ich das bezahlen. Denn ich war ja reich, und die anderen waren nicht reich. So sind wir nach Tunesien gereist. Dort habe ich mich in einen Araber verliebt. Ihn heiratete ich sofort. Sonst hätte er nicht hierherkommen können.

Ich war immer schon hoffnungslos romantisch, doch mit den Männern hatte ich immer Pech. Als ich als Kind in Kenia war und glücklich, träumte ich von einem Cowboy. So wie Scarlett O'Hara in *Gone With the Wind* mit einer Handvoll Erde in der Hand sagte: »As god is my witness, I'll never be hungry again.« Also bin ich damals, mit neun Jahren, zum Strand gegangen, habe eine Handvoll Sand genommen und gesagt: »Someday, I'm gonna go to America, marry a cowboy and live on a ranch.« Das war mein Traum. Ich stellte mir einen echten Cowboy vor, nicht einen, der nur auf seine Kühe aufpasst, sondern John Wayne oder den Sheriff, der am Ende immer das Mädchen kriegt. Ich liebte Western, ich liebe sie immer noch. Sie sind sehr schwarz-weiß, aber sehr romantisch. Es gibt den ganz Schlechten und den ganz Guten: Der Schlechte stirbt denn auch am Ende, und der Gute gewinnt und kriegt immer die Frau. Das hat mir wahnsinnig gefallen. Verheiratet war ich insgesamt vier Mal. Nur der Erste aber war ein wirklich guter Mann, doch in ihn war ich nicht richtig verliebt. Die anderen waren kriminell oder hatten kein Geld.

Auch der Tunesier, mein vierter Ehemann, von dem ich mich nach sechs Jahren scheiden ließ. Nach der Scheidung hatten wir immer noch ein freundschaftliches Verhältnis, regelmäßig ging er für mich einkaufen und zog dabei mit meiner Karte immer auch für sich Geld am Automaten. Ich hatte davon keine Ahnung.

Danach lernte ich Pawel kennen, einen Hochstapler. Als wir uns begegneten, hatte ich noch ungefähr zwei Millionen. Hals über Kopf habe ich mich in ihn verliebt. Und er sich anscheinend auch in mich. Er ist einige Jahre jünger als ich. Ich lernte ihn bei den Anonymen Alkoholikern kennen. Er kam auf mich zu und stellte sich vor. Er sah sehr gut aus, war wunderschön gekleidet. Damals hatte auch er noch ziemlich viel Geld. Ich muss sagen: Zwei Jahre lang war ich sehr glücklich. Ich war verliebt, er war verliebt. Er hat von Hochzeit geredet, rief mich ständig an, sagte mir, wie er mich vermisse.

In den zwei Jahren, als ich noch Geld hatte und mit Pawel zusammen war, lebten wir wie Könige. Wir haben das Geld ausgegeben wie Wahnsinnige. Er stand auf *fine dining*. Das kannte ich vorher nicht: Man bekommt dreißig kleine Gänge. Wir haben *fine dining* gemacht, im Dolder, im Baur au Lac. Wir sind nach Spanien, nach Frankreich gereist. Das war wunderschön. Ich war verliebt. Ich war sehr glücklich in dieser Zeit. Meine Freunde aber trauten ihm nicht. Ich versuchte, ihnen zu erklären: »Selbst wenn ihr recht haben solltet: *So what?*« Dann habe ich wenigstens zwei glückliche Jahre verbracht.

Er arbeitete damals mit einem Mann zusammen, der mit Öl handelte. Er erzählte mir, dass er etwa achtzig Kunden habe, alle seien begeistert und dieses Öl einfach super. Das klappe – bestimmt. Es war alles wunderbar, es sah auch legal aus. Doch mein Treuhänder sagte Nein: »Du hast nicht genügend Geld, du kannst nicht investieren.« Und auch meine Freunde waren dagegen, alle. Auch mein Psychiater. Meine Freundin Sissi sagte mir ganz direkt: »Wenn du dich mit diesem Typen einlässt, dann sind wir nicht mehr Freunde.« Und ich sagte einfach allen: »*Fuck you.*« Ich war so verliebt. Und ich habe so sehr geglaubt, dass das alles Hand und Fuß hat. Ich investierte eine Million Euro in dieses Öl in Amerika.

Nun, das ist schiefgegangen.

Wie der Treuhänder die letzte Million nach England transferierte, sagte er »*that's it*«, und wir trennen uns. Im Januar hätte das Geld kommen sollen, das hat nicht geklappt. Das war jener Winter, als es in Texas stark schneite. Wegen des Wetters also, hieß es, hätten die Öl-Dwells nicht produziert. Es hieß, das Geld komme nicht im Januar, sondern im Juni.

Doch auch im Juni kam das Geld nicht. Da hat auch Pawel gemerkt, dass etwas nicht stimmt. Er engagierte einen Detektiv, der nach Hamburg reiste. Denn dort war das Business, und auch nach London, wohin ich das Geld geschickt hatte. Doch jener Mann sei nicht mehr an seiner Hamburger Adresse, sagte Pawel. Er behauptete, auch er sei reingelegt worden. Heute weiß ich, dass alles geplant war.

In den zwei Jahren, als ich mit Pawel zusammen war, hat er mich immer wieder um Geld gebeten: weil er – was weiß ich – in der ganzen Welt rumfliegen musste, nach Qatar zum Beispiel, um all die Leute zu treffen, mit denen er *business* machte. Er sagte immer, die Leute aus Russland und Arabien, mit denen mache er am liebsten Geschäfte, weil sie mit dem Geld großzügig sind. Er musste in guten Hotels wohnen. So tun, als hätte er Geld. Ich habe ihm immer das Geld gegeben. Und wir haben auch lustig gelebt. Eines Tages kam er vorbei und fragte, ob er 1000 Franken haben könne. Ich sagte, ja klar, wie immer. Er ging zur Bank, kam zurück und sagte: Du bist 900 im Minus. Da wusste ich: Jetzt ist es vorbei.

Als ich meine Rechnungen nicht mehr bezahlen konnte, bekam ich einen Beistand, eine Art Vormund. Seit jetzt drei Jahren habe ich kein Geld mehr.

Was danach passierte, habe ich mir allerdings anders vorgestellt. Sie haben mir nämlich alles weggenommen. Viele Dinge, die richtig teuer waren, Schuhe für Tausende von Franken zum Beispiel, die sie für lediglich 300 oder 400 verkauften. Für nichts! Ich hatte eine Cartier-Uhr aus echtem Gold – ich weiß genau, ich hätte mindestens 12 000 Franken dafür bekommen, hätte ich sie selbst verkaufen können. Sie kostete ursprünglich etwa 30 000 oder 40 000. Doch sie haben sie für 1800 Franken verkauft. Tatsächlich.

Ob es sich gelohnt hat? Nun. Nein. Denn jetzt lebe ich von der Sozialhilfe und muss für jede Kleinigkeit einen Antrag stellen.

Immerhin ist Sissi wieder meine Freundin. Unterdessen habe ich nur noch zwei Freundinnen auf dieser ganzen Welt: Alle Leute, die ich kannte, Leute, die ich als Freunde bezeichnet habe, sind weg. Weil ich kein Geld mehr habe. Sissi ist jetzt meine beste Freundin. Sie gibt mir Geld, damit ich zum Friseur kann. Dort habe ich Claudia kennengelernt, meine Mutter Teresa. Sie geht mit meinem Hund spazieren und hat die Vorhänge aufgehängt. Sie schaut nach mir und auch nach anderen, denen es ähnlich ergeht wie mir.

Monatlich lebe ich jetzt von 900 Franken, damit komme ich überhaupt nicht hin. Die Sozialhilfe bezahlt die Miete und auch die Krankenversicherung. Aber ich muss TV und Telefon bezahlen, das sind allein 200 Franken. Und dann kriege ich ständig vom Arzt Rechnungen für die Laborsachen, die die Sozialhilfe nicht bezahlt. Das Schlimme aber ist nicht das Geld, schlimmer ist, dass ich hier bin, in dieser Alterssiedlung, und niemand ruft an. Zweimal pro Woche kann ich in die Stadt: einmal zum Psychiater, einmal zum Physiotherapeuten. Um hinzukommen, habe ich Promobil, einen Fahrdienst, beantragt. Aber ich kriege kein extra Promobil, weil ich Multimillionärin war – sagt die Beiständin.

Hätte mir doch meine Mutter wenigstens ein bisschen etwas über Geld gesagt! Das hat sie nie gemacht. Anfangs, als ich das Geld geerbt hatte, gab es Zeiten, in denen ich gedacht habe: Es ist fast besser, wenn man kein Geld hat. Denn wenn man so viel Geld hat, hat man auch so viele Probleme.

Meine Großmutter sagte mir immer: Du darfst nie einen Mann in deine Wohnung reinbringen. Das sagte sie mir bereits, als ich zwölf oder vierzehn war. Ich dachte damals, sie spinnt. Und auch der Jürgen, ein guter Freund, sagte mir immer: Du kannst nicht durch die Welt gehen und allen vertrauen! So aber kann ich nicht leben. Ich finde es zynisch, den Leuten nicht zu vertrauen. Überhaupt, die Leute, die jetzt nicht mehr anrufen, das waren keine richtigen Freunde, das waren Bekannte. Ich dachte zwar immer, Geld verändere nichts: Die Freunde haben mich gern; ich dachte nicht, dass das wegen des Geldes ist. Aber ich weiß ja, dass ich sehr naiv bin. Wegen der Depression hatte ich mein Leben lang Mühe mit der Realität. Ich kann die Realität nicht akzeptieren. Die Realität ist hart. Weil ich immer Geld hatte, habe ich in meiner eigenen Welt gelebt. Immer mit dem Credo: *Everybody is innocent until proven guilty.*

Und Pawel – nun: Nachdem ich kein Geld mehr hatte, wurde die Beziehung immer schlimmer. Vor ein paar Monaten sagte ich ihm am Telefon: »*I regret I have met you.*« Er wurde wahnsinnig wütend. Ich sagte ihm, er sei ein Hochstapler und hätte mich ausgenutzt. Und ich wünschte, ich hätte ihn nie kennengelernt, denn dann hätte ich immerhin noch diese eine oder fast zwei Millionen. Da war er wahnsinnig beleidigt.

Hätte ich doch auf Sissi und all die anderen gehört! Andererseits ist es auch typisch, dass ich das nicht getan habe. Und ich war wirklich auch verliebt und glücklich. Hätte ich es nicht getan, hätte ich auch diese zwei Jahre Glück nicht erlebt.

Immer wieder seufzt Nina Dobrolyubova und betont, sie sei einfach hopeless romantic. *Sie gefällt sich sichtlich in dieser Rolle, und manchmal ist es schwierig, als Zuhörerin auseinanderzuhalten, was wahr ist und was hätte sein können. Als sie mir vorrechnet, wie viele Jahre ihres bis jetzt 72-jährigen Lebens sie glücklich verbracht hätte, staune ich über das Resultat:* »*Alles zusammen, inklusive Afrika, komme ich auf etwa zwanzig Jahre von über 72.*« *Ich will gerade Wow sagen, als sie mir ins Wort fällt:* »*Das ist nicht besonders viel – und alleine fünf Jahre davon waren mit dem Pferd.*«

»Sozialhilfe habe ich nie beantragt.«

Der Mann, der sich immer wieder verschuldete

Peter Conrath steht im Essensraum der Zürcher Gassenküche und erzählt ungeschönt die Kurzversion seiner Geschichte: zweimal Geld verloren, mit haushohen Schulden arm geworden, ein paar Jahre alleine mit dem Verkauf von Straßenmagazinen überlebt, unterdessen wieder ein fester Job, ein möbliertes Zimmer und nach wie vor ungebrochen viel fröhlicher Elan. Eine Gruppe Diakone und Diakonissinnen aus Deutschland und der Schweiz hört ihm interessiert zu – Peter, 53, führt auf einem sozialen Stadtrundgang des Straßenmagazins Surprise *zu den unsichtbaren Seiten der Armut in dieser reichen Stadt. »Ihr dürft mich alles fragen«, ermutigt Peter seine Zuhörer und Zuhörerinnen und stellt mich als jene vor, die an einem Buch zum Thema Fehler schreibt. Was seitens der zuhörenden Diakone und Diakonissinnen erwartungsgemäß zur Frage führt, was er denn falsch gemacht habe. Hat er mit seiner Biografie nicht einfach nur Pech gehabt? »Dass ich als Selbstständiger keine Krankentagegeldversicherung abgeschlossen hatte, war ein großer Fehler, der mein Leben definitiv veränderte«, sagt Peter, um sofort anzufügen: »Wobei ich freilich vorher so nicht gedacht habe. Wie sagt man so schön? Aus Schaden wird man klug.« Peter lacht und erzählt von den vierzig unfallfreien Jahren davor und wie er darauf vertraut habe, dass das so blieb.*

Wenn alles gut läuft, bin ich Ende dieses Jahres schuldenfrei. Ich habe immer gearbeitet und eigentlich stets viel. Seit ich wieder einen festen Job habe, konnte ich innerhalb von vier Jahren dem Betreibungsamt* gegen 80 000 Franken zurückzahlen.

Gelernt habe ich Koch, nach der Lehre arbeitete ich weiter, zuerst als Koch, danach als Sous-Chef. Weil ich ein schweres Magengeschwür bekam, musste ich allerdings den Kochberuf aufgeben. Ich kam nach Zürich und arbeitete zwei Jahre in der Feinkostabteilung eines großen Kaufhauses, danach fast zehn Jahre bei einem Wachdienst.

Zweimal habe ich viel Geld verloren: Das erste Mal unverschuldet, als ich für einen Freund einen Kredit aufgenommen hatte, der diesen nicht zurückbezahlen konnte. Das waren 30 000 Franken. Er besaß ein Häuschen in Italien, das er mir als Sicherheit für den Kredit versprochen hatte. Dass er dieses allerdings bereits seiner Schwester überschrieben hatte, weil er ihr genauso Geld schuldete wie mir, beichtete er mir später. Ich weiß nicht: stimmt's, stimmt's nicht?

Ich musste Privatkonkurs anmelden und dem Richter beweisen, dass ich den Konkurs nicht mutwillig herbeigeführt hatte. Das alles kostete mich zusätzlich etwa 5000 Franken, die ich dem Betreibungsamt bezahlen musste. Danach musste ich seinen Kredit nicht zurückzahlen – allerdings nur so lange, wie ich zu keinem Vermögen kam. Unterdessen ist das glücklicherweise verjährt. Sie haben dreimal versucht, Geld bei mir zu holen, aber Gott sei Dank immer zu Zeiten, in denen ich zu wenig verdiente. Regelmäßig kam ein Betreibungsbeamter zu mir nach Hause. Ich musste die Kontoauszüge offenlegen, und der Beamte bestätigte, dass kein neues Vermögen vorhanden war. Nach dem dritten Mal gaben sie auf.

Diese Erfahrung bereue ich sehr, ich hatte eine große Wut auf jenen Freund. Ich hatte ihm vertraut. Doch es stellte sich heraus, dass er arbeitslos geworden und bereits davor schier im Existenzminimum war.

---

* Entspricht dem Gerichtsvollzieher

Ich dachte, bei der Arbeit werden sie davon nie erfahren – denn Privatkonkurse werden als Amtsmitteilungen nur im *Tagesanzeiger* publiziert. Und wer liest schon den *Tagesanzeiger*? Nun: Mein Personalchef las den *Tagesanzeiger*. Ich wurde aufs Büro zitiert und mir wurde die Kündigung mitgeteilt. Ich war dreißig Jahre alt.

Danach arbeitete ich fünf Jahre für ein Umzugs- und Reinigungsunternehmen. Als ich günstig an einen Lastwagen kam, eröffnete ich meinem Chef, dass ich mich selbstständig machen wolle. Ich war überzeugt, dass das klappt. Und sechs Jahre lang ging das auch gut.

Bis ich vor knapp dreizehn Jahren einen schweren Unfall hatte, aber keine Krankentagegeldversicherung: Ich bin in der Dominikanischen Republik mit der Vespa umgefallen, wo ich eine Freundin besuchte, die dort lebte. Gut zwei Wochen lang lag ich dort im Krankenhaus. Danach durfte ich nach Hause und musste viel liegen. Ich brauchte Ruhe und konnte ein Jahr lang nicht mehr arbeiten, weil ich ein schweres Schädel-Hirn-Trauma und ein gebrochenes Jochbein hatte. Gelebt habe ich in jenem Jahr von der Reserve, die ich mir in den sechs Jahren der Selbstständigkeit erarbeitet hatte. Das langte aber natürlich nicht, und so haben sich wieder die ersten Schulden angesammelt. Denn die Miete und Krankenkasse muss man ja trotzdem irgendwie bezahlen. Die Rechnung der Krankenkasse kam jeweils an erster Stelle, danach aber war kein Geld mehr übrig für die anderen Rechnungen. Zum Beispiel konnte ich auch nicht von einem Tag zum anderen einfach so meine Geschäftsversicherungen kündigen. Weil ich nicht zahlen konnte, wurde eine Zwangsvollstreckung durchgeführt. Das ist die Konkursmasse, die ich bis heute zurückbezahle.

Als ich nach jenem Jahr wieder arbeiten konnte, arbeitete ich an verschiedenen Orten, zuerst an einem Würstchenstand, später in einer Schreinerei. Jeden Gelegenheitsjob nahm ich mit Handkuss an. Am Würstchenstand lernte ich Ruedi kennen. Er verkaufte Straßenmagazine des Vereins Surprise und wurde zu meinem besten Freund. Er sagte, ich sei faul: Wenn ich nur abends arbeite, könne ich doch auch noch morgens meine Kasse etwas aufbessern. Er sagte: »Du kannst das!« So begann ich zuerst stundenweise, später Vollzeit, Straßenmagazine zu verkaufen.

Wer neu beginnt, bekommt zehn Starterhefte kostenlos. Verkauft man diese, kommt man so zu sechzig Franken, die man für weitere zwanzig Hefte investieren kann. Ab dem elften Heft bezahlt man als Verkäufer die Hälfte des Verkaufspreises: Ein Heft verkaufen wir für sechs Franken, für 3,30 Franken bekommen wir es im Büro des *Surprise*-Magazins. Wir verdienen also 2,70 Franken pro verkauftem Heft plus Trinkgeld. In der Regel verkauft man in der ersten Erscheinungswoche einer neuen Ausgabe bis zu 25 Hefte pro Tag, in der zweiten Woche zwanzig. Sofern man gut verkauft und während jeweils sechs Tagen. In jener Zeit, als ich ausschließlich von *Surprise*-Magazinen lebte, habe ich monatlich um die 400 Hefte verkauft. Insgesamt hatte ich so monatlich im Schnitt 1080 Franken plus Trinkgeld, bei 400 Heften sind das vielleicht zusätzlich 500 Franken.

Damit bin ich über die Runden gekommen, Sozialhilfe habe ich nie beantragt. Nur einmal, als es gar nicht mehr ging, habe ich kurzzeitig Arbeitslosengeld bekommen. Ich hatte immer die Einstellung: Solange ich zwei gesunde Hände habe und es irgendwie langt, mache ich das nicht. Ich bettle nicht gern. Ich sage durchaus Danke, wenn ich etwas bekomme. Aber ich mag niemandem – auf gut Deutsch gesagt – in den Arsch kriechen, um etwas zu bekommen. Als ich von Kollegen gehört habe, wie man teilweise die Hosen runterlassen muss, um auch nur einen einzigen Franken zu bekommen, habe ich mir gesagt: Ihr könnt mir den Buckel runterrutschen, ich kriege das auch ohne euch hin.

Das *Surprise*-Magazin verkaufte ich an unterschiedlichen Orten: in Zürich, in Chur, in Zug, in Luzern, in Schaffhausen. Anfangs kam ich mir komisch vor, manchmal sogar daneben: An meinem dritten Verkaufstag hatte ich ein Erlebnis, weswegen ich den Bettel hinwerfen wollte. Kurz vor neun Uhr machte mich nämlich einer blöd an, sagte: »Du fuule Siech, würdsch gschieder go schaffe statt suufe!«* Obwohl ich keinen Tropfen trank, das will ich betont haben. Er beschimpfte mich, ich würde sowieso nie einen Job finden. In den ersten Tagen getraut man sich natürlich nicht, etwas zu sagen. Da schluckt man einfach und bäumt sich innerlich auf, ohne sich zu wehren. Als ich kurz danach die anderen *Surprise*-Verkäufer zur Kaffeepause traf, warf ich meine restlichen Hefte hin und sagte: »Das ist nichts für mich, ich höre auf.« Ruedi schaffte es, dass ich dennoch weitermachte. Er sagte mir: »Nur weil der Scheiße erzählt hat, musst du doch nicht aufhören. Einfach die Ohren zumachen und weitermachen.« Ich solle mir das nicht zu sehr zu Herzen nehmen – das sei sowieso ein Depp gewesen, der verstehe ja nichts. Heute stehe ich da drüber.

Anfangs glaubte ich noch ab und zu, dass der eine oder andere das Heft nur kauft, weil er Mitleid mit mir hat. Heute mache ich manchmal eine Stichprobe: Wenn jemand bei mir regelmäßig ein Heft kauft, haue ich ihn nach dem zehnten Heft an und frage nach, wie er den einen oder anderen Artikel gefunden habe? Je nachdem, wie er reagiert, weiß ich, ob er die Ausgabe gelesen hat oder nicht – ob jemand ehrlich ist oder nur aus Mitleid kauft. Lieber ehrlich sagen, dass man nicht liest, weil der Inhalt nicht passt oder keine Zeit ist, als so zu tun als ob. Wenn einer nur Geld gibt, aber das Heft gar nicht will, das akzeptiere ich auch: Das finde ich ehrlich. Aber nur zum Schein das Heft kaufen, das macht mir Mühe. Ich persönlich finde das Heft nämlich journalistisch eins a geschrieben.

Die Verkaufsorte werden vom Chef bei *Surprise* zugewiesen, seit es vor Jahren beinahe eine Messerstecherei zwischen zwei Straßenmagazinverkäufern an der Bahnhofstraße gegeben hat. Früher habe ich davon profitiert, dass ich in der zweiten Woche an mehreren Plätzen verkaufen konnte. Der beste Platz ist jener vor der großen Buchhandlung hinter der Bahnhofstraße. Der Verkäufer dort macht während den Wintermonaten bis zu 700 Hefte monatlich. Verkäufer, die ausschließlich vom Heft-

---

* »Du fauler Typ, solltest besser arbeiten statt saufen!«

verkauf leben, weil sie keine andere Arbeit haben und keine Sozialhilfe, bekommen die besseren Plätze, das berücksichtigt der Chef.

Wenn ich verkaufe, stehe ich nur da, schaue den Leuten in die Augen und sage: »Guten Morgen.« Viel mehr eigentlich nicht. Ich rufe in der Regel nicht: »*Surprise, Surprise*!« Wobei man das offiziell sowieso nicht mehr darf, seit die Polizei einmal reklamiert hat. Sie fühlte sich gestört durch diese Rufe in der Nähe ihres Postens im Hauptbahnhof, direkt bei den Rolltreppen.

Ich wurde auch schon gefragt, wonach ich Sehnsucht habe oder was mir am wichtigsten sei. Viele denken, ich würde sagen: Geld. Ich sage aber immer: Freundschaft. Denn Freundschaft ist eigentlich wirklich das höchste Gebot im Leben. Das habe ich gemerkt, als es mir schlecht gegangen ist.

Als ich beim Wachdienst arbeitete, verlor ich einen großen Teil meiner Freunde. Anfangs fragten sie noch, ob ich auch mitkäme, aber ich arbeitete nur nachts – zu oft hatte ich Nein gesagt. Irgendwann riefen sie nicht mehr an. Dadurch habe ich sie verloren. Und als ich mich verschuldete und deswegen gekündigt wurde, habe ich die wenigen, die ich noch hatte, auch noch verloren. Weil ich ohne Geld einfach nicht mehr mithalten konnte. Wobei: Im Nachhinein weiß ich, das waren nicht meine richtigen Freunde. Denn als es mir beschissen ergangen ist, habe ich erlebt, wie Freunde wirklich sind. Die zu dir stehen und dir zu helfen versuchen, auch wenn sie selbst nicht viel haben. Hauptsächlich eigentlich der Ruedi. Er hat mir sehr stark beigestanden. Nicht finanziell, denn er hat selbst nicht viel, aber moralisch. Wenn ich mich unnütz fühlte, sagte er stets: »Das kommt, das kommt. Du bist nicht unnütz, du tust etwas und hast einen starken Willen.« Er hat immer versucht, mich aufzubauen.

Unterdessen habe ich viele Stammkunden, die sich immer wieder mal auf einen Schwatz einlassen. Obwohl man sich nicht näherkommt – ich möchte sie auch nicht zu meinen Freunden zählen, aber ich will diese Gespräche auch nicht missen. Als ich nur *Surprise* hatte, sind sie mir auch eine Hilfe gewesen. Weil sie ab und zu auch mit mir schwatzten oder mal ein aufbauendes Wort sagten.

Jetzt habe ich seit vier Jahren bei einem Supermarkt eine feste Anstellung mit Lohnpfändung. Seither verkaufe ich nur noch an einem Tag in der Woche *Surprise*-Magazine. Eine neue Anstellung zu finden war schwierig: Einmal arbeitete ich zur Probe in einem Hotel in Wallis. Die Chefin war hell begeistert und wollte mich einstellen. Bis ich beim Personalblatt ein Ja ankreuzte bei der Frage, ob ich verschuldet sei. Sie fragte: »Wie hoch?«, und ich nannte ihr die Zahl. Da sagte sie: »Es tut uns leid, wir können Sie leider nicht nehmen.« Ich werde selten wütend, da aber spürte ich eine Stinkwut. Auch wenn ich das ein bisschen verstehen konnte, weil auch Kassendienst zu den Aufgaben gehörte.

Dort, wo ich jetzt arbeite, hatte ich ein riesig großes Glück. Ein Personalchef war mir wohlgesinnt, sonst hätte das niemals geklappt. Nach dem Bewerbungsgespräch versprach er mir: »Ich rufe Sie an.« Da sagte ich: »Aber ich möchte zuerst zur Probe arbeiten: Sie wissen ja gar nicht, wie ich arbeite, und ich weiß nicht, wie dieses Geschäft ist. Wer weiß denn, ob ich bei Ihnen arbeiten will?!« Er schaute mich verdutzt an, aber das hat ihm imponiert, und ich konnte zur Probe arbeiten. Danach sagte er: »Ich lege bei der Geschäftsleitung ein Wort für Sie ein.« Eine Woche später konnte ich anfangen. Zwar nicht oben im Verkauf, wofür ich mich eigentlich beworben hatte, aber unten in der Sandwichproduktion. Ich zögerte zuerst, denn ich habe gerne mit Menschen zu tun. Woraufhin er mir versprach: »Schauen Sie, Herr Conrath, sobald Sie schuldenfrei sind, setze ich mich dafür ein, dass Sie nach oben in den Verkauf kommen.« Jetzt im Oktober wäre das der Fall. Allerdings habe ich jetzt einen neuen Chef.

An diesen Arbeitstagen stehe ich jeweils um drei Uhr nachts auf, um halb fünf beginne ich zu arbeiten, um dreizehn Uhr habe ich Feierabend.

Mit einer Lohnpfändung liegt die Chance für eine Wohnung nahezu bei null, wenn man kein Vitamin B hat oder jemanden, der für einen bürgt. Ich habe mir erfolglos zig Wohnungen und

Zimmer angeschaut. Anfangs konnte ich noch kostenlos in der Schreinerei wohnen, wo ich einmal gearbeitet hatte. Danach fand ich ein Zimmer, indem ich die Hauswartung übernahm, dort wurde mir die Miete gleich vom Lohn abgezogen. Als ich diese Stelle aufgeben musste, weil die Verwaltung gewechselt hatte, wohnte ich vorübergehend bei einem Bekannten zur Untermiete. Bis ich bei einer Privatperson ein möbliertes Zimmer bekam. Auch sie wollte mich nicht nehmen, weil sie schlechte Erfahrungen gemacht habe. Nur weil meine Schwester für mich einstand, klappte es am Ende.

Sobald ich meine Schulden abbezahlt habe, lade ich zuerst einmal all jene zu einem großen Essen ins Restaurant ein, die für mich immer da waren, die zu mir gestanden und mich aufgebaut haben: Mit ihnen möchte ich dick essen gehen. Danach beginne ich zu sparen, damit ich nach Amerika kann.

Denn vor drei Jahren hat mich ein ehemaliger Schulfreund auf eine Amerikareise eingeladen: Als wir nämlich in der Grundschule waren, haben wir davon geträumt, dass wir – wenn wir einmal fünfzig sein werden – als ganze Klasse nach Amerika fahren würden. So bekam ich vor drei Jahren einen Brief von einem dieser Schulkollegen. Es sei ja jetzt so weit, wir seien alle fünfzig geworden – ob wir jetzt nach Amerika gingen? Wer mitkomme, solle sich melden. Das war eine große Überraschung – aber natürlich auch ein Problem. Ich antwortete ihm, dass ich zwar gerne mitkommen würde, aber leider absagen müsse, und schilderte ihm ein bisschen, was passiert war. Denn diese Reise hätte 3500 Franken gekostet, das konnte ich nicht bezahlen.

Zwei Wochen später kam wieder ein Brief: Ich müsse unbedingt mitkommen, ich solle ihn anrufen. Wir telefonierten, und ich erklärte ihm: »Du, das ist nicht drin! Ich habe gerade erst im Supermarkt angefangen! Ich habe 50 000 Franken Schulden, die ich abbezahlen muss. Das ist unmöglich!« Er sagte bloß: »Nichts ist unmöglich.« Und fragte, ob ich mein »Spaziergeld« für Amerika zusammenbringen würde? Ich dachte an das Jahr, das bis dahin noch war, und bejahte: »Aber dann ist die Reise noch nicht bezahlt, und auch das Hotel nicht.« –

»Mach dir keine Sorgen«, sagte er, »das übernehme ich.« Er hat ein Reisebüro in Sarnen, und er hatte so viele Meilen gut, dass er mich mit diesen Meilen einladen konnte. So konnte ich mit nach Amerika. Da war ich ganz nah an den Tränen. Und jetzt möchte ich noch einmal dorthin. Über sein Reisebüro, damit ich ihm so quasi auch wieder etwas zurückgeben kann.

Peter Conrath zuzuhören, wie er die Aufs und Abs seines Lebens erzählt, ist wie einem Stehaufmännchen zuzusehen, das immer wieder aufsteht und hartnäckig das Leben anlächelt. Ich kann mir nicht verkneifen, Peter nochmals zu fragen, wie er über Pech und Glück denkt, wenn er auf seine Biografie blickt. Doch Peter sagt bloß: »Darüber habe ich noch nie nachgedacht«, und ich glaube ihm.

»Was, wenn sie sich
im Snowboard-Lager begegnen?«

Der Vater, der möchte, dass sich
seine beiden Söhne einmal kennenlernen

Zufällig hört Carlo von diesem Buchprojekt über Fehler im allgemeinsten Sinn, fragt nach und sagt schließlich: »Ich hätte da auch so eine Geschichte, möchtest du sie hören?« Kurz darauf sind wir in einem Café am Rhein verabredet. Carlo, 47, kommt die obligatorische Viertelstunde zu spät, die er sich bestimmt nicht in der Schweiz angewöhnt hat, sondern eher in Barcelona, wo er länger gelebt hat. Die Apotheke, murmelt er lächelnd, es war kompliziert, wie es eben so ist. Er trägt einen schwarzen Kapuzenpulli, aber auch die Wollmütze wird am Ende des Gesprächs nicht darüber hinwegtäuschen, dass es zu kühl geworden ist, um noch draußen Cappuccinos zu trinken. Carlo holt aus seinem Jutebeutel Parisiennes, von denen er während unseres Gesprächs einige raucht – was allerdings vor allem davon zeugt, dass seine Geschichte nicht schnell erzählt ist. Wir kennen uns über einige Ecken, und er ist überrascht, dass ich bis jetzt noch nie durch andere von seiner Geschichte gehört habe, was auch mich erstaunt, da ich für Tratsch und Klatsch in dieser Stadt immer offene Ohren habe. Also lacht er schelmisch und überrascht mich bereits im zweiten Satz seiner Erzählung.

Was passiert ist, war kein Fehler. Aber dass ich danach lange verschwiegen habe, dass ich Vater nicht nur eines Sohnes bin, sondern dass da auch noch ein zweiter, fast gleichaltriger Sohn ist.

Als ich erfuhr, dass meine Frau und gleichzeitig auch noch eine andere Frau von mir schwanger waren, stand ich da und dachte: Ey, fuck. Das sind Momente, in denen man wahrscheinlich nicht ganz souverän ist. Ich war 34 Jahre alt. Jung einerseits, aber andererseits auch bereits ein Mann.

Dieser Moment ist jetzt dreizehn Jahre her, meine Frau und ich waren damals seit sieben Jahren zusammen. Wir hatten beide nebenbei noch andere Geschichten. Wir führten keine offene Beziehung, aber wir waren beide der Meinung, dass wir irgendwelche Geschichten des anderen nicht wissen müssen – es sei denn, einer verliebt sich. Das funktionierte immer gut, außer natürlich, wenn wir uns doch mal verliebten. Das waren ziemliche Katastrophen, mich hat das immer sehr verletzt. So war das zeitweise auch ein rechtes Hin und Her: Wir haben uns getrennt, sind wieder zusammengekommen und so weiter.

Ich traf regelmäßig eine Frau, die ich aus dem Studium kannte. Sie war verheiratet und hatte zwei Kinder. Wenn wir uns trafen, erzählten wir uns immer viel – wir hatten ein recht freundschaftliches Verhältnis. Auch mit ihrem Mann war ich befreundet. Er wusste aber nichts davon, überhaupt wusste niemand Bescheid. Wir trafen uns heimlich. Ich hatte zwar immer ein schlechtes Gewissen – tatsächlich! –, wenn ich fremdgegangen bin. Doch ... wie soll ich sagen: Diese Beziehung zu ihr war zwiespältig. Einerseits war da die Freundschaft, andererseits diese Lust. Oft habe ich sie getroffen in der Absicht, heute keinen Sex mit ihr zu haben. Aber dann kam es doch dazu. Häufig übrigens durch ihre Initiative. Wahrscheinlich hatte ich zu wenig Mut, um zu sagen: »Nein, ich will nicht.« Das war sicher feige von mir. In jenen Momenten dachte ich: Das hätte ich nicht tun sollen. Freundschaft und Sex, das kommt selten gut. Ich hatte ein schlechtes Gewissen, vor allem auch meiner Frau Marla gegenüber. Gemacht habe ich es trotzdem immer wieder. Auch als ich bereits wusste, dass Marla und ich ein Kind erwarteten.

Ja, und eines Tages sagte diese andere Frau, sie sei schwanger – ebenfalls von mir. Wie ich dazu stünde? Das war ein rechter Schock, denn ich wollte kein Kind mit ihr. Tatsächlich habe ich immer gedacht, sie hätte verhütet. Sie war ja verheiratet und hatte bereits Kinder. Sie sagte, sie wolle das Kind behalten, aber den wahren Vater, also mich, geheim halten.

Schon zweimal davor hatte ich erlebt, dass eine Frau von mir schwanger geworden war. Zum ersten Mal, als ich etwa 24 war. Meine damalige Freundin hatte bereits ein Kind und wurde von mir schwanger. Jenes Kind hätte ich gern gewollt. Doch sie wollte es nicht. Damals habe ich begriffen: Als Mann hat man nichts zu sagen. Natürlich kann man als Mann mitreden, ob man sich ein Kind wünscht oder nicht. Aber entscheiden tut sie. Es ist ihr Bauch. Nach mir hatte sie zwei andere Männer und von jedem ein Kind bekommen. Ich vermute, dass sie das Kind von mir abtreiben wollte, weil sie sich nicht vorstellen konnte, mit einem Musiker ein Kind großzuziehen. Ich schloss da gerade mein Studium ab und hatte natürlich kein Geld ... Die Männer, die sie nach mir hatte, hatten alle Geld. Und wenige Jahre später erlebte ich das Umgekehrte: Meine damalige Freundin und ich, wir hatten eine gute Zeit, bis irgendwann das Kinderthema aufkam. Ich war 26, sie 38 Jahre alt. Sie wollte Kinder, ich nicht, obwohl ich unterdessen fertig studiert hatte und beim Theater arbeitete. Als sie einmal beim Sex meinte, es wäre schon in Ordnung, wenn wir jetzt nicht verhüten, wurde ich misstrauisch. Ich kannte ihren Zyklus und wusste, dass das nicht sein konnte. Doch, doch, sagte sie, und dann wurde sie schwanger. Da habe ich mich verarscht gefühlt. Auch wenn das von mir natürlich recht naiv war. Dass ich das Kind nicht wollte, ignorierte sie. Nach ein paar Monaten verlor sie das Kind.

Ich wusste also, ich habe da nicht viel mitzureden. Wenn sie das so handhaben möchte ... ja, was kann ich schon mitentscheiden? Also ließ ich mich darauf ein. In jenem Moment habe ich nicht realisiert, wie belastend dieses Geheimnis sein wird, mit dem man ab da durchs Leben geht. Die ersten fünf Jahre konnte ich das gut verdrängen: Ich war verliebt in meine Frau, und die andere Frau wollte ihren Mann auch nicht verlassen. Sie sprach zwar immer von ihren Problemen mit ihm, aber sie fand auch, dass es sowieso nicht anders werde, wenn man wieder eine neue Beziehung eingehe. Außerdem finanziere er die Kinder.

Zuerst sahen wir uns noch ab und zu, alle paar Monate vielleicht. Wir gingen spazieren, haben geredet und besuchten uns mit den Kindern, die nur wenige Wochen auseinander sind. Je älter die Babys wurden, umso absurder wurden diese Besuche: Manchmal verbrachte ich den Nachmittag bei ihr – mit meinem Sohn und ihrem, also sozusagen meinem Sohn und seinem Halbgeschwister. Sie wollte mich immer als Vater sehen und erwartete auch, dass ich mich einbrachte. Doch das wollte ich ja nie, und ich hatte auch keine Gefühle dem anderen Kind gegenüber. Wie auch? Es ist nicht bei mir aufgewachsen. Anders als die Mutter, die das Kind neun Monate im Bauch getragen hatte, hatte ich nie eine emotionale Bindung zu ihm aufgebaut.

Als sie plötzlich begann, meiner Frau Babykleider zu schicken, mit dem Kommentar, sie seien ihrem Sohn zu klein, vielleicht passten sie dem unseren noch, merkte ich, dass ich mich distanzieren musste. Meine Frau fand das nett, sie wusste aber auch von nichts. Sie dachte einfach, diese Frau sei eine alte Freundin von mir.

Heute glaube ich, sie wollte durch das gemeinsame Kind eine Bindung zu mir aufrechterhalten. Denn irgendwann schrieb sie mir eine E-Mail, dass sie mich öfter sehen möchte. Ich schrieb ihr zurück. Dass ich viel unterwegs sei – ich war da gerade auf Tournee im Ausland. Sie bemerkte, dass ich schließlich der Vater sei. »Ich bin nicht der Vater dieses Kindes!«, schrieb ich zurück. »Dein Mann ist der Vater dieses Kindes. Ich habe vielleicht die Spermien – ganz abstrakt – gegeben, aber geliebt wird dieses Kind von seinem Vater, der es großzieht.« Was sollte ich denn tun: vorbeigehen und den guten Onkel spielen? Ich lebte gerade in Barcelona, als sie mir etwa fünf Jahre nach der Geburt eine SMS schickte und 500 Franken monatlich von mir auf ihr Postkonto verlangte. Sonst, schrieb sie, erzähle sie alles ihrem Mann. Ich habe nie daran gedacht, mich darauf einzulassen, nie. Weil ich das nicht in Ordnung fand und weil ich das Geld auch gar nicht hatte. Schließlich war das ihre Entscheidung, dieses Kind zu verheimlichen und damit meine Verantwortung ihrem Mann zu übertragen.

Damals erzählte ich zum ersten Mal jemandem davon. Einer engen Freundin in Barcelona, die weit weg von allem war. Ich merkte, dass ich diese Sache irgendwann vollständig zu klären hatte. Dass ich meinen beiden Söhnen davon erzählen muss und vor allem Marla. Und ich wusste: Das wird schwierig, auch wenn Marla und ich unterdessen getrennt waren.

Nach der Geburt unseres Sohnes Jesko lebten wir anfänglich in Barcelona, weil wir uns immer einig gewesen waren, dass wir ins Ausland gehen würden, sobald wir Kinder hätten. Ich wollte immer schon Kinder, aber ich wusste, so wie wir arbeiten, ich als Musiker, sie als Modemacherin, werden wir mit Kindern und in der Schweiz zu Sozialfällen. Entweder wird einer von uns für ein fixes Einkommen seinen Beruf aufgeben müssen, oder wir gehen ins Ausland. So kamen wir nach Barcelona. Doch das klappte nicht. Sie ging nach einem Riesenkrach zurück nach Basel, ich blieb wütend zurück. Sie wollte ihre Familie um sich haben, die Eltern, die sehr wichtig waren, und ihre Freunde – was ich auch gut verstehen konnte. Mich aber brachte das in Zugzwang. Trotz der Pendelei hielt ich zu Jesko eine enge Beziehung. Ich war jeweils wochenweise mit ihm zusammen, danach wieder in Barcelona. Manchmal nahm ich ihn mit, später auch nach New York, wo ich ein Stipendium hatte, um Musik machen zu können.

Als ich schließlich beschlossen hatte, Marla von dem zweiten Kind zu erzählen, habe ich den völlig falschen Zeitpunkt erwischt. Ausgerechnet da hatte sie gerade eine Abtreibung hinter sich. Sie war durch eine Affäre schwanger geworden, etwa einen Monat später kam ich mit meiner Geschichte – und auch noch in der Weihnachtszeit. Sie ist ausgeflippt. Ich glaube, wenn meine verheimlichte Geschichte einfach eine Affäre gewesen wäre, wäre das nicht so schlimm gewesen. Aber dass da noch ein Kind war! Und dass ich schon die ganze Zeit davon gewusst hatte. Sie fragte mich, warum ich das nicht von Anfang an gesagt hatte. In ihren Augen war das ein unverzeihlicher Vertrauensmissbrauch.

Klar, selber schuld, wenn man nicht verhütet – so kann eben ein Kind dabei rauskommen... gut. Trotzdem würde ich nicht sagen, dass das ein Fehler war. Das passiert schließlich millionenfach in der Weltgeschichte, daher finde ich das nicht so schlimm. Aber was macht man danach aus dieser Situation? Dass ich meiner damaligen Frau nicht rechtzeitig davon erzählt habe, das war definitiv ein Fehler. Ich hatte schlicht eine riesengroße Angst davor, dass mich meine Frau verlassen würde, dass ich keinen Kontakt zu unserem gemeinsamen Kind haben würde, dass ich mir das Sorgerecht gerichtlich würde erstreiten müssen – was ich im Übrigen als Reaktion von ihr durchaus verstanden hätte.

Als ich ihr schließlich Jahre später von diesem zweiten Sohn erzählte, wollte sie zuerst einmal nichts mehr mit mir zu tun haben. Und es passierte genau das, was ich befürchtet hatte: Sie versuchte, das Verhältnis zwischen mir und Jesko zu erschweren. Immerhin konnte sie rechtlich nichts unternehmen, und das wusste sie auch. Denn er war bereits fünf Jahre alt, und ich hatte mich oft um ihn gekümmert.

Naiv, wie ich gewesen war, hatte ich gehofft, dass Marla meine Ehrlichkeit honorieren würde. So war es aber natürlich nicht. Es war ein elendes Gefühl, von ihr abgelehnt zu werden, auch wenn wir schon getrennt waren. Sie behandelte mich, als wäre ich der letzte Hund. Ich hatte ihr Vertrauen missbraucht, klar. Aber nicht einmal meine Begründung dafür, *warum* ich nichts gesagt hatte, nützte etwas: dass ich Angst gehabt hatte, dass die Verbindung zu meinem Sohn gekappt wird. So bin ich – es muss so um die vierzig gewesen sein – in die große Krise gekommen: Auf der einen Seite Chaos, auf der anderen Seite eine Frau, die mich erpresste. Die Summe all dessen ließ mich straucheln. Auch Kindheitserinnerungen kamen hoch – mit vierzig halt... vermutlich war es das, was man Midlife-Crisis nennt. Ich begann, vieles zu hinterfragen, mein Leben, meine Arbeit als Musiker, alles. Ich kehrte von Barcelona nach Basel zurück, weil ich für Jesko einstehen wollte. Das klappte mit der Zeit auch wieder besser, obwohl meine Exfrau anfangs auf Distanz ging. Vor allem auch, weil sie viel zu tun hatte. Sie war als Modemacherin viel unterwegs und oft auch froh, dass ich mich um unseren Sohn kümmerte. Was aber nicht hieß, dass unser Verhältnis dadurch besser wurde.

Die andere Geschichte war weit weg, die hatte ich verdrängt. Der andere Sohn... seine Mutter hat mir manchmal Fotos geschickt von ihrer Familie, von ihren Kindern, ihrem Sohn. Aber irgendwie... verspürte ich überhaupt keine Gefühle ihm gegenüber.

Als alles aufgebrochen ist, wollte ich alles so schnell wie möglich bereinigen. So war ich damals: Ich hatte einen Plan, tack, tack, und jetzt erledigen wir das. Das war, im Nachhinein betrachtet, ein bisschen wahnsinnig. Denn solche Dinge brauchen Zeit. Verletzungen brauchen Zeit, um heilen zu können. Sofern das überhaupt geht. Doch ich wollte möglichst schnell Nägel mit Köpfen machen, wie man so schön sagt: Wir waren noch nicht geschieden. Ich merkte, wie ich Marla immer noch liebte. Dass es mich deswegen dermaßen verletzte, dass sie so hart reagierte. Ich begann, um sie zu kämpfen, wollte ihr zeigen, dass ich zwar etwas kaputtgemacht hatte, aber immer noch an unserer Familie hing. Und tatsächlich sind wir nochmals für ein paar Jahre zusammengekommen. Nach und nach erzählte ich auch ein paar Freunden von meinem anderen Sohn. Alle waren erstaunt. Die Freunde reagierten recht wohlwollend, so schlimm sei das ja gar nicht. Richtig angegriffen hat mich niemand. Außer meine Frau – und meine Schwiegereltern.

Mit Marla stritt ich ein Jahr lang über den richtigen Zeitpunkt, Jesko zu sagen, dass er noch ein Halbgeschwister hat: Ich ging immer davon aus, dass wir es ihm sagen müssten. Sie fand, es sei noch zu früh. Ich aber wollte ehrlich sein, jetzt. Sie wollte, dass weder unser Sohn noch ihre Eltern davon erfuhren. Sie wollte, dass mein Geheimnis ein Geheimnis bleibt. Doch das hatte ich bis dahin schon lang genug so gehandhabt, das konnte ich nicht mehr.

Schließlich traf ich mich trotzdem mit ihrem Vater, Jeskos Großvater. Ich war der Meinung, dass schließlich ich diesen Fehler gemacht hatte, also wollte ich nun auch die Verantwortung übernehmen. Mein Schwiegervater – ausgerechnet Polizist, sehr konservativ, natürlich mit einem ganz anderen Bild von seiner Tochter – beschimpfte mich, ich sei der Hinterletzte. Es gab einen Bruch mit den Schwiegereltern, weil sie mich von da an hassten. Das war in Ordnung für mich, mir war es vor allem wichtig, dass Jesko irgendwann davon erfährt.

Meine Mutter nahm das sportlicher. Sie war der Meinung, dass so etwas durchaus passieren kann. Sie ist zwar in anderen Dingen konservativ, aber was Beziehungen betrifft, nicht so sehr. Immerhin war sie verheiratet, geschieden und hatte verschiedene Männer – wir Kinder sind deswegen im Heim aufgewachsen. Heute fragt sie mich hin und wieder nach dem Stand der Dinge, ob wir Kontakt miteinander hätten, ob ich ihn wieder gesehen hätte. Sie interessiert sich nicht für ihn als Enkel – übrigens auch nicht für Jesko, den sie ja kennt. Sie ist eine Diva. Sie fragt zwar manchmal nach ihm, aber eigentlich weiß sie nicht einmal, welche Klasse Jesko besucht oder wie alt er ist.

Die Beziehung zwischen mir und meiner Frau wurde immer schwieriger. Ich merkte, wie sie es fast schon ausnutzte, dass ich ein schlechtes Gewissen hatte. Auch wenn ich versuchte, über dieses Thema zu sprechen: Es ging einfach nicht weiter zwischen uns, weil sie immer noch sehr verletzt war. Dass wir es nochmals miteinander versucht hatten, war trotzdem gut, denn nur so konnten wir irgendwann sagen: Jetzt ist Schluss. Das war zwar ein harter Abschluss, sehr hart, weil wir es doch immer wieder versucht hatten, aber es war notwendig. Jesko war etwa acht Jahre alt, als wir ihm sagten, dass wir es nicht mehr schafften.

Dass diese Familie, die ich mir immer gewünscht hatte, nicht funktionierte, hat allerdings nichts mit dem anderen Sohn zu tun. Sie hätte auch sonst keine Chance gehabt. Es war für mich immer klar, dass ich auch Verantwortung tragen wollte. Nicht nur finanziell, sondern auch, indem ich mich um Jesko kümmern wollte. Diese Verantwortung aber hat mir meine Exfrau nicht geben wollen. Bis heute nicht. Ich halte mich auf Distanz, wenn sie anruft oder Nachrichten schickt, was man noch alles machen müsste, sollte, könnte, wenn unser Sohn bei mir ist. Früher hatte ich mit diesem permanenten Hineinreden noch viel mehr Mühe. Mittlerweile kann ich das recht gut handhaben. Selbst bin ich sehr eigenständig aufgewachsen – auch weil mein Vater wegging, als ich drei oder vier Jahre alt war. Abgesehen davon sind Marla und ich uns in Erziehungsfragen mehrheitlich einig. Sie hat einen guten Humor, meistens – ich mag sie immer noch sehr.

Die Trennung war nicht einfach, finanziell wurde es eng: Ich suchte eine Wohnung, konnte mir keinen Probenraum mehr leisten. Außerdem sollte ich genügend Zeit für Jesko finden und auch noch zahlen. Als alleinerziehender Vater eine Wohnung zu finden ist keineswegs einfach. Die Empfangsdame einer Stiftung zum Beispiel wollte mir nicht glauben, dass ich nicht nur am Wochenende, sondern – ja, tatsächlich – fast Halbzeit mein Kind betreue.

Ich wartete noch lange, bis ich Jesko die Wahrheit erzählte. Als er etwa zehn Jahre alt war, sagte ich ihm, ich hätte einmal eine Geschichte gehabt, und daraus sei ein Kind entstanden. Dieses andere Kind sei fast genauso alt wie er. Wir könnten es aber nicht treffen: »Aber vielleicht kommt irgendwann der Moment, dass du deinen Halbbruder sehen kannst.« Der andere Sohn wisse nicht Bescheid, weil ihm seine Eltern bisher nichts gesagt hätten. Jesko haderte anfänglich damit: Das war die Zeit, als er auch gerne ein anderes Geschwister gehabt hätte. Als er realisierte, dass er als Einzelkind alleine ist. Und plötzlich erfährt er, dass da doch einer ist. Doch er kann ihn nicht sehen. Das war – glaube ich – in jenem Moment schwierig für ihn. Aber dadurch, dass er das andere Kind bis heute nicht kennt, taucht die Frage nach ihm immer seltener auf.

Ich nehme an, dass der andere Sohn bis heute nicht weiß, wer tatsächlich sein Vater ist. Obwohl ich stets versucht habe, mit seiner Mutter zu klären, wie wir das gemeinsam regeln könnten. Ich wollte nicht, dass die beiden Jungen erst mit 25 davon erfahren. Sobald die Kinder in der Pubertät sind, werden sie sich verarscht fühlen, da bin ich mir sicher. Wenn sie noch kleiner sind, dann können sie besser damit umgehen. Dann können sie sagen: Das ist mein Vater, aber ich habe noch einen leiblichen anderen. Rauskommen wird es irgendwann sowieso. Die Stadt ist ja schließlich nicht groß: Was, wenn sie sich plötzlich im Snowboard-Lager begegnen? Ihr Mann weiß unterdessen davon. Dass er diesen Sohn akzeptiert hat, rechne ich ihm sehr hoch an. Aber auch er wollte offenbar mit dem Thema nichts weiter zu tun haben.

Marla hat sich nicht darüber gefreut, als Jesko Bescheid wusste. Sie werde dadurch an etwas erinnert, was sie immer noch sehr verletze, sagte sie. Ich weiß noch nicht, wie sich durch mein Geständnis das Verhältnis zwischen mir und Jesko verändert hat. Ich glaube fest daran, dass es sich lohnt, ehrlich miteinander zu sein. Dass daher auch unser starkes Vertrauen rührt. Die Zusammenhänge wird er später verstehen. Dann kann er sagen: »Papi war ein Arschloch, er hat Mami betrogen.« Das wird schlimm werden. Aber er wird auch sagen können: Er hat es mir wenigstens selbst gesagt. Auch wenn es schwierig war, ihm davon zu erzählen, war ich danach erleichtert. Es ging ja sehr wohl auch um mein Seelenheil. Ich wollte dieses Geheimnis loswerden. Schließlich bin ich katholisch aufgewachsen: in einem Kinderheim mit Nonnen und allem Drum und Dran, da hat man das Katholische natürlich in sich drin. Ich bin immer noch dafür, dass man Dinge ausspricht, weil das der erste Schritt eines Heilungsprozesses ist. Deswegen gibt es ja auch die Beichte.

Diese Geschichte ist noch nicht fertig, sie wird ein Leben lang dauern. Ich weiß nicht, wie sie enden wird. Jesko wird sich irgendwann distanzieren können, wenn er realisiert, was ich getan habe. Der andere Bub kann plötzlich vor meiner Tür stehen, um zu sehen, wer ich bin. Der Kuckucksvater kann, wenn der Bub achtzehn ist, sagen, dass er für ihn nicht mehr zahlen möchte – dass ich das übernehmen soll. Es kann vieles passieren. Ich hoffe, dass es für den anderen Sohn keine Katastrophe wird. Dass er das irgendwann so mitbekommt, dass er damit umgehen kann. Und dass er nicht zu hart über seine Eltern urteilt. Ich wünsche mir, dass sich beide Söhne einmal kennenlernen. Dass vielleicht ein Kontakt entsteht, da ja beide in dieser Stadt leben. Dass sie sich sagen können, ich bin nicht allein auf dieser Welt. Denn das ist ja immer die Frage im

Leben: Bin ich alleine oder nicht? Man hat zwar die Eltern, aber die sterben irgendwann.

Wie der andere Sohn davon erfahren wird, das weiß ich nicht, da habe ich nichts zu sagen. Seine Mutter meldet sich nur noch selten, wir sehen uns kaum, nicht einmal zufällig. Die letzte Nachricht kam im letzten Winter. Sie schrieb mir, dass ich ein hundsmiserabler Typ sei, dass sie mich an der Musikschule gesehen hätte und dass ich extra weggeschaut hätte. Doch ich hatte sie wirklich nicht gesehen. Ich war konzentriert auf Jesko, der mir etwas erzählte, als ich ihn zum Musikunterricht brachte – während sie wohl an uns vorbeigelaufen sind. Auch ihr Sohn besucht offenbar im gleichen Schulhaus eine Musikstunde. Dort habe ich ihn neulich auch gesehen. Es dauerte, bis ich merkte: Das ist er. Das war nur ein kurzer Moment, zehn Sekunden vielleicht. Ich erkannte ihn an den Lippen. Er hat die gleichen Lippen wie sie. Sonst hätte ich ihn nicht erkannt, er trug eine Brille. Ich kann nicht behaupten, ich würde mich um ihn sorgen, weil ich ihn ja nicht kenne. Ab und zu erfahre ich etwas von einem gemeinsamen Freund, der oft dort ist. Dass er offenbar ein sehr wilder Bub sei.

Wenn ich gefragt werde, wie viele Kinder ich habe, dann spreche ich stets von einem Sohn und meine damit Jesko. Lerne ich jemanden näher kennen, dann erzähle ich auch von meinem anderen Sohn. Vor allem wenn es um eine neue Beziehung geht, dann sage ich sehr schnell, dass ich kein Heiliger war und dass es da Dinge gibt, die unter Umständen wichtig sind. Obwohl ich mich auch schon gefragt habe, ob es gut ist, gleich von Anfang darüber zu reden? Anderseits ist das auch ein guter Test, um zu erfahren, ob jemand wirklich von mir etwas will oder nicht.

Früher war ich in meinem Urteil anderen gegenüber zum Teil recht hart. Diese Geschichte hat mich weicher gemacht. Ich bin geduldiger geworden – wobei das vor allem auch schlicht daran liegen mag, dass man ein Kind erzieht. Es ist viel passiert in den letzten zehn Jahren. Ich habe Dinge aufgearbeitet, die ich bis dahin verdrängt hatte. Zuerst lebte ich weiter, als ob nichts gewesen wäre. Ich hatte mein Ziel: Musik machen, Familie haben. Jetzt bin ich eher an dem Punkt: Muss es unbedingt Musik sein? Durch diese Geschichte bin ich auch sehr viel verletzlicher geworden. Das heißt: Ich war vorher schon verletzlich gewesen, konnte das aber nie zeigen.

Heute denke ich, es wäre besser gewesen, ich hätte meiner Frau – und die andere Frau ihrem Mann – sofort von unserer Affäre erzählt. Nicht erst nach fünf Jahren, als ich nach vielen Verletzungen und Tiefen doch noch versucht habe, Verantwortung zu übernehmen. Andererseits: Danach von einem Fehler zu sprechen, weil man es anders hätte machen können, ist immer leicht.

Nachdem mir Carlo seine Geschichte erzählt hatte, war meine Überraschung groß. Denn obwohl gemäß Statistik solche Geschichten öfter vorkommen, als man denkt, hatte ich bis dahin niemanden gefunden, der mir von einer solchen Erfahrung hätte erzählen können – oder wollen. Entsprechend unvorbereitet war dieses Gespräch verlaufen.

Als ich ihm am Ende vorschlage, die Namen zu ändern, zögert er zuerst. »Warum?«, fragt er mich. »Mir ist egal, wie andere über mich denken.« Und nach kurzem Nachdenken: »Mir ist nur wichtig, wie mein Sohn über mich denkt.« Wir einigen uns trotzdem darauf, dass die Namen in diesem Text nicht die richtigen sind. Denn auch wenn der Vater sich mit seinem Leben auseinandergesetzt hat, was ist mit den Müttern und den Söhnen? Mit welchen Fragen gehen sie durchs Leben? Und zu welchen Antworten werden sie kommen?

*»Ich wusste genau,
dass ich nicht so viele Chancen
zum Aufhören hatte.«*

Was man denkt, wenn man ein zweites Mal Heroin nimmt, obwohl man genau weiß, dass das ein Fehler ist

Seelenstriptease sei er gewohnt – vom Therapeuten, lacht Ricki und bietet mir einen Stift an, um Notizen zu machen, während ich nach meinem Kugelschreiber suche. Der gebürtige Österreicher ist kurz nach dem Mauerfall mit seiner damaligen Freundin von Wien in die Schweiz gezogen. Trotz der Kälte sitzen wir draußen, denn Ricki möchte rauchen. Der Zürcher Teil seiner Biografie lässt ihn immer wieder mit den Armen nach vorne zeigen (der Investor am Paradeplatz), nach hinten (der Flughafen in Kloten), nach rechts (der Heimweg über die berüchtigte Langstraße) und nach links (von der Polizei kontrolliert bei der Selnau). Seit ungefähr sechs Jahren ist er im Heroinabgabeprogramm. Der typische Drogenkonsument sei er dennoch nie gewesen, sagt er und meint damit: jung abgestürzt und draußen rumgelungert. Im Gegenteil, vierzehn Jahre lang war er clean, bis er das zweite Mal Heroin genommen hatte und seither nie mehr davon losgekommen ist.

Als ich das zweite Mal nach vielen Jahren Abstinenz wieder Heroin genommen habe, wusste ich: Das ist ein Fehler. Ich saß in meiner Küche und haderte mit mir. Soll ich, soll ich nicht? Das war ein ganz beschissenes Gefühl. Denn ich wusste ja ganz genau, was ich da machte.

Ich hatte damals bereits einen kalten Entzug hinter mir. In den Achtzigern probierte ich Heroin zum ersten Mal in Wien, in einem Klub für Botschaftspersonal, wo die Polizei nicht kontrollieren durfte. Dort verkehrten auch UNO-Diplomaten. Man rauchte Haschisch, in Wasserpfeifen, denn dann wirkt es stärker. Ein Diplomat spielte dort Backgammon und rauchte Haschisch. Ein anderer stopfte sich Kugeln mit Opium in die Zähne gegen Zahnschmerzen. In der asiatischen und arabischen Kultur geht man mit Opiaten ganz anders um als in Europa. Erst die Europäer haben aus Opium Heroin destilliert – und damit den Umgang wesentlich verändert. In anderen Kulturen tagt der Familienrat, wenn einer abhängig wird. Sie schnappen ihn und setzen ihn in die Pampa – mit vier Wochen Fußmarsch zur nächsten Siedlung.

In jener Botschaft hatte ich enorme Mengen Hasch geraucht. Lange zierte ich mich, Heroin auszuprobieren. Als ich es dann trotzdem geraucht habe, wusste ich sofort: Das wird gefährlich, das schmeckt mir zu gut. Allerdings: So wie beim ersten Mal wirkt es nachher nie wieder. Selbst wenn man bei diesem ersten Mal nur wenig nimmt. Das erste Mal ist... ist... sehr eindrücklich. Mit dem Heroin sind alle Probleme und Sorgen weg. Deswegen leben Junkies auch in einem Dreck. Das ist ihnen schlicht wurscht.

Als mich meine damalige Freundin aus Genf in Wien besuchte, nahmen wir einmal zusammen Heroin statt Kokain. Ein Missverständnis: Irgendwie verstanden wir uns falsch, denn wir sprachen miteinander Englisch, nicht Französisch. Sie nahm es, obwohl es das erste Mal für sie war. Später rief sie mich an und meinte, dass es in der Schweiz auch *sehr* gutes Heroin gäbe... Da wusste ich, dass ich sie auf den Geschmack gebracht hatte – unabsichtlich. Das habe ich überhaupt nicht vertragen. Daraufhin habe ich gleich drei Flaschen Wodka getrunken. Bis ich umgefallen bin. Was mir die Kraft gab aufzuhören. Der Entzug war körperlich schmerzhaft, obwohl ich damals nicht so stark drauf war wie heute. Ich hatte Heroin ja nicht gespritzt, sondern nur geraucht.

Aber solch ein kalter Entzug ist recht mühsam, man kotzt in

alle Richtungen. In Österreich federten wir die Schmerzen mit Klatschmohnkapseln ab: In der Blumenhandlung bekamen wir sie halb legal. In Wien gab es drei solcher Blumenhandlungen, die bekannt dafür waren. Eine war am Getreidemarkt. Getarnt mit Blumentöpfen im Schaufenster, verkaufte der Besitzer hinten seine Kapseln – wöchentlich dreißig, vierzig Säcke. In verschiedenen Größen, auch die großen 120-Liter-Plastiksäcke.

Die Kapseln muss man mit viel Wasser auskochen, das mieft wahnsinnig! Man weiß nie, wie stark der Sud wird. Aber er wirkt gegen die Schmerzen. Etwa vierzehn Kapseln mittlerer Größe zerstößt man mit einem Kartoffelstampferstößel, presst den Sud aus und trinkt das dann als Sirup, mit viel Zucker und allem Möglichen, was den Geschmack abtötet. Denn dieser Geschmack ist unheimlich bitter. Das Zeug macht zwar auch abhängig, aber lange nimmt das sowieso niemand, denn das Zeug ist extrem ekelhaft. Damals gelang mir der Entzug. Jahrelang nahm ich danach kein Heroin mehr. Nur Kokain, ab und zu, aus Langeweile. Vom Heroin aber habe ich die Finger gelassen.

Als ich also vierzehn Jahre später in der Küche saß, wusste ich, wie schwierig es sein würde, wieder davon loszukommen. Ich wusste genau, dass ich nicht so viele Chancen zum Aufhören hatte. Mit einem Versuch muss man es schaffen. Danach braucht man wieder Jahre, um sich davon zu erholen.

Gerade kürzlich habe ich darüber nachgedacht, warum ich damals nicht habe widerstehen können. Dass ich das Heroin am Flughafen, wo ich arbeitete, wieder gerochen habe und auf dem Heimweg über die Langstraße musste, wo Heroin verkauft wird, ist eine Ausrede. Heute glaube ich, dass es nicht die Möglichkeiten waren, sondern der Stress. Gesucht, gefunden.

Zuerst arbeitete ich als stellvertretender Geschäftsführer bei search.ch, dieser Suchmaschine, die einmal bekannt war. Das war Anfang der Nullerjahre, als das Internet ganz neu war. Ein Internetpionier von der ETH hatte sie programmiert, und wir installierten Firmenstrukturen. Doch die Gründer zerstritten sich, weil der eine mehr Macht haben und der andere keine abgeben wollte. Jedenfalls war das ganze Programm weg, und ich suchte mir möglichst viele Brotjobs. Ich dachte, das sei schlau. Doch das Gegenteil war der Fall, weil ich so nämlich in der untersten Liga ankam: als Plakateaufhänger, beim Gepäcktransport am Flughafen und anderem. Das sind die, die da mit den langen Wagenkolonnen herumfahren. Am Flughafen nahmen damals während der Arbeitszeit sehr viele Leute Drogen – Heroin, Kokain, alles. Den Geruch von Heroin, diesen süßlichen Duft, den vergisst man nicht. Und die Arbeit war streng, es wurde einem viel abverlangt. Ich musste einen ungefederten Wagen fahren und machte mir den Rücken kaputt. Zu Hause bekam ich Schwierigkeiten mit meiner Freundin. Und überhaupt war ich schon länger depressiv. Das Millennium machte mir zu schaffen und auch 9/11. Ich bin eigentlich Maler. Das hat mich alles recht mitgenommen. Und dann habe ich natürlich das verwendet, was ich am besten kannte, also Heroin. Ich begann wieder zu rauchen. Das ließ sich auch noch finanzieren. Dafür brauchte ich Herointabletten von der Straße. Kurz vor der Trennung schaffte ich es nochmals, mit einem Entzug clean zu werden. Ich machte etliche Entzüge, sicher zehn.

Doch nach der Trennung stürzte ich vollends ab. Daraufhin begannen die finanziellen Probleme. Das war der Moment, als ich in der Küche saß und mich fragte: Spritze ich mir das jetzt oder nicht?

Es war an einem Osterwochenende. Ich hatte zu wenige Herointabletten. Wer Heroin intravenös konsumiert, braucht nur ein Viertel oder ein Drittel von dem, was ich fürs Rauchen brauchte. Die gleiche Menge reicht also dreimal so lange. Ich dachte, nach den Feiertagen höre ich wieder auf. Doch das hat nicht geklappt. Schnell war ich völlig drauf. Das weiß man ganz genau. Das geht schnell, sehr schnell. Und es ist ziemlich schwierig, wieder runterzukommen, weil es einen ganz schön mitreißt. Man merkt es schon, wenn man die Menge ein bisschen reduzieren möchte. Ich war vierzig Jahre alt.

Einmal kam ich mit dem Auto in eine Polizeikontrolle, sie schickten mich in die amtsärztliche Untersuchung, und so habe ich einen Schnellentzug gemacht: Ich trank fast zwanzig Liter Wasser, damit sie nichts finden. Ich wollte auf keinen Fall erwischt werden. Im Urin war nix, im Blut war nix. Das habe ich geschafft! Allerdings wollten sie auch noch eine Haarprobe. Und bei meinen langen Haaren ist das schlimm. Da findet man alles. Sie hätten mit dem Haar gefunden, was ich Silvester 1990 konsumiert hatte. Ich zog die Probe zurück und gab alles zu. Auf einen zusätzlichen Test verzichtete ich und begann eine Therapie. Seitdem bin ich im Heroinprogramm.

Unterdessen stehe ich wieder einigermaßen auf den Beinen. Die Malerei hilft. Jetzt aber habe ich das Problem mit dem Atelier, ich muss dort raus: Und ich sammle doch so gerne. Bevor ich mein Geld für Drogen ausgebe, kaufe ich lieber Malsachen. Ich lebe von Sozialhilfe, mehr brauche ich auch nicht. Sparen darf man ja sowieso nicht. Also kaufe ich mir Malsachen mit dem, was übrig bleibt. Viel wichtiger als das Heroin ist die Entscheidung, wie ich zur Kunst gefunden habe. Die hat mir nämlich auch geholfen, immer wieder.

Aus reiner Neugier frage ich Ricki, wie es ist, auf Drogen zu malen. Doch er erklärt: »Das mache ich nicht. Solche Einflüsse will ich gar nicht.« Täglich steht er morgens sehr früh auf, heute um halb fünf. Macht sich Kaffee, frühstückt (also die »Drogen«), liest, schaut sich einen Film aus dem Internet an und beginnt um sechs zu malen. Malte er früher mit Öl, so sind es heute Aquarellfarben, für die er sein ganzes Geld ausgibt. Alle zwei Wochen füllt er ein Notizbuch. Er zeigt die Skizzen, die er zum Beispiel während der Fahrten zur Heroinabgabestelle zuerst in der S-Bahn und danach in der Tram anfertigt. »Wenn ich von der Binz zur Heroinabgabe fahre, fahre ich zwei Stationen in der SZU, das gibt ein Gesicht, und zwei Stationen mit der Straßenbahn, das gibt nochmals ein Gesicht.«

*»Für kein Geld der Welt kann man
Vergangenheit kaufen.«*

Der Mann, der seiner Familie nach dreißig Jahren von seinem Doppelleben erzählte

In einer versteckten Ecke des Cafés im Literaturhaus Zürich erzählt mir Jochen bei Tee und Croissants von seinem dreißigjährigen Doppelleben: »Viele mögen denken, dass es nach so langer Zeit auch nicht mehr drauf ankomme – doch das tut es.« Immer wieder lacht er laut und schüttelt seine kräftigen Arme, an denen Tattoos unter dem T-Shirt hervorlugen – besonders wenn er selbst keine Antwort auf seine zwei Leben findet. Mir gegenüber sitzt ein tief zerrissener Mensch. Die Widersprüche, in denen er sich regelmäßig verheddert, legen das Paradox eines Doppellebens offen: Einerseits wisse er, dass sein zweites, heimliches Leben seiner Frau gegenüber nicht in Ordnung war, ja, »man kann sogar sagen: Ich habe sie betrogen.« Andererseits schiebt er sofort nach, dass er dieses andere Leben nie als Betrug an seiner Frau angesehen habe. Und es ist zwar von großen Schuldgefühlen die Rede, gleichzeitig sagt Jochen, er bereue nichts. Während unseres Gesprächs beschleicht mich immer wieder das Gefühl, zwei verschiedenen Stimmen desselben Körpers zuzuhören. Entsprechend unschlüssig sind wir uns, ob seine Geschichte überhaupt in dieses Buch passt. Dafür sprechen die Schuldgefühle und die Heimlichtuerei, dagegen spricht, dass Jochen immer wieder sagt: »Nur mit den gemachten Erfahrungen bin ich der, der ich heute bin.« Worauf ich mich frage, wie sein Leben verlaufen wäre, wäre er zwei Jahrzehnte später zur Welt gekommen. Würde er dann auch auf die Erfahrungen dieses Doppellebens pochen? Oder würde er endlich ohne schlechtes Gewissen erkennen, dass es eben gerade kein Fehler ist, schwul zu sein? Wohingegen ein Doppelleben zwangsläufig zum Betrug am anderen führt?

Lange beschäftigte mich mein Doppelleben nicht so sehr. Es begann zwar schon früh, doch anfangs hatte ich keine Mühe damit: Ich hatte kleine Sexabenteuer mit Männern, mal hier, mal dort eines. Die sich weiterzogen, aber keineswegs ein Hauptding wurden, auch wenn sie omnipräsent waren. Erst später, nach vielen Jahren Heimlichtuerei, wurde es ein Problem. Schlicht weil ich mein Leben leben wollte. Umso länger das ging, desto mehr stellte ich nämlich fest, dass das Heimliche gar nicht so befriedigend war. Es war lange spannend, aber irgendwann kam der Zeitpunkt, als ich mir eingestand: Der bin ich, und der andere kann ich nicht sein.

Wenn ich auf mein Leben zurückblicke, dann schmerzt mich am meisten, was meine Frau hat durchmachen müssen. Und sie hatte noch nicht einmal den leisesten Verdacht. Im Herzen ist sie für mich immer die wichtigste Person gewesen. Ich hätte sie enorm vermisst, hätten wir uns getrennt. Diese Abenteuer, das waren – ganz lapidar gesagt – sexuelle Ausrutscher. Um die Sexualität zu befriedigen. Ich dachte immer: Solange sie nichts weiß, ist es besser. Dann braucht sie sich nicht sorgen.

Die Abenteuer waren für mich, wie ab und an einmal ein kleines Glas Wein zu trinken. Und dann wieder einmal und wieder einmal. Mit der Zeit wird es vielleicht nicht täglich, aber es steigert sich – bis hin zum Verhalten eines Alkoholikers. So ist diese Liebe verlaufen, denn meine Verabredungen mit den Männern sind immer intensiver geworden – nicht gefühlsmäßig, sondern erfahrungsmäßig –, und damit hat das Doppelleben immer mehr überhandgenommen.

Dass ich mich vor zwei Jahren im Alter von siebzig Jahren als schwul geoutet habe, ist für mich dennoch kein Widerspruch zu meinem Familienleben: Denn die Heimlichtuerei hatte lange auch ihren Reiz, und meine Frau ist nach wie vor die große Liebe meines Lebens. Wir sind heute seit 46 Jahren verheiratet. Als wir uns kennengelernt hatten, war ich wahnsinnig verliebt in meine Frau. Sie arbeitete in der gleichen Firma wie ein Bekannter von mir. Aushilfsweise machte sie ab und zu Telefondienst. Am Telefon begegnete ich ihr zum ersten Mal. Und als ich später einmal meinen Freund abholte, lernte ich sie kennen. Ich sah sie und wusste: Sie ist es. Die Begegnung mit ihr war für mich das, was man als Liebe auf den ersten Blick bezeichnet.

Kaum hatten wir uns kennengelernt, wurden wir auch gleich einer Prüfung unterzogen. Denn es stand bereits da fest, dass ich ein Jahr in Portugal arbeiten würde. Wir kannten uns nur etwa sechs Monate und wurden bereits für ein Jahr getrennt. Das haben wir aber gut überstanden: Als ich von Portugal zurückkam, haben wir geheiratet. Eine ganz normale Liebesgeschichte, die sich im Verlauf des Lebens verändert hat. Wir gründeten eine Familie, bekamen nach der Hochzeit eine Tochter. Dieses Familiengründen war schön. Das wollte ich.

Meine allererste Begegnung mit einem Mann war mit 21. Das war noch in München, wo ich ursprünglich herkomme, lange bevor ich meine Frau kennengelernt hatte. Ich ging nichts ahnend auf eine öffentliche Toilette, weil ich tatsächlich musste. Dort war einer, der mich anschaute, ohne dass ich verstand warum. Das war der erste Kontakt mit dieser Welt: Das war nichts Spezielles, aber es begann mich dennoch zu reizen.

Und so fing es an – wie es wahrscheinlich bei den meisten beginnt, außer vielleicht heute, da es das Internet gibt: in öffentlichen Toiletten. Man sah eine Toilette, ist rein und merkte bald: ist, ist nicht. Und auch die meisten öffentlichen Toiletten in Zürich waren solche. Das hat von einmal in der Woche bis zu dreimal in der Woche sein können. Manchmal auch mehrere Wochen gar nicht und danach dafür intensiver. Das war ganz unterschiedlich. Die Treffen dauerten mit der Zeit länger. Ab und zu ging ich abends weg und sagte lediglich: »Ich muss ein bisschen raus.« Meine Frau fand nichts dabei, auch nicht, als ich regelmäßig zwei Stunden lang weg war. Das waren jene Momente, wo ich diese Sehnsüchte ausgelebt habe. Durch die Toiletten lernte ich auch solche kennen, zu denen ich nach Hause ging. Denn das konnte ich ja nicht: einen mit nach Hause nehmen. Teilweise sprach man darüber: Es gab auch Männer, die sofort merkten, dass ich verheiratet war. Einer sagte einmal zu mir: »Die besten Männer für Sex sind die, die verheiratet sind.« Und es gibt sehr, sehr viele verheiratete Männer, die schwul sind.

Vorwiegend ging es bei diesen Abenteuern um Sex. Natürlich: Manchmal haben sich auch Gefühle aufgebaut. Aber die habe ich in Grenzen gehalten. Denn das hätte bedeutet, dass ich mich hätte outen müssen. Und mein Ziel – damals – war keineswegs, mit einem Mann zusammenzuleben. Dazu war ich nicht bereit. Ich konnte und wollte nicht von meiner Frau weg. Vielleicht spielte auch noch ein Teil schlechtes Gewissen mit.

Auch eine offene Beziehung war nie ein Thema, obwohl das in die Zeit gepasst hätte. Die Einstellung meiner Frau schwulen Männern gegenüber war zwar immer sehr offen. Sie hatte nie Vorurteile. Aber dass ich das bin, das hätte sie nie gedacht. Nie. Nein. Sie dachte, das passiert bei anderen, aber nicht bei uns. Und es spielte auch lange keine Rollen, denn Sex war sowieso schon seit Längerem kein Thema mehr. Eine Zeit lang, als es mir wegen einer Depression nicht gut ging, ging gar nichts mehr, weder da noch dort. Aber sie wäre nie draufgekommen, dass da noch etwas anderes dahinterstecken könnte.

Bis ich mich nach einer Gruppe erkundigte und im Internet die Selbsthilfegruppe »Schwule Väter« fand. Ich wusste, in solchen Gruppen trifft man Gleichgesinnte, und man kann über die Situation reden. Jeder, der dort ist, versteht dich und stellt keine dummen Fragen. Ich habe nie jemandem von meinem Doppelleben erzählt, nicht einmal meinem Psychiater. Weil ich Bedenken hatte, dass das die Therapie in eine ganz andere Richtung lenken würde. Und weil ich überzeugt war, dass das Doppelleben nicht die Hauptbelastung für meine Depression war. Jemandem davon zu erzählen hätte grenzenloses Vertrauen gebraucht. Ein solches Vertrauen hatte ich zu niemandem.

Bei den »Schwulen Vätern« konnte ich ganz andere Gespräche führen. Sie fragten mich auch, warum ich meiner Frau nichts erzählen würde. Ein paar hatten ähnliche Erfahrungen wie ich, auch mit einem Doppelleben. Zwar in der Regel kürzer, aber sie waren auch verheiratet, hatten Familie und machten nebenher schwule Erfahrungen. Viele Männer outeten sich früher als ich. Ich fühlte mich auf Anhieb verstanden. Man konnte ganz offen über seine Erfahrungen reden. Das war für mich eine große Erleichterung. Der Besuch dieser Gruppe war eine Möglichkeit, mein Doppelleben einmal anders anzusehen und nicht mehr nur mit mir selbst auszumachen. Durch die Gespräche setzte ich mich anders mit der Heimlichtuerei auseinander. Und ich fragte mich auch, was mir dieses Doppelleben eigentlich bringt?

Bis der Moment kam, als ich mir sagte: Jetzt will ich reinen Tisch machen. Denn es hatte sich etwas verändert: Die Heimlichtuerei nahm plötzlich einen anderen Stellenwert ein. Auch weil ich mich stärker in diese Szene, in der ich mich anfänglich nur am Rande bewegte, mehr und mehr hineingestürzt hatte: Was ich dort erlebte, wurde nämlich immer interessanter und spannender. Bis der Moment kam, als ich wusste, jetzt will ich das einmal im Exzess, wirklich im Exzess erleben.

Meiner Frau sagte ich, ich ginge für ein paar Tage nach Amsterdam, ohne dass ich den Grund dafür nannte. Sie hatte auch gar keine Einwände, fand das in Ordnung. Ein Freund schickte mir Links und Tipps, die ich ausdruckte und in den Stadtführer legte, den ich mitnehmen wollte. Im Nachhinein denke ich, dass ich diesen Stadtführer absichtlich nicht versteckt habe. Dass ich durchaus riskierte, dass meine Frau ihn fand, damit sie endlich Bescheid weiß. Und so war es dann auch: Ich kam eines Tages nach Hause und merkte sofort, dass etwas nicht stimmte. Sie fragte mich, was die Mails in jenem Reiseführer sollten. Ich sagte: »Ich kann dir das in einem Wort erklären: Ich bin schwul.«

Nachdem ich mich meiner Frau gegenüber geoutet habe, habe ich mich erleichtert gefühlt und endlich frei. Obwohl sie traurig war, und obwohl sie geweint hat.

Sie fiel komplett in sich zusammen. Ich fragte sie, ob ich meinen Koffer packen und gehen soll. Denn für mich war ziemlich klar, dass es darauf hinauslaufen würde. Was ich verstanden hätte. Doch das wollte sie nicht. Die folgenden Tage verbrachte sie im Bett, es ging ihr schlecht, sehr schlecht. Und auch ich fühlte mich nicht gut, auch bei mir löste sich alles. Sie betonte immer wieder, sie wolle sich nicht trennen.

Mein Leben hat sich seither verändert. Es hat mehr Qualität als vorher, weil ich mich nicht mehr verstecken muss. Weil ich mich von etwas befreit habe, das ich jahrelang verheimlicht hatte. Ich fühle mich frei, weil ich reinen Tisch gemacht habe.

Obwohl ich unmittelbar nach dem Coming-out in ein Loch gestürzt bin. Ich wollte mir das Leben nehmen. Ich machte mir riesige Vorwürfe, dass ich meine Frau hinterlistig betrogen hatte. Ich dachte, die einfachste Lösung wäre, ich würde einfach verschwinden. Ich stand vor einem Scherbenhaufen.

Wir sprachen viel, es gab viele Tränen: bei ihr wie bei mir. Ich hatte ein wahnsinnig schlechtes Gewissen, und sie hatte viele Fragen. Ich versuchte, sie möglichst alle zu beantworten, aber auf manche wusste ich keine Antwort. Ich bot ihr immer wieder an, auszuziehen. Ich würde verstehen, wenn sie mit mir nichts mehr zu tun haben wollte. Aber das war für sie nie ein Thema. Das wollte sie nie und will das auch heute nicht.

Etwa drei Wochen später gingen wir zusammen spazieren. Wir liefen übers Land, als sie sagte, sie hätte sich noch einmal neu in mich verliebt. Dass sie mir eine solche Liebeserklärung machte nach dem, was ich ihr angetan hatte, traf mich wahnsinnig. Auch wenn es mir ein bisschen ähnlich erging: Die erste Zeit nach dem Outing war, als hätten wir uns frisch kennengelernt. Das ist nach wie vor eine Liebesbeziehung, denn ich habe für sie sehr starke Gefühle. Aber eben ohne Sex.

Der Sex mit Männern hat sich seither verändert. Er ist intensiver geworden, weil ich mich viel freier fühle. Das heißt auch, dass ich den Reiz des Verbotenen nicht misse. Ich bin im Gegenteil froh, dass das vorbei ist. Denn jetzt kann ich mich voll aufs Schwulsein konzentrieren.

Meine Tochter hatte mit meinem Outing kein Problem, sie sagte lediglich: »Ich habe dich gern, so oder so. Das ist eine Sache zwischen dir und Mami.« Für meine Frau aber bedeutet mein Outing, dass es ein Leben vorher und nachher gibt. Für mich auch, aber sie muss vor allem das Hier und Jetzt anders gestalten. Anders damit umgehen. Unterdessen macht es ihr nicht mehr so viel aus, wenn ich jemanden treffe. Aber sie hat Angst, dass ich mich in einen verlieben könnte. Wäre ich hetero, könnte es ja aber auch passieren, dass ich mich in eine andere Frau verliebe.

Für mich ist durch das Outing eine neue Welt aufgegangen, klar. Eine Welt, die ich mir nicht nehmen lassen möchte. Denn so viel Zeit bleibt mir nicht mehr, und ich möchte mein Leben leben. Sie kann nicht meines und ich nicht ihres leben. Dass ich mich verliebe, kann natürlich passieren. Aber ich will keine Beziehung eingehen. Ich werde mich nicht von meiner Frau trennen, um mit einem Mann zusammenzuleben. Oder – selbst wenn ich mich trennen würde, dann würde ich nicht mit einem Mann zusammenziehen wollen. Denn in meinem Alter habe ich meine Macken, und diese Person würde auch Macken haben. Und ich möchte mein Leben nicht mehr damit verbringen, sich aneinander zu reiben.

Seit einiger Zeit sehe ich einen Mann regelmäßig. Wir waren auch schon gemeinsam in den Ferien. Aber er hat sein Leben und ich habe meines. Wenn er noch andere sexuelle Sachen hat, dann ist das seine Sache. Das ist eine Beziehung mit – wie soll ich sagen –, mit sehr viel Sachverstand und sehr viel Toleranz. Aber auf der anderen Seite auch mit sehr, sehr großem Vertrauen. Das ist ein Mensch, zu dem ich vollstes Vertrauen habe. Deswegen geht das auch so gut. Kennengelernt haben wir uns übers Netz, über eine blaue Seite, wie man sie auch nennt. Es gibt Planet Romeo, Gay Royale und viele andere mehr. Dort stellen sich Männer mit oder ohne Fotos vor, mit mehr oder weniger geflunkerten Beschreibungen.

Verliebt, nun... vielleicht ein bisschen? Das ist für mich eher eine ganz tiefe Freundschaft. Ich mag ihn wahnsinnig gerne. Und er mich auch. Sonst wären wir ja auch nicht zusammen in die Ferien gefahren. Diese Ferien waren für meine Frau anfangs ein Problem. Sie sagte, sie vertrage weder eine Beziehung noch wenn ich mit jemandem in die Ferien fahren würde. Da fragte mein Freund, ob er ihr schreiben dürfe. Zuerst lehnte sie ab. Am anderen Tag aber meinte sie, es wäre vielleicht doch gut. Er schrieb ihr einen langen Brief, dass er mich ihr nicht wegnehmen werde. Und lud uns zum Nachtessen ein. Jetzt findet sie ihn sehr sympathisch. Sie fühlte sich sehr schnell wohl, ich sowieso. Wir sprachen über alles Mögliche bei diesem Abendessen. Er ist einer, der sehr viel erlebt hat, war mit den Médecins Sans Frontières im Ausland, in Afrika, im Kosovo. Sie sagte, sie fände ihn sehr sympathisch, wenn nur das andere nicht wäre... Doch ohne das andere hätte sie ihn ja nicht kennengelernt! Später sagte sie sogar: »Auch wenn es seltsam ist: Wir könnten ihn ja auch einmal zu uns nach Hause einladen?« Das wird also demnächst passieren.

Außer ihr, unserer Tochter und zwei Freundinnen meiner Frau weiß niemand Bescheid. Das war allerdings ihr Wunsch, nicht meiner. Ich könnte mich mittlerweile hinstellen und dazu stehen. Sie aber sagt, sie würde sich schämen. Das gehe niemanden etwas an, es sei ihr unangenehm. Das verstehe ich. Auch sie hat ja noch viel Zeit vor sich. Das sage ich ihr immer wieder. Denn ich möchte ja nicht, dass sie unglücklich ist: »Du bist eine attraktive Frau, du könntest doch Liebhaber haben, einen Freund.« Nein, das möchte sie nicht. Manchmal denke ich, sie traut sich nicht, eine neue Tür aufzumachen. Aber das kann nur sie entscheiden. Ich würde jede Entscheidung von ihr akzeptieren, denn meine Toleranz ist gegenüber früher enorm gewachsen. Sie ist eher auf Sicherheit bedacht. Neulich haben wir Dragqueens auf der Straße gesehen. Sie sagte: »Das sind doch keine Männer.« Ich sagte: »Doch, das sind alles Männer!« Das kann sie nicht verstehen. Ich fände das schön, erklärte ich ihr.

Das ist ein Prozess, der noch lange weitergeht. Wir werden beide immer wieder unsere Krisen haben. Gerade waren meine Frau und ich in Rom. Wir sprachen über alles Mögliche, auch darüber, was man anders machen würde... Das aber ist eine unnötige Frage. Zwanzig Jahre später mit der heutigen Erfahrung würde ich vieles anders machen, klar, aber diese Erfahrung fehlt mir ja. Also würde ich wahrscheinlich wieder genau dasselbe machen. Man kann ja die Erfahrung eines Siebzigjährigen nicht haben, wenn man erst dreißig ist. Das ist zu hypothetisch. Das geht an der Realität vorbei, wenn ich heute sage: Dies und das würde ich anders machen.

Jochens Geschichte ist der Albtraum eines jeden Liebenden. Ich frage ihn, tatsächlich neugierig, aber auch ein bisschen besorgt: »Bilde ich mir ein, dass ich das sofort merken würde... Konntest du das wirklich so gut trennen?« Er sagt: »Sie hätte das nie, nie gedacht. Offenbar konnte ich das also gut trennen.«
Nochmals frage ich ihn, ob er es bereut, dass er sich nicht schon früher geoutet hat. Er lacht und antwortet mit einem Jein: »Ja, weil – was mich betrifft –, so hätte ich mein Leben anders gestalten können. Nein, weil ich so meine Ehe habe weiterführen können, als wäre es eine normale Ehe. Aus diesem Grund nicht ein klares Ja und auch kein klares Nein. Und es nützt ja nichts, im Nachhinein etwas zu bereuen. Es ist passiert. Und für kein Geld der Welt kann man Vergangenheit kaufen.«
Als Jochen den Teelöffel weglegt und die Krumen des Croissants vom Tisch wischt, sage ich zu ihm, dass mir seine Frau wahrscheinlich eine andere Variante erzählen würde. Er überlegt kurz und verneint dann: »Im Großen und Ganzen wohl nicht. Sie würde wahrscheinlich dasselbe erzählen wie ich. Wobei ich nicht mehr weiß, was ich ihr alles erzählt habe.« Er versuche, ihr gegenüber so offen wie möglich zu sein – so gut das eben gehe. Er erzähle ihr zwar manchmal von dieser Szene, in der er sich jetzt bewege, und ihren Praktiken: »Sie sagt dann: Das ist doch pervers. Und ich sage: Für dich ja, aber du hast es auch noch nie praktiziert, vielleicht würdest du es toll finden? Etwas, was ich nicht kenne, kann ich schnell als pervers abtun.« Selbst habe er schließlich auch schon von Dingen gehört, bei denen er gedacht habe: Jesses! Aber heute denke er: Wow!

Und Amsterdam, was ist mit Amsterdam passiert? Jochen lacht und sagt: »Ich bin dann doch nicht gefahren.« *Zuerst aus Rücksicht auf seine Frau. Obwohl sie ihn bat, zu fahren.* »Vielleicht irgendwann, gerade reizt es mich aber gar nicht.«

Epilog mit Antworten

Während der Recherche zu diesem Buch bin ich verschiedensten Menschen begegnet, die sich mit Fehlern auseinandersetzen: Seelsorgenden, Psychologen, Sozialarbeitenden, Soziologen und Philosophinnen. Wie gehen sie damit um, wenn ihre Gegenüber von Fehlern erzählen?

Solche, die mit Strafgefangenen zu tun haben, beschreiben zum Beispiel, dass im Gefängnis selten über Schuld und Reue gesprochen werden könne. Einerseits aus praktischen Gründen, weil alles in Haft Gesagte juristisch gegen einen verwendet werden kann. Zum anderen, weil solche Einsichten viel Zeit brauchen.

Antworten aus der Religion: Eine Variante, mit Fehlern umzugehen, ist traditionellerweise die Beichte. Ich frage einen jungen katholischen Pfarrer einer mittelgroßen Kirchengemeinde nach der Funktion der Beichte in der heutigen Zeit. Er erzählt mir, dass die Beichtpraxis innerhalb der katholischen Kirche sehr unterschiedlich gehandhabt werde. Das hätte weniger mit einem Generationen-Clash unter den Priestern zu tun als vielmehr mit der Theologie, auf die man sich beziehe. Nach wie vor kommen Menschen zur Beichte im klassischen Sinn: im Beichtstuhl hinknien, anhand des Beichtspiegels von Sünden berichten und zur Absolution womöglich zehn Vaterunser beten. An vielen Orten werden aber modernere Varianten der Beichte gepflegt, die mehr einem Gespräch auf Augenhöhe gleichen. Er selbst gehe vom Individuum aus und bevorzuge das persönliche Gespräch, um herauszufinden, was das

Gegenüber bedrücke. »Ich beurteile nicht: Ich höre aufmerksam zu, frage nach und versuche, das Erlebte in Relation zu stellen, denn jeder hat seinen eigenen Maßstab zu Fehlverhalten.« Wichtig seien die Auseinandersetzung mit sich selbst und ehrliche Reue. Erst dann kann darüber gesprochen werden, wie man sich entschuldigen kann oder inwiefern eine Aussprache nötig ist. Er hätte keinen Standardkatalog, sagt dieser Pfarrer und betont das Beichtgeheimnis, das selbst vor Gericht Gültigkeit habe. Klingt für mich stark nach Psychoanalyse, wage ich zu sagen, und er bestätigt, dass es durchaus Parallelen gäbe. Allerdings sei die Beichte im Gegensatz zur Psychoanalyse ein sehr niederschwelliges Angebot. Je nach Kirche finden die Beichtzeiten nach telefonischer Vereinbarung oder vor Gottesdiensten ohne Anmeldung statt, anonym und kostenlos. Gerade die Anonymität schätzten dabei viele. Und nicht nur ältere Menschen nutzten im Übrigen dieses Angebot. Es kommen auch viele jungen Leute, die sagen, die Beichte helfe ihnen, etwas abzuladen, sich aufs Wesentliche zu besinnen und sich neu auszurichten: »Was die Beichte so wertvoll macht, ist die Tatsache, dass wir in der Gegenwart Gottes immer wieder neu anfangen dürfen, was wir in der Gegenwart von Menschen nicht immer voraussetzen können.«

Markus Giger, reformierter Pfarrer und Gründer der Streetchurch, der auch Inhaftierte besucht, sagt, dass ihm als Gefängnisseelsorger häufig zuerst einmal Misstrauen entgegenschlage. Bald aber werde ihm als quasi-archetypische Instanz die Frage gestellt: »Warum?« Ich frage ihn dasselbe. Doch er lacht und betont, dass die Antwort auf diese Frage ein langwieriger Prozess sei. Keine Frage, die man husch, husch in einer Kaffeepause beantworten könne. Was er dennoch verrät: Aus theologischer Sicht gehe es letztlich darum, dass Gott der Menschheit für die Liebe Freiheit gegeben habe und damit riskiere, dass auch Schlimmes passiert. Wir schweigen kurz nach diesem Erklärungsversuch, bis Markus Giger sagt: »Glaube bedeutet, die Ermöglichung auszuhalten.« Gott könne dabei helfen. Und als Theologe verfüge er über eine Sprache, die es möglich mache, über Vergebung und Gnade zu sprechen.» Ich habe die Erfahrung gemacht, dass Menschen in existenzieller Zerbrochenheit Erfahrungen mit Gott machen, die sich mit klassischen Erfahrungsmodellen nicht erklären lassen«, sagt er zum Abschied.

Als Konfessionslose und religiös Unbedarfte leuchtet mir das zwar ein, aber daran zu glauben fällt mir dennoch schwer. Viele der Gefängnisseelsorgenden, mit denen ich gesprochen oder von denen ich gelesen haben, sagen, dass im Gefängnis oftmals nichtreligiöse Menschen zu Gott fänden. Ist es nicht heuchlerisch, wenn ich mich erst bei Problemen an Gott wende? »Warum?«, entgegnet mir auf diese Frage Thala Linder, eine junge, reformierte Pfarrerin, »es ist doch in Ordnung, dass man in guten Zeiten weniger betet. Gläubigkeit misst sich nicht an der Häufigkeit der religiösen Praxis.« Sie zeigt auf eine imaginäre Bibel auf dem Mittagstisch zwischen uns und sagt: »Die Bibel ist voll mit Geschichten vom Scheitern. Sie alle zeigen mögliche Wege, wie man damit umgehen könnte. Biblische Geschichten handeln urmenschliche Erfahrungen ab – wie eben auch das Scheitern.« Sie zählt in fröhlichem Eiltempo so viele Beispiele auf, dass ich mit Schreiben kaum mitkomme. Auf dem Notizzettel bleiben am Ende doch nur Hiob sowie Moses mit dem Dornbusch in der Wüste. Und natürlich Jesus am Kreuz: »Das ist *die* Scheitergeschichte schlechthin und auch noch die Gründungsgeschichte des Christentums: Jesus konnte seinen Auftrag nicht mehr erfüllen, weil er gekreuzigt wurde.« Dass das Scheitern so selbstverständlich auch zu einem frommen Leben gehört, sei eine Eigenart des Christentums – insbesondere der Trost, dass auch aus dem Scheitern etwas Gutes entstehen könne, sagt sie. Um gleich den Sündenbock im Judentum zu erwähnen, der an Jom Kippur, dem Tag der Sündenvergebung, rituell in die Wüste geschickt werde. Thala Linder hat ihr Theologiestudium mit einer theoretischen Magisterarbeit zu Schuld und Sünde geschrieben. Ich frage sie nach ihren Erfahrungen als Seelsorgende in ihrem praktischen Berufsleben. Warum wird heute kaum über das Scheitern gesprochen? »Unsere Gesellschaft ist so sehr auf Erfolg getrimmt, dass es für Misserfolg keinen Platz gibt. Kommt dazu, dass wir heute für vieles selber verantwortlich sind. Früher war man viel stärker auch in Sachzwänge eingebunden, man konnte nicht so viel selbst entscheiden. Das ist heute anders: Viele unserer Entscheidungen basieren auf größtmöglicher Freiheit. Womit man sicher auch sagen kann: Je mehr Freiheiten wir haben, umso fehleranfälliger wird unser Leben.«

Antworten aus der Psychiatrie: Jene Gesprächspartner, die mir von ihren Haftstrafen erzählt haben, betonten immer wieder die Therapie, in der sie gelernt hätten, »mit der Schuld umzugehen«. Wie aber lernt man, Schuld auszuhalten? Therapien während der Strafhaft seien grundsätzlich deliktorientiert, erklärt mir Jérôme Endrass vom Amt für Justizvollzug in Zürich und ehemaliger stellvertretender Leiter des Psychiatrisch-psychologischen Dienstes. Dabei stehe die Aufarbeitung der Tat im Vordergrund, um zu verstehen, was passiert sei, und um herauszufinden warum. Denn letztlich gehe es – zum Schutz der Gesellschaft – immer darum, das Verhalten eines Täters oder einer Täterin zu ändern. Wie das genau passiere, sei individuell: »Unterdessen weiß man, dass Konfrontationen der Täter mit ihren Taten auch kontraproduktiv sein können. Wie viel will und kann man den Klienten überhaupt zumuten? Es ist die Kunst einer erfolgreichen Therapie, Erzählkonstrukte, Rechtfertigungsversionen und Verdrängungsmechanismen so weit zu akzeptieren, dass die Täter sich selbst nicht zum Monster erklären müssen – und sich gleichzeitig mit der Tat auseinandersetzen. Damit sie so viel Verantwortung übernehmen können wie möglich.« Studien hätten gezeigt, dass zu offensive Konfrontationen zu Rückfällen führen können. Es gibt also Verdrängung und Verdrängung. Feine Unterschiede, die wahrscheinlich mit bloßer Menschenkenntnis nicht zu erkennen sind. Wie viele Details der mir erzählten Erinnerungen sind korrekt, wie viele Fragmente wurden mir verschwiegen? Auch wenn ich Erzählungen auf ihren Wahrheitsgehalt so gut wie möglich überprüft habe: Nicht immer war ich mir sicher, welche Version mir die Gegenseite erzählt hätte. Und manches

Mal habe ich bei der Bearbeitung der Gespräche allzu krasse oder intime Details gelöscht, weil sie die Erzählenden nicht authentischer, aber unnötig verletzlicher machen.

Antworten aus der Chefetage: Immer wieder tauchte die Frage auf, ob Männer und Frauen eigentlich unterschiedlich auf Fehler reagierten. Einerseits war es interessanterweise schwierig, Frauen zu finden, die von ihren Fehlern erzählten – andererseits erklärten mir diverse Managerinnen der mittleren und oberen Kaderstufe, dass Männer und Frauen sehr unterschiedlich mit Fehlern umgingen. Inwiefern?, fragte ich viele, und hörte in Varianten immer wieder: Frauen würden sich eher mit ihren Fehlern auseinandersetzen (wobei auseinandersetzen häufig entschuldigen heißt), Männer machen zuerst einmal weiter. Allerdings gingen Männer sportlicher mit ihren Niederlagen um, Frauen nähmen ihre Fehler weitaus persönlicher. Womöglich ein Grund, warum ich am Ende doch mehr gesprächsbereite Männer gefunden habe als Frauen. Eine Teamleiterin erzählte, dass bezeichnenderweise in einem Workshop zum Thema Fehlerkultur diskutiert wurde, statt von »Fehlern« von »Erfahrungen« zu sprechen: »Ich finde es allerdings wichtig, dass man Fehler möglichst sachlich beim Namen nennt, damit man daraus lernen kann. Denn wer sich mit seinen Fehlern nicht auseinandersetzt, wird diese laufend wiederholen.« Immer wieder stelle sie fest, dass sich Männer oftmals nicht bewusst seien, wenn sie etwas verbockt hätten. Auch wenn sie nicht pauschalisieren möchte, sagt sie dennoch: »Passieren Fehler, fragen nach meinen Erfahrungen Frauen viel schneller nach der Ursache: ›Wie bin ich da reingeraten?‹, während sich Männer fragen: ›Wie komme ich da möglichst schnell wieder raus?!‹ Beide Strategien haben ihre Vorteile. Ich glaube, dass man sie kombinieren sollte: möglichst schnell das Problem lösen, aber sich anschließend auch überlegen, wie es dazu überhaupt hat kommen können, um weitere Fehler zu vermeiden.«

Die Antworten der befragten Chefinnen bezogen sich auf Arbeitssituationen. Aber etliche sagten zum Schluss der Gespräche: »Das sieht man genauso auch im privaten Bereich.«

Was diese Gespräche auch zeigten: Die viel gepriesene Fehlerkultur der Start-up-Szene ist ein Randphänomen. In den meisten Firmen herrscht nach wie vor nicht wirklich eine Fehlerkultur, auch wenn sie sich noch sosehr darum bemühen. »Viele Firmen üben viel Kontrolle aus, obwohl alle über Fehlerkultur sprechen und allgemein bekannt ist, dass eine offene Fehlerkultur wertvoll ist. In traditionelleren Unternehmen aber, so wie ich sie kenne, gibt es keine Fehlertoleranz. Es herrscht im Gegenteil große Angst, über Fehler zu sprechen, und entsprechend werden selten mutige Entscheidungen gefällt«, sagte die Managerin einer Schweizer Baufirma mit Berufserfahrung aus größeren Unternehmen.

Antworten aus der Boulevardsparte: Dass der Boulevard hiesiger Zeitungen vom Aufstieg und Fall Prominenter lebt, liegt in der Natur der Sache. Allerdings findet kaum ein Fall eines fehlbaren Prominenten in seiner ganzen Komplexität in der Rubrik Panorama Platz. Insofern gibt die Boulevardsparte weniger über den Umgang von Prominenten mit ihren Fehlern Auskunft als vielmehr darüber, wie das Publikum auf die Fehler Prominenter reagiert. Studiert man die Meldungen dieser Seiten, wird schnell klar: Schadenfreude als Nachrichtenfaktor klickt, und Reue will gekonnt sein. In Amerika beteuern fremdgegangene Ehepartner stets eine »Sextherapie« (was auch immer damit gemeint ist), in Europa werden demütige Reue und je nach Situation auch ein Rücktritt erwartet. Karl-Theodor zu Guttenberg hat das nach seiner Plagiatsaffäre nicht geschafft. In einem *Zeit*-Interview entschuldigte er sich zwar für seine Fehler, begründete diese aber derart flapsig, dass er selbst zum Schluss kam: »Das war kein Betrug.« In seiner Wahrnehmung muss das logisch geklungen haben, in der öffentlichen Wahrnehmung war diese Argumentation mehr als unglaubwürdig. Weitaus mehr Respekt hat sich die ehemalige Bischöfin Margot Käßmann verschafft, die angetrunken ein Rotlicht überfuhr und sich anschließend zuerst einmal zurückzog, obwohl ihre Vorgesetzten ihr das Vertrauen ausgesprochen haben. Neben prominenten Fällen handelt die

Boulevardpresse aber auch kontroverse Fälle ab, etwa die Geschichte von Thordis Elva und Tom Stranger. Die Isländerin wurde als junge Frau von einem australischen Austauschschüler über Stunden vergewaltigt. Jahrzehnte später kontaktierte sie ihren Peiniger und forderte von ihm Antworten. Aus dieser Auseinandersetzung entstand ein Buch, das teils heftige Reaktionen hervorrief: Gerade Frauen kritisierten, dass einem Vergewaltiger in keinem Fall solch eine Bühne gegeben werden sollte.

Antworten aus der Philosophie: Aus Fehlern zu lernen ist nur eine Variante von vielen. Eine andere wäre: Wie interpretieren wir Fehler? Im Gespräch mit Philosophen und Philosophinnen wurden meine Fragen jeweils sofort seziert: »Es ist ein Unterschied, sich zu irren«, erklärt zum Beispiel Felix Timmermann vom Philosophischen Seminar in Zürich, »oder einen moralischen Fehler zu begehen.« Moralische Fehler stellten einen Zusammenhang zu unserer Identität her, durch sie müssen wir uns letztlich selbst hinterfragen. Auch daher, glaubt er, komme die große Angst vor dem Fehlermachen: »Das Fehlermachen stellt unsere Existenz grundsätzlich infrage.« Er beschreibt Reue als eine Art Zwischenraum, in dem sich Einsicht über die Falschheit des Handelns vollziehen könne. Doch selbst wenn man verstanden habe, was passiert sei, bleibe ein Rest vom Bösen, auf das man nicht einfach so Zugriff bekomme, das nicht zu verstehen sei: »Am Ende bleibt eine gewisse Sprachlosigkeit.«

Eine Sprachlosigkeit, die das Böse nicht erklären kann. Eine andere Sprachlosigkeit ist jene, die Richard Sennett mit »das letzte große Tabu« beschreibt: Je mehr Freiheiten ich in der Optionsgesellschaft habe, umso mehr Möglichkeiten habe ich auch zu scheitern. Denkt man gleichzeitig daran, wie unsere Gesellschaft auf dem Liberalismus fußt, so verwundert es überhaupt nicht, warum kaum über Fehler gesprochen werden will – es sei denn, man kann einen Fehler positiv entschlüsseln. Mit anderen Worten: Es ist ein Widerspruch unserer liberalen Gesellschaft, die dem Einzelnen zwar größtmögliche Freiheit zuspricht, gleichzeitig aber das Scheitern tabuisiert. Wir sind also gar nicht so frei, wie wir denken.

Antworten aus der Soziologie: Warum ist Scheitern in unserer Gesellschaft nach wie vor ein solch großes Tabu – obwohl wir so viele Freiheiten haben? Matthias Junge, Professor für Soziologie an der Universität Rostock, holt bei dieser Frage zuerst einmal Luft und startet mit einer Vorbemerkung: »Scheitern steht immer im Zusammenhang mit den Kriterien des Erfolgs.« Dadurch also, dass Erfolg so wichtig geworden ist, wird Scheitern heutzutage umso mehr gefürchtet. Unweigerlich denke ich an die Casting-Shows im Fernsehen, mit denen ich aufgewachsen bin und die in den letzten Jahren immer krasser geworden sind. Matthias Junge erklärt diese Entwicklung sozialgeschichtlich mit dem Umbruch von der Moderne zur Postmoderne und der Durchsetzung des Neoliberalismus, der die Wahrnehmung vom Scheitern grundsätzlich verändert habe: »In der Moderne waren die Kriterien für Erfolg und Scheitern verhältnismäßig einfach. In der Postmoderne aber werden sie vielfältiger, weil wir viel mehr Entscheidungsmöglichkeiten haben, die unterschiedlichste Lebensbereiche tangieren: Familie, Beruf, Freizeit usw. Damit hat sich auch die Gruppe potenziell Gescheiterter deutlich vergrößert.« Wobei es noch ein bisschen komplizierter sei, weil Scheitern in der Postmoderne gleichzeitig einfacher und auch schwieriger geworden sei. Einfacher, weil wir unsere Ansprüche ans Leben selbst setzen können. Das kann ein Vorteil sein. Allerdings nur, wenn wir eine möglichst gute Selbsteinschätzung haben. Wenn eine gesunde Selbsteinschätzung fehlt, ist das Risiko zu scheitern natürlich viel höher. Und genau das sei ein Problem unserer Zeit: »Wir leben in einer Kultur der Selbsttäuschung und laufen ständig Gefahr, uns selbst zu überschätzen.« Die zunehmende Individualisierung beschleunige die Gefahr des Scheiterns zusätzlich. Grauenvoll, sage ich, und Matthias Junge lacht: Nun, er als Soziologe bewerte diese Beobachtungen nicht, er analysiere lediglich. Er fragt nach den Beispielen in diesem Buch, und ich fächere ihm das breite Spektrum auf, das niemals für eine soziologische Studie taugen würde, weil ich nach dem Fehler gesucht hätte, aber oftmals beim Scheitern gelandet sei. Das findet er, der Soziologe, wiederum interessant: »Scheitern ist keinesfalls ein Fehler. Scheitern ist eine Zuschreibung von außen.« Wer sich diese Zuschreibung gefallen lässt, hat keinen Grund zu handeln und ist letztlich in einer tragischen Spirale gefangen. Wer aber mit dieser Bewertung nicht einig ist, muss seine Position verteidigen. Scheitern kann also durchaus uminterpretiert werden.

Und was ist mit den Antworten aus dem Leben? Was im Inhaltsverzeichnis dieses Buches womöglich nach modernen Schauermärchen klang, ist nach der Lektüre hoffentlich zu beruhigenden Begegnungen geworden. Alle Geschichten reduzieren sich nämlich bald auf handfeste Probleme mit konkreten Lösungsmöglichkeiten. Denn natürlich gibt es immer einen Ausweg: Wer Fehler macht, kann sich entschuldigen, Geldschulden zurückzahlen, Strafe aussitzen. Die Geschichten dieses Buches erzählen von unterschiedlichen Strategien, mit Fehlern umzugehen: aushalten, objektivieren, improvisieren, Selbstironie anwenden, ja, Solidarität annehmen.

Abgesehen davon, dass das menschliche Bewusstsein die Fähigkeit hat zu relativieren, um stets etwas Positives auch aus negativen Erfahrungen zu ziehen – sich einen Fehler einzugestehen bedeutet immer auch, sich gnadenlos ins Gesicht zu sehen. Wer etwas getan hat, das sich im Nachhinein als Fehlentscheidung entpuppt, kann darüber nur nachdenken, wenn er seine Widersprüche, seine Fehlbarkeit aushält. Das ist zuweilen schwer, aber am Ende sagt man vielleicht: Es war gut so, wie es war.

Wer es schafft, sich bei dieser Auseinandersetzung mit sich selbst als vielschichtigen Menschen zu betrachten, lernt zu objektivieren und zu trennen: Das bin ich, aber das auch. Die Angst vor dem Fehlermachen ist auch deswegen so groß, weil Fehler oft genug eine unübersichtliche Kausalkette in Gang setzen. Das Leben verliert an Beherrschbarkeit. Man muss sich neu orientieren, weil man nicht weiß, was als Nächstes kommt. Das Einzige, was dann hilft, ist Improvisation.

In fast allen Gesprächen haben wir immer wieder gelacht: Der Erzähler (die Männer übrigens mehr als die Frauen) über sich selbst und ich als Zuhörerin staunend mit ihnen. Selbstironie hilft, garantiert.

Und in allen Begegnungen kommen Hände vor, die beim Aufstehen helfen – so man denn wieder aufstehen möchte. Der Anwalt, der Rabatt gewährt, der Gefängnisseelsorger, der auch nachts erreichbar ist und im Extremfall sogar Schuld mitträgt, der Sozialarbeiter, der nicht lockerlässt, die Versicherungsangestellte, die einen realistischen Deal einfädelt – Freunde und Familie, die trösten, Opfer, die vergeben. Dass wir überhaupt Fehler machen und scheitern können, verbindet uns Menschen auch.

Bibliografie

Rainer Dabrowski, *Verknackt, vergittert, vergessen. Ein Gefängnispfarrer erzählt*, Gütersloher Verlagshaus, Gütersloh 2015.

Thordis Elva/Tom Stranger, *Ich will dir in die Augen sehen. Eine Frau trifft den Mann, der sie vergewaltigt hat*, Knaur Verlag, München 2017.

Thomas Galli, *Die Schwere der Schuld. Ein Gefängnisdirektor erzählt*, Das Neue Berlin, Berlin 2016.

René John/Antonia Langhof (Hrsg.), *Scheitern – Ein Desiderat der Moderne?*, VS Verlag für Sozialwissenschaften, Wiesbaden 2014.

Giovanni die Lorenzo, »Es war kein Betrug« – Interview mit Karl-Theodor zu Guttenberg, in: *Die Zeit*, 24. November 2011.

A. D. Nuttall, *Dostoevsky's Crime and Punishment. Murder as Philosophic Experiment*, Scottish Academic Press, Edinburgh 1978.

Charles Pépin, *Die Schönheit des Scheiterns. Kleine Philosophie der Niederlage*, Carl Hanser Verlag, München 2017.

Gerhard Scheucher/Christine Steindorfer, *Die Kraft des Scheiterns. Eine Anleitung ohne Anspruch auf Erfolg*, Leykam, Graz 2008.

Richard Sennett, *Der flexible Mensch*, Berlin Verlag, Berlin 1998, S. 159.

Dank

Ich danke allen, die mir ihre Geschichte erzählt haben: Ohne euer Vertrauen gäbe es dieses Buch nicht.

Und ich danke allen, die diese Kontakte überhaupt ermöglicht haben, sowie jenen, die Textteile immer wieder gegengelesen, hinterfragt und noch einen Gedanken ergänzt haben, besonders: Raphaella Arnold, Mareike Barmeyer, Marion Bergermann, Graziella Bernasconi, Cora Bucher, Gabi Deutsch, Ralph Etter, Jan Feddersen, Anna Frahm, Florian Glässing, Urs Hofer, Herman Kremer, Martina Läubli, Andrea Siering, Anne Stadler, Catharina Stohldreier, Katharina Theml, Manu Waeber, Christian Wehrlin, Judith Welter sowie Verein Surprise, Infosekta u. v. a. m.

Warum die Sehnsucht nie aufhört

Gina Bucher

Ich trug ein grünes Kleid, der Rest war Schicksal

Geschichten von der Liebe

Piper, 256 Seiten
€ 20,00 [D], € 20,60 [A]*
ISBN 978-3-492-05762-2

Wie stellt man sich die Liebe mit 20 vor und was ist dann tatsächlich passiert? Auf ihr Leben zurückblickend erzählen Frauen und Männer ihre Geschichten: Wie haben sie die Liebe kennengelernt, erlebt, gefunden und verloren? Gibt es die eine große Liebe? Wie sind sie mit Krisen umgegangen, zum Beispiel, wenn der Partner fremdgegangen ist? Es sind einzigartige Liebesgeschichten, wie sie nur das Leben schreibt, und die zeigen, dass man auch mit 80 noch Schmetterlinge im Bauch haben kann!

Leseproben, E-Books und mehr unter www.piper.de

Was man von Hundertjährigen über das Leben lernen kann

Kerstin Schweighöfer

100 Jahre Leben

Hundertjährige geben Antworten auf die großen Fragen

Piper Taschenbuch, 368 Seiten
€ 11,00 [D], € 11,40 [A]*
ISBN 978-3-492-30959-2

In wunderbaren Begegnungen und berührenden Gesprächen mit zehn Hundertjährigen erfährt Kerstin Schweighöfer manch ein Geheimnis und erhält oft verblüffende Antworten auf die großen Fragen des Lebens: Was macht eine gute Freundschaft, Beziehung oder Ehe aus? Wie kann die große Liebe zur Liebe des Lebens werden? Wie soll man umgehen mit Schmerz und Verlust?

PIPER

Leseproben, E-Books und mehr unter www.piper.de

Dürfen wir alles tun, was wir können?

Miriam Meckel

Mein Kopf gehört mir

Eine Reise durch die schöne neue Welt des Brainhacking

Piper, 288 Seiten
€ 22,00 [D], € 22,70 [A]*
ISBN 978-3-492-05907-7

Der technologische Fortschritt hat das Gehirn ins Visier genommen und mit ihm wachsen die Erwartungen an unsere grauen Zellen.

Schon jetzt ist vieles möglich: Per Gedanken Texte schreiben oder ein Computerspiel spielen? Über ein Hirnimplantat Querschnittsgelähmten einen Teil ihres Bewegungsspielraums zurückgeben? Alles kein Problem. Wir sind dabei, eine gefährliche Grenze zu überschreiten: Wir werden optimierbar. Miriam Meckel fordert: Wir müssen die Autonomie über unseren Kopf behalten und die Privatsphäre des Denkens bewahren.

Leseproben, E-Books und mehr unter www.piper.de